St. Petersburg 1881

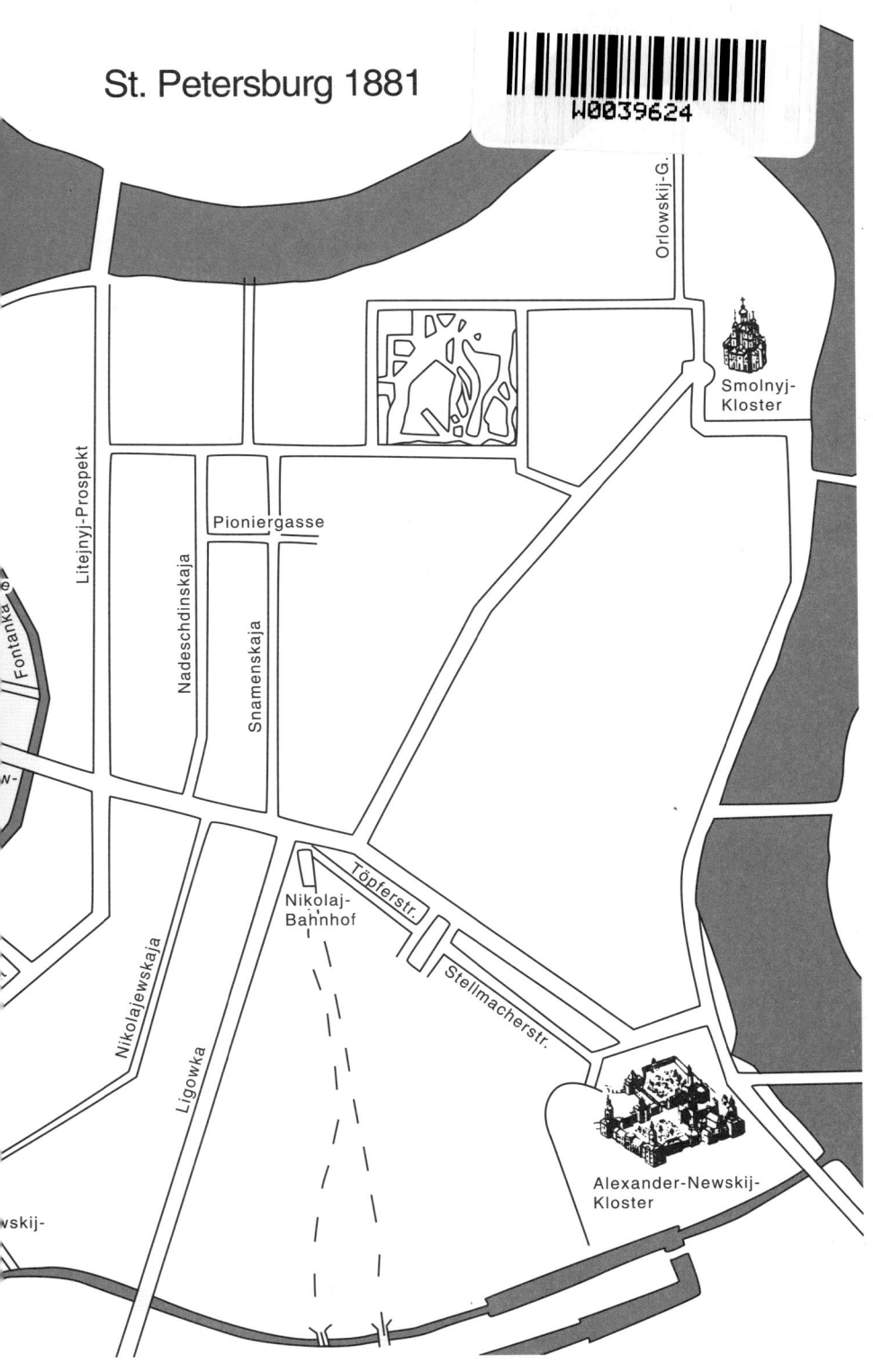

W0039624

Orlowskij-G.

Smolnyj-Kloster

Litejnyj-Prospekt

Fontanka

Pioniergasse

Nadeschdinskaja

Snamenskaja

N-

Nikolajewskaja

Ligowka

Töpferstr.

Nikolaj-Bahnhof

Stellmacherstr.

Alexander-Newskij-Kloster

...wskij-

Liliana Kern
Die Zarenmörderin

Liliana Kern

Die Zarenmörderin

Das Leben der russischen Terroristin
Sofja Perowskaja

Biografie

Osburg Verlag

Erste Auflage 2013
© Osburg Verlag Hamburg 2013
www.osburgverlag.de
Alle Rechte vorbehalten,
insbesondere das der Übersetzung, des öffentlichen Vortrags
sowie der Übertragung durch Rundfunk und Fernsehen,
auch einzelner Teile.
Kein Teil des Werkes darf in irgendeiner Form
(durch Fotografie, Mikrofilm oder andere Verfahren)
ohne schriftliche Genehmigung des Verlages reproduziert
oder unter Verwendung elektronischer Systeme
verarbeitet, vervielfältigt oder verbreitet werden.
Lektorat: Bernd Henninger, Heidelberg
Umschlaggestaltung: Toreros, Lüneburg
Satz: Dörlemann Satz, Lemförde
Druck und Bindung: GGP Media GmbH, Pößneck
Printed in Germany
ISBN 978-3-95510-001-8

INHALT

PROLOG

»Heute um 13 Uhr und 45 Minuten, bei der Rückkehr des Zaren-Imperators aus der Michailow-Manege wurde ein Bombenattentat auf das heilige Leben Seiner Majestät verübt. Es geschah am Ufer des Katharinen-Kanals, in der Nähe des Ingenieurpalastes. Die erste Explosion beschädigte lediglich die Equipage Seiner Majestät, die zweite dagegen fügte dem Zaren schwere Verletzungen zu. Unterwegs zum Winterpalast gelang es Seiner Majestät noch, die Letzte Ölung zu empfangen. Um 15 Uhr und 35 Minuten starb er in Gottes Gnade«, berichtete am Abend des 1. März 1881 *Prawitelstwennyj westnik (Der Regierungsbote)* in seiner Extraausgabe.

Am 26. März standen sechs junge Leute vor Gericht. Sie wurden beschuldigt, den Zaren Alexander II. ermordet zu haben. Unter ihnen befand sich auch »eine junge Frau. An ihrem winzigen, runden Gesicht – wie das eines Kindes – fiel sofort die ungewöhnlich hohe Stirn auf, deren Wölbung das bescheidene schwarze, mit einem schneeweißen Kragen verzierte Kleid noch stärker zum Ausdruck brachte«. Auf die Aufforderung des Vorsitzenden des Gerichtssenats, des Richters Eduard Fuchs, erhob sie sich:

»– Angeklagte, nennen Sie Ihren Namen, Ihr Alter und Ihre Standeszugehörigkeit.

– Ich heiße Sofja Perowskaja, bin 27 Jahre alt und adeliger Abstammung.

– Was sind Sie von Beruf?

– In der letzten Zeit war ich als Revolutionärin tätig.

– Wo waren Sie zuletzt wohnhaft?

– In der Perwaja-Rota-Ismailowskowo-Polka-Straße, Nummer 17–18.

– Welcher Religion gehören Sie an?

– Ich bin orthodox.

– Haben Sie eine Kopie der Anklageschrift erhalten?

– Ja, habe ich.«

Gefasst nahm sie wieder auf der Anklagebank Platz. Sichtbar erschöpft und blass hörte sie apathisch zu, wie ihre Kameraden nun auf dieselben Fragen antworteten. Regungslos blieb Sofja auch, als der Staatsanwalt die Anklageschrift verlas und schimpfende Zurufe aus dem Publikum seine Rede ab und zu unterbrachen. Auch die Worte ihres Geliebten, der ihr stets etwas ins Ohr flüsterte, ließen sie unbeeindruckt. Sie saß da, als wäre sie lediglich eine Zuschauerin, als befände sie sich rein zufällig im Gerichtssaal, als ginge sie das alles, was um sie herum geschah, letzten Endes gar nichts an.

1. KAPITEL
Ein Mädchen aus gutem Hause

Niemand konnte ahnen, dass es so weit kommen würde. Niemand! Denn es waren glückliche Zeiten, sehr glückliche sogar, und die ganze Welt schien in Ordnung zu sein. Damals, als Graf Lew Perowski noch beim Zollamt beschäftigt war und mit Frau sowie vier Kindern in der Gorochowaja-Straße, im Herzen von Sankt Petersburg, wohnte. Damals, als sich die Perowskis von anderen Familien in keinerlei Weise unterschieden, als sie sich noch an den typischen, streng ritualisierten Lebensstil des russischen Beamtentums hielten, wo ein Tag dem anderen ähnelte, wie Perlen an einer Kette: Der Graf ging seiner Arbeit nach, Ehefrau Warwara sorgte für den Haushalt und die Kindererziehung, die Mahlzeiten fanden immer im ganzen Familienkreis und zur gleichen Uhrzeit statt, abends stattete man Besuche ab oder empfing Gäste, wobei die Männer Karten spielend über Politik diskutierten, während die Frauen Klatschgeschichten austauschten oder über familiäre Angelegenheiten plauderten. Die Sommer verbrachten die Perowskis irgendwo auf dem Lande, in einem gemieteten Ferienhaus, wo sie dann auch bis zu den ersten Schneeflocken blieben.

Aber der Graf war ein ehrgeiziger Mann und hegte den Wunsch, auf der Karriereleiter weiter nach oben zu klettern. Seine hiesige Stellung betrachtete er lediglich als eine vorübergehende Lösung auf der Suche nach gehobeneren Posten. Da Perowski gerade nach Sofjas Geburt – sie erblickte am 1. September 1853 das Licht der Welt – so intensiv um den Berufswechsel bemüht war, dürfte neben dem Streben nach sozialem Aufstieg auch die finanzielle Enge eine gewisse Rolle gespielt haben. Seit kurzem besuchte sein achtjähriger Sohn Nikolaj ein nobles Internat, wofür Perowski natürlich tief in die Tasche greifen musste, und bald sogar noch tiefer, weil der vier Jahre alte Wassili in die Fußstapfen seines Bruders treten sollte. Dazu kamen noch die Honorare der Hauslehrer, welche die sechsjährige Marja unterrichteten, und jetzt war auch Sofja da. Obendrein gehörte der sparsame Umgang mit Geld nicht unbedingt zu den Stärken des Grafen.

Dass sein Anliegen nicht lange auf sich warten ließ, hatte Perowski der Hilfe zweier seiner Onkel väterlicherseits zu verdanken. Der eine von ihnen, Wassili, war Generalgouverneur von Orenburg und jener mit Ruhm bedeckte Feldherr, der die Grenzen des russischen Imperiums um die weiten Gebiete Mittelasiens erweitert hatte. Der andere, Boris, der ehemalige Erzieher von zwei Söhnen Alexanders II., befand sich zwar im Ruhestand, lebte aber weiterhin in Zarskoje Selo, in der unweit von Petersburg liegenden Sommerresidenz der Zarenfamilie, und unterhielt somit immer noch enge Kontakte zu den höchsten Hofkreisen. Die guten Worte, welche die einflussreichen Verwandten für ihren Neffen einlegten, verhalfen diesem zum Amt des Vizegouverneurs von Pskow, einer kleinen, südlich von Petersburg liegenden Stadt.

Sofja war drei Jahre alt, als die Perowskis das beste, im alten rustikalen russischen Stil errichtete Holzhaus im Ort bezogen. Es besaß ein Zwischengeschoss, und seine Giebel, Fenster und Verandabrüstung zierten dekorative Ornamente. Im weitläufigen, zur Hälfte mit Obstbäumen bepflanzten Garten gab es einen Teich voller Karauschen, nebenan stand ein Holzturm und wuchs ein uralter, schiefer, zum Klettern wie geschaffener Kastanienbaum. Als man dann auf dem Rasen auch noch Schaukeln und Wippen aufstellte, verwandelte er sich in ein echtes Spielparadies.

Wenn die Kinder nicht draußen tobten, waren sie um den Hauslehrer Wassilew versammelt. Er erteilte ihnen Unterricht in allen Fächern, ausgenommen davon waren lediglich Fremdsprachen: Denn Deutsch lernten sie von Amalia Karlowna, ihrer betagten deutschen Gouvernante, Französisch von der Mutter, welche ihnen ebenso beibrachte, wie man auf den Knien vor den Ikonen betete, bevor man zu Bett ging.

Mit dem kleinen Nachbarn, Nikolaj Murawew, der ein paar Jahre älter als Sofja war, freundeten sich die Kinder sehr schnell an und spielten tagtäglich zusammen. Sie retteten ihm sogar das Leben, als er einmal in den Teich fiel und beinahe ertrank. Seit dem Tod seiner Mutter – sie starb bei

der Geburt des Jungen – lebte er allein mit seinem Vater Walerian, dem
Pskower Generalgouverneur und dem Vorgesetzten des Grafen. Sofja
hätte damals nicht ahnen können, dass ausgerechnet er, ihr ständiger
Spielkamerad, etwa zwei Jahrzehnte später als Staatsanwalt im Prozess
um den Zarenmord Anklage gegen sie erheben und sie vor Gericht bringen würde.

Der neue Dienst nahm den Grafen voll und ganz in Beschlag, so ließ
er sich nur zur Mittagszeit im Familienkreis blicken.»Als Sonja* etwa
fünf Jahre alt war, kriegte sie ihren Stammplatz am Essenstisch«,
schreibt Wassili Perowski, Sofjas Bruder, in seinen Memoiren.»Wenn
der Vater gut gelaunt von der Arbeit zurückkehrte, pflegte er uns zu
amüsieren. Er stellte Sonja tiefsinnige philosophische Fragen, die sie
mit naiven, ja kindlichen Antworten erwiderte und dabei todernst blieb,
während wir Tränen lachten. Überhaupt verhielt sich der Vater uns gegenüber sehr gut.« An den seltenen Abenden, die er zu Hause verbrachte, frönte Perowski mit seinen Freunden dem Kartenspiel bis tief
in die Nacht, besonders gerne mochte er das Pikett.

»Noch an eine Episode aus unserem Leben in Pskow erinnere ich
mich bis heute«, fährt Wassili Perowski fort.»Zu dieser Zeit wurden
Räume mit Schmalzkerzen beleuchtet. Beim Kartenspielen lag neben
den Spielern, auf dem Einsatztisch, eine kleine silberne Zange zur Entfernung von angebrannten Dochten parat. Auch wir Kinder machten
abends unsere Hausaufgaben bei diesem Licht. Einmal brachte uns der
Vater von seiner Dienstreise in Petersburg etwas Neues mit: eine ganze
Kiste Stearinkerzen. Am 4. Dezember, zum Namenstag der Mutter, organisierten wir dann einen Ball, und dieser war außergewöhnlich gut
besucht. Als alle Türen aufgemacht wurden, entstand ein märchenhaftes
Bild. Die Lüster und Kandelaber, in denen natürlich die Stearinkerzen
steckten, beschienen alle Zimmer samt dem Tanzsaal, was einen ganz
besonderen Effekt erzeugte.«

Im Jahre 1858 erreichte die Familie die Nachricht vom Tod des Groß-
vaters Nikolaj, der zusammen mit seiner Gattin Scharlotta auf der Krim,
nahe der Stadt Simferopol, ansässig gewesen war. Der einstige Beamte im

---

* Sonja – der Kosename von Sofja

Innenministerium sowie spätere Zarendiplomat in China und Dänemark hatte zuletzt den Posten des Generalgouverneurs der Krim bekleidet, wo er auf »Kilburn«, auf einem seiner vier dortigen Landgüter, für immer geblieben war. Dank ihm »genoss die Familie Perowski auf der ganzen Halbinsel sehr hohes Ansehen«. Lew Perowski und sein jüngerer Bruder Petr erbten nun die Anwesen, was gleichzeitig deren Verwaltung beinhaltete. Da der im Außenministerium tätige Bruder stets an verschiedenen diplomatischen Missionen teilnahm, zeigte sich der Graf zu einem neuen Umzug bereit und bat abermals die Onkel, sich darum zu kümmern. Noch im gleichen Jahr erfolgte Perowskis Versetzung auf die Krim, wobei er seine bisherige amtliche Position beibehielt. Im Herbst wurde der Haushalt Hals über Kopf aufgelöst, das Mobiliar zu Spottpreisen verkauft: Eine Fahrt von über 2200 Kilometern stand der Familie bevor.

»Wir fuhren mit der Bahn über Sankt Petersburg nach Moskau. Von dort aus setzten wir die Fahrt in unseren Droschken und mit von der Post gemieteten Pferden fort. ... Der Vater, brennend vor Ungeduld, war schon mit Nikolaj dorthin gereist«, erzählt Wassili Perowski weiter. »Wir kamen immer langsamer, immer mühsamer voran, sodass wir schließlich in jeder der Bahnstationen eine Übernachtungspause einlegen mussten. Am nächsten Tag besorgten wir dann auf den Ortsmärkten den notwendigen Proviant. Die Reise war mehr als anstrengend, weil der Mutter, unserer Gouvernante sowie Marja, Sonja und mir nur vier Sitzplätze zur Verfügung standen, außerdem quetschten wir da noch zwei neulich gekaufte Jagdhunde mit hinein. Obendrein trafen wir unterwegs auf eine endlose Kolonne von Fuhrwerken, auf denen reisende Händler Vieh oder Salz transportierten. Sie umhüllten uns mit einer Staubwolke und zwangen uns noch dazu, ihnen auszuweichen, nicht selten an einer dafür vollkommen ungeeigneten Stelle. Die Hitze in der Kutsche war unerträglich.

Endlich erblickten wir in der Ferne die Krimberge mit ihren Gipfeln. Vater eilte uns entgegen, und nachdem wir in Simferopol die Pferde ausgewechselt hatten, machten wir uns wieder auf den Weg. Die Landschaft um uns herum war von einer malerischen, überwältigenden Schönheit. Wohin das Auge sah, grünte es in Hülle und Fülle, erstreckten sich weit und breit üppige Obstgärten. Ganze Alleen von Pyramidenpappeln säumten die Straßenränder, und von großen, auf den Baumspitzen sitzenden Starenschwärmen ertönte klangvolles Zwitschern. Wir waren wie verzaubert, und voller Verzücktheit schrien wir ununterbrochen auf. Es war unsere erste Begegnung mit der Natur des Südens. In ›Kilburn‹ empfing uns unsere Großmutter Scharlotta. Kaum hatten wir gegessen, legten wir schon in alle Richtungen los, um die Umgebung weiter zu bewundern: die wunderschöne Aussicht auf das Flusstal der Salgira sowie den imposanten Gipfel Tschatyrdag, der sich in klarer Linie gegen den Gebirgsrücken abzeichnete.«

Im Winter bezogen die Perowskis eine Wohnung in Simferopol. Nikolaj und Wassili besuchten das Gymnasium, Marja schickte der Graf in ein Internat, obwohl die Mutter von dieser Entscheidung gar nicht begeistert war, und Sofja bekam eine Hauslehrerin. Anfangs zeichnete sie sich weder durch Wissbegier noch durch Fleiß aus. Erst im Alter von acht, relativ spät im Verhältnis zu ihren Geschwistern, gelang es ihr, Lesen und Schreiben zu beherrschen. Außerdem begann man, die Kinder auf das spätere Leben in der gehobenen Gesellschaft vorzubereiten, und dazu gehörten auch Tanzkurse. Aber Sofja fand nicht den geringsten Gefallen daran, sie weigerte sich, komplizierte Schrittkombinationen zu üben, weshalb aus ihr auch nie eine gute Tänzerin wurde.

Während des Aufenthalts in der Stadt beschäftigte sie sich noch mit Puppen. Allerdings nur dann, wenn ihre einzige Freundin, die Tochter einer älteren Dame namens Warpachowskaja, zu Besuch kam. Schon im Sommer, mit der Rückkehr auf »Kilburn«, hörte sie für immer damit auf. Laut den Memoiren ihres Bruders schenkte das Kind dem typischen Mädchenspielzeug nie große Beachtung. Dass es aber just zu diesem Zeitpunkt die schon bestehende, wenn auch schwach ausgeprägte Neigung dazu vollkommen verlor, mag vielleicht auch daran liegen, dass Marja an der Gesellschaft der wesentlich jüngeren Schwester längst nicht mehr interessiert war und Sofja nun allein Wassili zum Spielen übrig blieb. »Der Großvater hatte ein Dutzend kupferner Kanonen unterschiedlicher Größen, mit französischen Aufschriften, und etwa ein Arschin* lange Lafetten«, liest man bei Perowski weiter. »Sonja und ich

---

* Russisches Längenmaß. 1 Arschin = 0,71 Meter

Als Mädchen spielte Sofja
lieber mit Waffen als mit
Puppen, 1865

schossen tüchtig damit, weil das Schießpulver für lächerlich wenig Geld
zu kaufen war. Ich, der Ältere, behielt für mich – wie es sich schon
ziemte! – die Rolle des Kommandeurs. Nach meinem Befehl steckte
Sonja gehorsam die Lunte ins Zündloch und betätigte die Waffe, ohne
mit der Wimper zu zucken. Ihr war ebenso nicht die winzigste Spur von
Angst anzumerken, als die Kanone beim Rückstoß absprang.

Wie sehr ich mich auch anstrengen würde, ich kann mich bei meinem
besten Willen nicht an einen einzigen Fall erinnern, welcher Sonja
Furcht einjagen oder sie in Schrecken versetzen konnte. Hier ist ein be-
zeichnendes Beispiel dafür. Einmal ging ich über den Hof, als ich einen
unserer Diener sah: Er winkte mir panisch zu und rief dabei, ich solle
mich sofort verstecken, weil mir ein tollwütiger Hund entgegenlaufe.
In der Tat erblickte ich ihn mit zwischen den Beinen eingezogenem
Schweif, mit Schaum vor dem halb offenen Maul, und hastete sofort ins
Haus zurück. Mit der Schrotflinte, die ich bei der Jagd benutzte, stürzte
ich wieder raus. Nach dem Hund suchend, blickte ich um mich herum,

und dann erspähte ich ihn doch: Der bog hinter den Stall ein und rannte über einen Pfad direkt auf Sonja zu. Mir lief der kalte Schauer über den Rücken. Ich schrie ihr zu, sofort von dem Weg runterzugehen, auf der Stelle stehen zu bleiben, damit sie die Aufmerksamkeit des Tieres nicht auf sich lenke. Sonja wich vier oder höchstens fünf Schritte zur Seite – mehr nicht! – und wartete völlig unbeirrt, bis der Hund an ihr vorbei war.«

Vielleicht wäre das Leben der Perowskis weiterhin ganz unbeschwert verlaufen, hätte es nicht ein Ereignis gegeben, das die Familienidylle erheblich trübte. Der Generalgouverneur auf der Krim war General Schukowski, der sehr oft dienstlich verreist war. In Abwesenheit seines Vorgesetzten übernahm Perowski dessen Stellvertretung, doch sehr bald kam es zu Meinungsverschiedenheiten zwischen den beiden. Die eskalierten von Tag zu Tag immer weiter, bis sie letztendlich zu einem ernsten Konflikt ausuferten, worüber sich der General beim Innenminister öfters beschwerte und zum Schluss die Befugnis bekam, den Grafen zu entlassen.

Im Oktober 1861 packte man nun wieder die Koffer und trat erneut die mühsame Reise an, diesmal Richtung Norden, zurück nach Sankt Petersburg.

2. KAPITEL
Unter Nihilistinnen

Wenn Alexander II. in seiner Residenz an der Newa weilte, pflegte er immer im »Sommergarten«, in dem schönsten Park der Stadt, zu spazieren. Es war allgemein bekannt, denn täglich, so etwa gegen zwei Uhr nachmittags, sah man eine Menge Schaulustige und ein Dutzend Gendarmen am Zaungitter sowie einige an den Toren postierte Zarenleibgardisten.

So war es auch am 4. April 1866. Nach dem Spaziergang war der Zar dabei, in die Equipage einzusteigen, als ein hagerer Bursche plötzlich einen Revolver aus der Manteltasche zog und auf den Imperator schoss. In gleicher Sekunde aber schlug ein danebenstehender Mann dem Angreifer auf die Hand, warf sich auf ihn, und nach kurzem Gerangel überwältigte er den Attentäter.

Der Bauer Ossip Komissarow rettete dem Herrscher das Leben und wurde zur Belohnung in den Adelsstand erhoben, während Dmitri Karakosow, Mitglied einer konspirativen Organisation namens »Ad« (»Hölle«), zum Tode verurteilt wurde. Nach der Ablehnung des Gnadengesuchs endete der fünfundzwanzigjährige Student aus Moskau im September gleichen Jahres am Galgen.

Unmittelbar nach dem Anschlag »versammelten sich Tausende vor dem Winterpalais und jubelten Seiner Majestät dem Kaiser zu, der sich immer wieder auf dem Balkon zeigte …, dann kampierten sie dort die ganze Nacht und den nächsten Tag über«, berichtet der amerikanische Botschafter Cassius Marcellus Clay.

Karakosows Schuss verfehlte den Zaren, dafür aber erwischte er zuerst Lew Perowski und danach dessen Familie, und zwar mit voller Wucht. Der Graf hatte seit fünf Jahren, seit seiner Rückkehr von der Krim, das Amt des Generalgouverneurs von Sankt Petersburg inne und

war somit für die persönliche Sicherheit des Zaren direkt verantwortlich. Vielleicht wäre er noch glimpflich davongekommen, wäre die Polizei im Laufe der Ermittlungen gegen die »Hölle« nicht auf jenen anony-
men, vor dem Anschlag warnenden Brief gestoßen, der noch im März in
seiner Kanzlei eingetroffen war. Aber Perowski ließ das Schreiben, aus
welchen Gründen auch immer, unbeachtet und sorgte deshalb auch
nicht für die erforderlichen Maßnahmen. Den dadurch entstandenen
Unmut Alexanders II., den sogar die einflussreichen Onkel nicht zu be-
sänftigen vermochten, bekam er sofort zu spüren: Er wurde entlassen.
Es folgte die Versetzung ins Innenministerium, wo er eine beratende
Funktion erhielt, was zugleich seine Karriereträume zunichtemachte.

Der Prestigeverlust traf den Grafen hart: Es scheiterte nicht nur Lew
Perowski als Privatperson, vielmehr stand er da als einziger Versager
eines der ältesten aristokratischen Geschlechter Russlands, dessen Mitglieder seit über hundert Jahren der Krone glanzvolle Dienste leisteten.
Der Graf musste sich also nicht nur an der beruflichen Laufbahn seines
verstorbenen Vaters, der beiden Onkel oder des Bruders messen, sondern vor allem an der des Urgroßvaters Kyrill Rasumowski, der im Alter
von achtzehn Präsident der Akademie der Wissenschaften und mit zweiundzwanzig Hetman der Ukraine geworden war.

Einen so schwindelerregenden Aufstieg hatte Sofjas Ahnherr allerdings seinem Bruder Alexej Rasumowski zu verdanken, und die Biografie des Stammgründers mutet wie ein echtes Märchen an. Der Kosakensohn, der Hirtenjunge aus einem Dorf in der Nähe von Tschernigow,
landete seiner außergewöhnlich klangvollen Stimme wegen in der Za-
renhofkapelle in Petersburg. Im Jahre 1735 begegnete ihm die junge
Großfürstin Jelisaweta, die Tochter des Zaren Peter des Großen, verliebte
sich in den schönen Sänger auf den ersten Blick und nahm ihn zum
Liebhaber. Neun Jahre später, nach ihrer Thronbesteigung, veranlasste
sie Kaiser Karl VII., Rasumowski den Titel eines deutschen Reichsgrafen
zu verleihen. Kurz danach bescherte ihm die Zarin selbst noch einen
russischen Grafentitel dazu, ernannte ihn erst zum Oberjägermeister
und daraufhin zum Feldmarschall, um ihren morganatischen Favoriten
nun schließlich heimlich zu heiraten. Zur Erhebung in den Adelsstand
gehörte ebenfalls die Namensänderung; so nannte sich die Familie

Die Aristokratenfamilie Perowski stammte von der Zarendynastie Romanow ab:
vordere Reihe (v. l.) Sofjas Großeltern, Nikolaj und Scharlotta, ihr Onkel Petr;
hintere Reihe in der Mitte: Lew Perowski, Sofjas Vater

Perowski, nach dem Ort Perowo, wo die Trauung der beiden stattgefunden hatte.
Der ruhmreichen Familientradition gerecht zu werden, gelang dem
Grafen offensichtlich nicht. Perowskis Verbitterung und Schmerz entluden
sich in seinem aggressiven Verhalten hauptsächlich der Ehefrau
sowie dem Küchenpersonal gegenüber.»Der Vater war übertrieben
wählerisch, äußerst verwöhnt, wenn es um das Essen ging«, schreibt
Sofjas Bruder Wassili in seinen Memoiren.»Einfache Gerichte der Landküche
waren nicht nach seinem Geschmack. Bekam er ein solches serviert,
sei es noch so lecker, rastete er sofort aus, beschimpfte den Koch,
um danach über die Mutter herzufallen. Ungeachtet der Anwesenheit
des Personals kränkte er sie mit schlimmsten, beleidigenden Worten,
warf ihr und ihrer Verwandtschaft bäuerliche Primitivität vor. Auf alle

Demütigungen antwortete die Mutter mit einem beharrlichen Schweigen. Solange er herumtobte, traute er sich nicht, uns Kinder anzuschauen, unsere finsteren Mienen zeigten ihm eindeutig, auf wessen Seite wir standen. Vaters tyrannisches Benehmen empörte besonders Sonja.«

In der Tat war Sofjas Mutter ein Mädchen vom Lande. Sie wurde als Tochter des Kleinadeligen Stepan Wesselowski in einem kleinen Dorf unweit der Stadt Mogilew geboren. Der damals dreißig Jahre alte Graf, ein großwüchsiger, bärenstarker junger Mann, an dessen Haupt das kräftige Kinn sowie die unverhältnismäßig hohe Stirn auffielen, lernte die gescheite junge Frau 1842 kennen und lieben, als das berühmte Ismailowski-Regiment, in dem Perowski als Adjutant des Korpskommandeurs diente, ein Manöver in der Mogilewer Gegend abhielt. Zum Militär wechselte der Graf nach seinem Studium am Petersburger Institut für Nachrichten- und Verkehrswesen und der darauf folgenden Arbeit am Bau des Ladogakanals, wo er als Ingenieur tätig war. Da sich Perowski mit der Kunst der Unterordnung anscheinend schwertat, hängte er einige Jahre später seine Uniform an den Nagel, nahm den Dienst beim Zollamt auf und vermählte sich anschließend mit seiner Braut. Die provinzielle Herkunft seiner Gattin fiel damals noch nicht ins Gewicht: »Da der Vater über eingeschränkte finanzielle Mittel verfügte, besuchten uns neben wenigen Verwandten nur einige seiner Arbeitskollegen sowie ein paar ehemalige Kameraden, und das war's. ... Auch unsere Großmutter Scharlotta stieg immer beim Onkel Petr ab, wenn sie sich in Petersburg aufhielt«, erzählt Wassili Perowski. Ebenso später, in Pskow oder auf »Kilburn«, erregte der Mangel an gehobenen Manieren der Gräfin kein Aufsehen, weil sie in der Provinz lebte, in einer ihr wohl vertrauten Umgebung.

Doch die Situation änderte sich schlagartig, nachdem der Generalgouverneur von Sankt Petersburg und reiche Erbe Lew Perowski seine Türen der vornehmen Gesellschaft geöffnet und den wöchentlichen, damals sehr modernen Jour fixe zu organisieren begonnen hatte. »An diesen Abenden verspürte die Mutter stets Unbehagen, weil man an jeder ihrer Gesten merkte, dass man es mit einer Provinzlerin zu tun hatte, was an dem Vater nicht vorbeiging und was ihn immer wieder wütend machte«, so Perowski weiter. »Es war der Grund für ihre ständigen Auseinandersetzungen, wobei der Vater äußerst grob werden konnte.« Perowskajas Widerwille der mondänen Petersburger Oberklasse gegenüber übertrug sich auf die zwei jüngeren Kinder, besonders bei Sofja prägte sich diese Abneigung intensiv ein: »Während dieser Tanzabende tummelten Sonja und ich uns zwischen den Gästen, oder noch lieber setzen wir uns irgendwo in die Ecke und machten uns lustig über die herausgeputzten Damen mit ihren tiefen Dekolletés. Es waren die einzigen Bälle, die meine Schwester jemals besuchte. Auch als sie älter wurde, mied sie sämtliche Veranstaltungen solcher Art«, behauptet Wassili Perowski.

Neben den allmählich zum Alltag gewordenen Eheszenen tauchte ein weiteres Problem auf. Der Verdienst eines Mitglieds des Staatsrates, was der Graf jetzt war, reichte vorne und hinten nicht für ein Luxusleben, das ihm sein ehemaliger Posten ermöglicht hatte. Aber den eigenen sozialen Abstieg so offen zur Schau zu stellen und ihn obendrein noch zu akzeptieren, das wollte oder konnte er nicht. So gab der Graf weiterhin das Geld mit vollen Händen aus, weswegen die Familie bald vor einem Schuldenberg stand. Zum Ausmaß der wirtschaftlichen Misere trug gleichermaßen der Einnahmeausfall der vier geerbten Landgüter auf der Krim bei. Dieser kam dadurch zustande, dass ihr Verwalter in die eigene Tasche wirtschaftete und keinen Rubel nach Petersburg schickte. Der Not gehorchend, verkaufte Perowski die unschätzbar wertvolle Kollektion chinesischen Porzellans samt einigen Stücken des Antikmobiliars, eigentlich alles, was ihm sein mittlerweile schwer erkrankter Bruder Petr schenkte, bevor er zu Heilungszwecken nach Genf übersiedelte.

Als nun die Familienikonen verscherbelt wurden, versuchte die energische Perowskaja zu retten, was noch zu retten war. Sie entließ den Verwalter und fuhr mit den Töchtern im Sommer 1867 auf das Landgut »Kilburn«, während die Studenten Nikolaj und Wassili mit dem Vater in Petersburg zurückblieben. Die Trennung der Eheleute tat vor allem den Kindern gut: Sie wurden von den qualvollen, peinlichen Streitereien verschont. Dennoch schaffte es der Graf lediglich bis zum Winter, mit den Söhnen allein zu leben, dann aber, merklich überfordert, teilte er der

Ehefrau mit, er wolle sich von ihr trennen, woraufhin er »bei einer moralisch anrüchigen Frau und deren Tochter zwei Zimmer anmietete«.

Im Unterschied zu den sich selbst überlassenen Brüdern erlebte Sofja dagegen eine unbekümmerte Zeit auf dem Lande, wo sie inzwischen reiten lernte: »Wir hatten auf dem Anwesen tatarische Braune, die zum Reiten hervorragend geeignet waren, was die Schwestern natürlich restlos auskosteten«, liest man bei Perowski weiter. »Insbesondere Sonja ritt leidenschaftlich gerne und hatte daran unheimlich viel Spaß, das Pferd galoppieren zu lassen. Da es aber nur einen Frauensattel gab, machte es ihr nichts aus, den für Männer zu benutzen.«

Nach zwei Jahren bereitete Perowski mit seiner Ankunft im Sommer der Krimer Idylle ein jähes Ende. Da die Landgüter »Kilburn« und »Nikolskoje« mit Hypotheken belastet waren und dem Grafen ein Gerichtsverfahren drohte, sah er sich gezwungen, zuerst das etwa 600 Hektar große »Nikolskoje« für 49 000 Rubel zu veräußern. Zur Schuldenbegleichung reichte die Summe trotzdem nicht, und nun kam auch »Kilburn« unter den Hammer.

So packte die Mutter erneut die Koffer und brach mit den Mädchen gen Norden auf. Während der Zugreise begegnete Sofja einer jungen Frau namens Anna Wilberg. Die kleinwüchsige, pummelige Brünette mit strengen Gesichtszügen hatte bereits ihr Elternhaus verlassen, um sich in Petersburg bei den Alartschinski-Kursen einzuschreiben. So bezeichnete man populär die an der Alartschin-Brücke gelegene, im Frühling eröffnete staatliche Einrichtung für Frauenbildung. Es war in der Tat ein bemerkenswertes Ereignis, denn noch bis vor kurzem waren die Tore der Lehranstalten für Mädchen versperrt. Eine damalige Russin – natürlich nur, wenn sie aus einer wohlhabenden Familie kam – hatte lediglich die Möglichkeit, entweder im häuslichen, also privaten Bereich oder aber in einem Klosterinternat ihre Ausbildung zu erwerben.

Zu der grundsätzlich neuen Bestimmung des sozialen Status der Frauen kam es eigentlich schon 1856, nach dem Ende des Krimkrieges, den Russland gegen das Osmanische Reich, Frankreich und Großbritannien geführt hatte. Der dreijährige Feldzug erwies sich für das Zarenreich nicht nur als eine militärische Katastrophe, vielmehr offenbarte er gnadenlos alle Schwächen des rückständigen feudalen Imperiums.

Eine Erneuerung an »Haupt und Gliedern« erwies sich also als bitter
nötig, was den damals sechsunddreißigjährigen Alexander II. dazu veranlasste, weitreichende Reformen einzuleiten, als er ein Jahr vor dem
Kriegsende den Thron bestieg und sein schweres Erbe antrat. Im Prozess
der Modernisierung nahm er auch eine grundlegende Reorganisation
des Bildungssystems in Angriff. Neben dem weiteren Ausbau von schon
bestehenden Grund- und Mittelschulen für Knaben, die nun für alle
Bevölkerungsschichten zugänglich gemacht wurden, richtete man parallel dazu auch die ersten Mädchenschulen ein und gestattete Frauen das
Ausüben von pädagogischen und medizinischen Berufen, welche die
mittlere Reife voraussetzten. In den Gymnasial- und Hochschulpro-
grammen setzte man die Priorität auf praktische, also naturwissen-
schaftliche und technische Fächer zuungunsten der klassischen, da
Russland für seinen langfristig angelegten Industrialisierungsprozess
Ingenieure, Physiker, Handwerker oder Wirtschaftsfachleute weit dringender brauchte als Gräzisten oder Latinisten.

Die Universitäten erhielten Autonomie, und in diesem Rahmen entstanden Bibliotheken, Hilfskassen sowie Küchen zur Unterstützung sozial schwacher Studierender. Zum ersten und zum letzten Mal in diesem
Jahrhundert wurde in Russland die Benutzung von ausländischer Literatur erlaubt. Die mit dem Bildungswesen fest verknüpfte Rede- und
Pressefreiheit schlug sich in zahlreichen nichtstaatlichen Publikationen
nieder, es kam zur Lockerung der Zensur, und 1859 erschien sogar die
erste Frauenzeitschrift. Einige Monate danach erfolgte ebenfalls die
Zulassung von Frauen zu den Universitäten.

Aber nach dem Attentat Dmitri Karakosows legte der erzürnte Alexander II. alle Reformpläne auf Eis, indem er einen reaktionären politischen
Kurs einschlug. Nach einigen Jahren des Stillstands stellte ein Gesetzent-
wurf Ende der 1860er Jahre eine Verbotsaufhebung hinsichtlich der
Frauenhochschulbildung in Aussicht, wobei der Gesetzgeber den Russinnen vorerst lediglich die Zulassung zum Medizinstudium gewährte. Ausschließlich diesem Fakt hatten die Alartschinski-Kurse ihre Entstehung
zu verdanken. Sie wurden mit dem Ziel gegründet, junge Frauen auf das
Universitätsstudium vorzubereiten. Demzufolge fungierten sie als eine
Art Mädchengymnasium. Ihre Einrichtung fand bei den namhaftesten

Pädagogen der damaligen Zeit begeisterten Beifall, sie erklärten sich sofort zum Unterricht bereit und verzichteten sogar auf Entgelt, da sich der Staat nur mit einer symbolischen Summe an der Finanzierung der pädagogischen Anstalt beteiligte und die dafür erforderlichen Gelder größtenteils aus Spenden oder aber aus Kursgebühren stammten.

Offensichtlich gelang es der fünfundzwanzig Jahre alten Anna Wilberg im Laufe der langen Reise, ihren Enthusiasmus nicht nur auf ihre Mitreisende zu übertragen, sondern sie überredete die junge Frau auch noch dazu, ihrem Entschluss zu folgen. Und Sofja entschied sich schnell, ohne lange Überlegungen, denn aufgrund der prekären finanziellen Situation engagierte Perowski seit drei Jahren keine Hauslehrer mehr, und notgedrungen lernten Sofja und Marja autodidaktisch. Zurück in Petersburg, nahm Sofja schon im gleichen Jahr ihre Ausbildung auf, und täglich, von sechs Uhr früh bis neun Uhr abends, verbrachte sie ihre Zeit auf der Schulbank. »In den Algebra-Stunden hob sich eine junge Frau durch ihre beträchtliche Begabung von uns ab«, so eine Kursteilnehmerin. »Mit ihren glatt gekämmten Haaren, ihrem schlichten braunen Kleid mit weißem Kragen ähnelte sie eher einem kleinen Mädchen. Sie saß immer in der ersten Reihe neben ihrer wesentlich älteren Freundin Anna Wilberg. Bei privaten Gesprächen hielt sie sich zurück, sodass kaum jemand sie näher kannte. Diese bescheidene, schweigsame Schülerin war die sechzehnjährige Sofja Perowskaja.«

Nach der Schule blieben die jungen Frauen weiterhin zusammen und halfen sich gegenseitig bei Hausaufgaben oder besprachen die Bücher, von denen die meisten seitens der Zensur auf den Index gesetzt wurden, weil sie Fragen wie zum Beispiel die des Proletariats, des Klassenkampfes oder der Sozialökonomie behandelten, welche weder dem absolutistischen Staat noch seinem Herrscher genehm waren. Für Sofja stellten die zensierten Titel kein Neuland dar. Dank ihrem Bruder Wassili, dem nach wie vor einzigen und engsten Vertrauten, war sie schon in Berührung mit verbotener Literatur gekommen: »In unserer Kindheit fiel mir die Rolle von Sonjas Spielgefährten zu, und danach, in ihrer Mädchenzeit, bin ich so etwas wie ein Erzieher für meine Schwester geworden, weil ich sie mit der Lektüre versorgte, die ihre Ansichten entscheidend beeinflusste.«

Zu Beginn von Sofjas Weiterbildung an den Alartschinski-Kursen, im Herbst 1869, studierte Wassili bereits am Petersburger Technischen Institut und verkehrte in radikalen Jugendkreisen. Unter deren Einfluss beteiligte er sich an den seit dem Ende des vergangenen Jahres andauernden Studentenunruhen; durch sie sollte die Rückkehr des Zaren zum ehemals liberalen Kurs erzwungen werden. Das Ergreifen der repressiven Maßnahmen durch Alexander II. nach dem Schuss Karakosows bekam die Jugend besonders hart zu spüren. Mit der Ernennung des erzkonservativen Grafen Dmitri Tolstoj zum Bildungsminister kehrte in das russische Schulwesen die Ära des Obskurantismus zurück. Doch die Jugendlichen, da sie schon einmal in den goldenen Apfel der Freiheit gebissen hatten, wollten auf die liberalen Privilegien nicht mehr verzichten. Der Zar war lediglich dazu bereit, einige halbherzige Zugeständnisse zu machen, da die Protestkundgebung aufgrund ihres lokalen Charakters keine ernst zu nehmende Gefahr für ihn darstellte, weswegen sie auch relativ zügig unter Kontrolle gebracht wurde. Die Teilnahme an dem Aufruhr trug Sofjas Bruder eine zweimonatige Studiensperre ein.

Es gibt keine Hinweise darauf, dass der Graf seinen zwanzigjährigen Sohn wegen der Kontakte zu den extremen Gruppierungen jemals zur Rede gestellt hätte. Es entsteht im Gegenteil der Eindruck, als würde Perowski auf Wassilis Interesse für die revolutionären Ideen nicht nur mit Verständnis reagieren, sondern vielmehr dieses sogar unterstützen: Von mehreren Besuchsreisen bei dem Bruder Petr in Genf brachte er auf die Bitte des jungen Mannes die Werke der in Russland verbotenen zeitgenössischen Autoren mit, die letztendlich auch in Sofjas Händen landeten. So war sie in die »Tabu«-Themen schon eingeweiht, als sie sich an den Diskussionen ihrer Mitschülerinnen beteiligte.

Aus den inoffiziellen Gesprächsrunden der Kursteilnehmerinnen bildeten sich im Laufe der Zeit mehrere Zirkel heraus. So schlossen sich Sofja und Anna Wilberg der Gruppe an, die um Alexandra Kornilowa, die Tochter des Inhabers der Petersburger Porzellanfabrik »Gebrüder Kornilow«, versammelt war. Das Mädchen organisierte in ihrer Wohnung regelmäßig Sitzungen, welche Sofja sehr ernst nahm und von denen sie nicht eine einzige verpasste,»diejenigen, die nicht pünktlich erschienen, fauchte sie scharf an«. Ein wenig später stieß zu dem Arbeitskreis auch Jelisaweta Kowalskaja aus Charkow, ein zierliches Mädchen mit einer nachdenklichen Miene, über dessen Brust zwei lange, dicke Zöpfe herunterhingen. Die uneheliche Tochter eines Gutsbesitzers und einer Leibeigenen brachte im Alter von sieben Jahren den Vater dazu, der Mutter den Status einer freien Bürgerin zu verleihen. Sie gehörte zu den ganz wenigen Menschen, welche die verschlossene Sofja an sich heranließ, zu welcher sie ihr Leben lang einen engen, innigen Kontakt aufrechterhielt. Die Kowalskaja erinnert sich an ihren ersten Abend bei Alexandra Kornilowa in der Wladimir-Straße: »Ich ging durch die offene Tür und betrat den geräumigen Flur, ausgestattet mit Palmen, teuren Spiegeln und Kleiderständern, die von großem Luxus zeugten. Aus dem benachbarten Raum ertönte ein ohrenbetäubender Lärm, verursacht durch die Stimmen vieler Frauen, die sich einen erbitterten Streit lieferten. Ein Mädchen, klein und von kräftiger Statur, eilte mir entgegen. Die Art und Weise, wie es gekleidet war, verriet es sofort als eine Verfechterin der Frauenrechte: Sie hatte kurz geschnittene Haare und trug einen schwarzen Rock, darüber ein Herrenhemd, das um die Taille von einem Ledergürtel umschlossen war. ... Überhaupt ähnelte sie mehr einem Jungen als einem Mädchen. Das war Alexandra, die jüngste der vier Schwestern Kornilow. Sie hieß mich willkommen und führte mich in das mit Wortgefechten erfüllte Zimmer, durch welches dicke Rauchschwaden zogen, sodass man kaum atmen konnte. Etwa zwanzig Frauen fand ich darin vor. Einige von denen unterhielten sich rege, während der Rest, zuhörend, ganz ruhig dasaß. ... In der Mitte befand sich eine junge Frau, fast noch ein Kind. Ihr graues, einfaches Kleid mit weißem Kragen, so etwas wie eine Schuluniform, sah nicht besonders schick aus. Es war klar, dass sie dem Kleidungsstil keine Beachtung schenkte, so stand sie in krassem Gegensatz zu den anderen. ... Von einer schlanken Blondine stürmisch attackiert, konterte sie zurückhaltend, jedoch mit einer nicht zu brechenden Beharrlichkeit. ... Der Blick ihrer grauen Augen war eher ausweichend, doch ihm war eine unbeugsame Sturheit zu entnehmen, genauso wie ihrer Haltung ein gewisses Misstrauen. Wenn sie schwieg, presste sie die schmalen Lippen zusammen, als würde sie sich fürchten, etwas Überflüssiges zu sagen. Ein erns-

ter Ausdruck haftete stets in ihrem gedankenversunkenen Gesicht, alles
in allem strahlte die ganze Erscheinung des Mädchens eine klösterliche
Askese aus. ... Mitternacht war schon längst vorbei, als sich die Gesellschaft auflöste. Die Kornilowa bat mich, noch eine Weile zu bleiben.
Nachdem sich die letzten Besucherinnen auf den Weg gemacht hatten,
erfuhr ich, dass die junge Frau im grauen Kleid Sofja Perowskaja war.«
Durch ihre Freundschaften geriet Sofja nun in die Gesellschaft der Nihilistinnen, dennoch war sie zunächst offensichtlich nicht bereit, deren
antifeminine Einstellung zu übernehmen. Wahrscheinlich fasste sie einerseits immer noch keinen Mut zu einem so radikalen Schritt, denn das
Äußere sowohl dieser Frauen als auch ihrer männlichen Gesinnungsgenossen, die sich ebenfalls schwarz kleideten und Jakobinerhüte, lange
Haare sowie Bärte trugen, irritierte die Öffentlichkeit so sehr, dass man
eine große Portion Begeisterung und nicht weniger Kühnheit brauchte,
um sich mit einem solchen Habitus unter Menschen zu trauen.

Andererseits dürfte diese anfängliche Distanzierung ebenfalls auf der
Unfähigkeit der blutjungen Sofja beruhen, den Sinn des nihilistischen
Strebens nach der absoluten Befreiung des Individuums aus dem Joch
der Kirche, Familie oder des Staates zwecks Schaffung eines »neuen
Menschen« zu begreifen. Diese kurzlebige Bewegung der 60er und 70er
Jahre entstand in der Umbruchsära der bereits erwähnten Reformen
Alexanders II., in welcher alle bis dahin geltenden Werte, sei es politi-
scher, kultureller oder religiöser Natur, in Zweifel gezogen wurden. »Ni-
hilist ist ein Mensch, der sich vor keiner Autorität verbeugt, keinem
Prinzip blind vertraut, möge man ihm noch so viel Zuversicht schenken«, definierte Iwan Turgenew den Anhänger der jungen Skeptiker-
generation und gab ihm zugleich den Namen: Der Dichter leitete den
Begriff vom lateinischen »nihil« (»nichts«) ab.

Die Befürworter einer neuen, auf antitraditionellen Grundlagen basie-
renden Gesellschaft machten die staatlichen Behörden, vor allem die Polizei, auf sich aufmerksam. »Es reichte lediglich eine solche Lappalie, wie
kurz geschorene Haare bei Frauen oder ein langer Bart, um einen jungen
Menschen zum Staatsfeind zu erklären und ihn ins Gefängnis zu stecken.
Daraufhin verbannte man ihn irgendwohin, weit weg, und zwar ›auf un-
befristete Dauer‹, wie man es im bürokratischen Jargon formulierte.«

Mit den Nihilistinnen entdeckte die mitten in der Pubertät steckende Sofja den Reiz des Verbotenen, einen bis dahin ungeahnten Nervenkitzel, während sie bei der Gratwanderung am Rande des Illegalen die Grenzen auslotete. Dass die Gruppe um die sechzehnjährige Kornilowa nicht ins polizeiliche Visier genommen wurde, war nur der Tatsache zu verdanken, dass es sich hier um die Tochter eines der größten russischen Unternehmer handelte, zu dessen Kundschaft sowohl der Zarenhof als auch die Vertreter der reichsten Schicht beziehungsweise die größten Firmen des Landes zählten. Darüber hinaus räumte der für jene Zeit erstaunlich tolerante Iwan Kornilow seinen Töchtern vollkommene Selbständigkeit ein und gewährte ihnen in jeder Situation Schutz. In diesem Spiel mit dem Feuer drohte den Mädchen also keine Gefahr.

Ebenso wie die Abenteuerlust begeisterte Sofja der enorm hohe Wert, den Nihilisten auf Bildung, vor allem auf Naturwissenschaften, legten, weil das Mädchen fest entschlossen war, Mechanik zu studieren, sobald Frauen Zutritt auch zum Technikstudium erlangen würden, und das solle in absehbarer Zukunft geschehen, immerhin beteuerte das Wassili.

In der Gesellschaft der Nihilistinnen war Sofja mit einem weiteren Erlebnis nicht nur konfrontiert, vielmehr wurde sie von dieser Entdeckung völlig übermannt. Das Gefühl der uneingeschränkten, ja totalen Freiheit verspürte Sofja 1870, als sie zum ersten Mal ohne Familie verreiste. Da Lew Perowski am Jahresanfang schwer erkrankte, rieten ihm die Ärzte, im Ausland Hilfe zu suchen, und so brach er im Frühling in Begleitung der Ehefrau und der älteren Tochter zur Reise nach Aachen auf. Obgleich er schon monatelang von der Familie getrennt lebte und nicht einmal zum Mittagessen nach Hause kam, ließ ihn die Gräfin nicht allein fahren.

Die Abwesenheit der Eltern nutzte Sofja sofort aus, indem sie ohne ihr Wissen und demnach auch ohne ihre Erlaubnis – die hätte sie bestimmt nicht erhalten! – zusammen mit Alexandra Kornilowa und Anna Wilberg eine Datscha in der Nähe Petersburgs, im Dorf Lesnoje, anmietete. Den drei Freundinnen schloss sich Sofja Leschern von Herzfeldt an, eine dreiundzwanzig Jahre alte, stämmige Generalstochter mit kurz geschorenen schwarzen Haaren und einem energischen Kinn. Sie

Vom Gefühl der uneinge-
schränkten Freiheit über-
mannt: ganz vorn Sofja; in der
Mitte (v. l.) Alexandra Kornilowa, Anna Wilberg; dahinter
Sofja Leschern von Herzfeldt,
1870

war ebenfalls sowohl eine der Teilnehmerinnen der Alartschinski-Kurse
als auch des Arbeitskreises der Kornilowa. Etwa sechs Monate verbrachten die jungen Frauen auf dem Lande, lernten viel, viel mehr aber genossen sie beim Schwimmen, Reiten oder bei Bootsfahrten die unbeschwerten Tage, weit weg von jeglicher Kontrolle. »Die drei erzählten
mir hinterher, dass Sonja, als wäre sie verrückt geworden, ihr Pferd bis
zur Erschöpfung galoppieren ließ oder das Tier zwang, sich aufzubäu-
men, während die anderen Mädchen in tausend Ängsten schwebten«, so
Wassili Perowski. »Sie hatte stets meine Klamotten an: ein weißes Hemd,
eine Pumphose und Stiefel. Ein Bekannter, der ihr zufälligerweise in
Lesnoje begegnete, erkannte sie nicht wieder und dachte, sie wäre ein
Junge.«
    Die einsame Sofja berauschte sich aber vor allem an der echten Kame-
radschaft, die in der Frauenbande herrschte, an der durch überschäu-

mende Lebensfreude geprägten Atmosphäre. Das Bewusstsein, einer
»Familie« endlich wirklich anzugehören, dort wirklich angekommen zu
sein, zog das Mädchen so unwiderstehlich zu Kornilowas Zirkel.
Weder Sofja noch ihre Geschwister hatten Freunde und konnten sie durch den
ständigen Wohnortwechsel auch nicht haben. »Es ist unbestritten, dass
die Perowskaja ausschließlich zu den Schülerinnen der Alartschinski-
Kurse Kontakte pflegte.«

Darüber hinaus herrschte in Sofjas Familie eine bedrückende emo-
tionale Kälte, hervorgerufen durch die Entfremdung der Eltern voneinander, wofür man genügend Beweise in Wassilis Memoiren findet.
Äußerst selten begegnet einem dort ein Zeichen irgendeiner sentimentalen oder nostalgischen Wärme, ihr Ton weist eher auf einen Bericht als
auf Lebenserinnerungen hin. Das zerrüttete Familienverhältnis hinderte
die Kinder daran, ein Zugehörigkeitsempfinden zu entwickeln, demzufolge standen sich die Geschwister gegenseitig nicht nah. Neben der
Mutter, die sie abgöttisch liebte, fand Sofja in Wassili die einzige vertraute Person, bevor sie zu den Nihilistinnen kam, und diese gaben ihr
nun alles, was sie bis dahin zu Hause so sehr vermisst hatte.

Daher nahm sich Sofja nicht einmal eine Sekunde zum Überlegen, als
sie, vor die Wahl gestellt, sich zwischen der Familie und dem Zirkel der
Nihilistinnen entscheiden zu müssen, die Freundschaft wählte. Den ersten Selbstbestimmungsversuch wagte die junge Frau im Herbst, unmittelbar nach der Heimkehr der Eltern aus Deutschland. Die Aachener
Kur brachte dem Grafen keine gesundheitliche Besserung, weswegen er
stets mürrisch herumlief. Da er wieder unter einem Dach mit der Familie wohnte, lud Sofja ihre Freundinnen nur in seiner Abwesenheit ein.
Einmal fand er sie doch vor, und an diesem Tag ging es Perowski besonders schlecht. Die bestiefelten Mädchen mit grauen – in Russland ver-
pönten! – Brillen, die wie Matrosen qualmten und dabei in einer außergewöhnlich derben Sprache miteinander redeten, missfielen ihm sehr.
Als die jungen Frauen weg waren, untersagte Perowski der Tochter jeglichen Kontakt zu ihnen.

Auf das Verbot reagierte die empörte Sofja sofort mit der Ankün-
digung, sie wolle das Elternhaus verlassen und von nun an ein selbstän-
diges Leben führen. Dafür benötigte sie aber, wie übrigens jede junge

Russin, welche die Eigenständigkeit außerhalb der elterlichen Obhut anstrebte, einen Bewilligungsbescheid, dessen Erteilung nur dem Vater oblag. Dieses schriftliche Dokument war weiterhin die Bedingung für die Erhaltung eines Reisepasses, der zugleich als Personalausweis fungierte. Sowohl Töchter als auch verheiratete Frauen waren im damaligen Russland in den Pässen ihrer Väter und Ehemänner eingetragen und gelangten in den Besitz ihres eigenen ausschließlich durch deren Genehmigung. Der Graf, ein Mensch konservativer Ansichten, lehnte natürlich Sofjas Bitte kategorisch ab. Diese packte ihre Sachen, verschwand spurlos und ließ dem Vater ausrichten, sie würde sich so lange verstecken, bis sie die Erlaubnis erhalten habe. Als das Mädchen spätabends immer noch nicht zurückkehrte, ging die besorgte Mutter zu Anna Wilberg und bat sie, ihr Sofjas Aufenthaltsort mitzuteilen, doch sie kam unverrichteter Dinge heim.

Als Sofja auch am nächsten Tag nicht erschien, meldete der Graf seine Tochter als vermisst. An demselben Abend begab sich die Gräfin zu Alexandra Kornilowa:»Es war fast Mitternacht, und ich lag schon im Bett, als Warwara Stepanowna an meiner Tür klingelte. Sie flehte mich verzweifelt an, entweder Sonja zu überreden, nach Hause zurückzukommen, oder aber ihr Versteck zu verraten, damit sie mit ihr sprechen könne.« Auch diesmal stieß Sofjas Mutter auf taube Ohren.

Am dritten Tag begriff der Graf, dass die Sache weit ernster war, als er gedacht hatte. Aus Angst vor einem Skandal wandte er sich persönlich an den Stadtgouverneur und bat ihn um eine diskrete Behandlung des Falles. Es verging noch eine ganze Woche, und von dem Mädchen weiterhin keine Spur.»Eines Abends«, berichtet die Kornilowa weiter, »erschien ein Polizist bei uns:

›Wissen Sie vielleicht, wo sich Sofja Perowskaja befindet? Ihr Vater hat uns beauftragt, nach ihr zu suchen‹, fragte er meinen Papa.

›Das kann ich Ihnen leider nicht sagen‹, antwortete er und drehte sich zu mir.›Fragen Sie meine Tochter. Vielleicht weiß sie das.‹

›Ich habe die Perowskaja seit einer Weile nicht mehr gesehen. Sie kommt nicht mehr zum Unterricht, und ich bereite mich gerade darauf vor, sie zu besuchen, weil ich dachte, dass sie vielleicht krank ist‹, spielte ich die Unschuld vom Lande.«

Natürlich halfen ihre nihilistischen Freundinnen Sofja, unterzutauchen. Den Unterschlupf fand sie in der Wohnung der Schwestern Karali, ebenfalls zweier Kursteilnehmerinnen. Da die Polizei nach ihr fahndete und sie sich deshalb nicht auf die Straße traute, saß sie tagelang in den vier Wänden eingesperrt. Die zwangsläufige Gefangenschaft hielt Sofja nicht länger aus und verreiste nach Kijew, wo sie bei einem gewissen Doktor Jegor Emme etwa zwei Monate verweilte. Der Arzt war ebenfalls ein untypischer russischer Vater, weil er seine Tochter Anna sogar in Zürich studieren ließ. In der Schweiz knüpfte die junge Frau Verbindung zu den revolutionären Gruppierungen der russischen Studenten, dank diesen dann auch mit den Petersburger Nihilistinnen.

Da von dem Grafen nach wie vor kein Signal des Einlenkens kam, drohte Sofja mit Selbstmord, sollte er sich weiterhin weigern, ihre Forderung zu erfüllen. Sicherlich litt sie sehr darunter, dass die Mutter ihretwegen einem solchen Kummer ausgesetzt war, und das verzweifelte Mädchen griff nach der Suiziddrohung, um diese für beide Seiten unerträgliche Lage endlich zu beenden.

Die Sorge der Eltern wuchs mit jedem neuen Tag, zugleich schwand ihre Hoffnung, die Polizei würde Sofja aufspüren, bevor sie eine Dummheit begehe. Die permanenten Nervenstrapazen hatten verheerende Folgen für die schon angeschlagene Gesundheit des Grafen, sodass er – dem Rat seines Arztes folgend – letztendlich nachgab, indem er den Bewilligungsbescheid verfasste und Nikolaj ins Innenministerium schickte, um das Dokument beglaubigen zu lassen. Über Wassili landete das Papier bei der Kornilowa, über diese letztendlich bei Sofja. Drei Jahre werden die Eltern ihre Tochter nicht mehr sehen, und »in diesem Zeitraum verlor der Vater kein Wort mehr über Sonja«.

3. KAPITEL
Leben in der Kommune

Nach einer zähen und nervenzermürbenden Schlacht ertrotzte sich Sofja die Unabhängigkeit von der elterlichen Obhut und nahm Anfang 1871 ihr Schicksal selbst in die Hand, indem sie zusammen mit ihrer mittlerweile engen Vertrauten Alexandra Kornilowa eine Wohngemeinschaft gründete. Im Grunde genommen unterschied sich diese von Kornilowas bisherigem Arbeitskreis lediglich dadurch, dass die Mädchen diesmal mit vier anderen Freundinnen unter einem Dach wohnten, wobei die beiden eigentlich keine Pioniere auf diesem Gebiet waren: Als sie zusammenzogen, schossen russlandweit Hunderte von sowohl Frauen- als auch Männerkommunen wie Pilze aus dem Boden. Unter dem neuen Modell des Zusammenlebens war eine Gruppe von vier bis sechs Kommunarden oder Kommunardinnen zu verstehen, die sich in einer Wohnung mit ein paar Zimmern, Küche, Diele und Bad einmieteten, zu welcher offiziell etwa zwanzig Mitglieder zählten. Die Gruppen benannte man nach den Straßennamen ihrer Wohnsitze, so gingen Sofja und ihre Mitbewohnerinnen als »Kuschelewer Kommune« in die Geschichte ein.

Diese nihilistischen Ersatzformen für Ehe und Familie dienten zugleich als eine Bildungsstätte mit jeweils einem thematischen Schwerpunkt aus dem Bereich entweder der Natur- oder aber der Geisteswissenschaften. Bei den regelmäßig organisierten Lesungen, Referaten und anschließenden Diskussionen hatten alle Wissbegierigen ausnahmslos das Recht, sich an jeder beliebigen Veranstaltung zu beteiligen. Die um die zwei Mädchen versammelten jungen Frauen beschäftigten sich mit Fragen der politischen Ökonomie.

Die strenge Teilung der Arbeitszirkel nach Geschlechtern resultierte aus dem Streben der Frauen nach Emanzipation und ihrer Befürchtung, die patriarchalisch erzogenen, ja zu dominanten Männer könnten sich auf den Entwicklungsprozess ihrer Selbständigkeit hemmend auswirken, sie würden in ihre traditionelle Rolle, die sie auf diesem Weg abzulegen versuchten, erneut zurückfallen. »Eine Frau muss ihrem Mann gehorchen und mit ihm leben in Liebe, Respekt und unbegrenztem Gehorsam und ihm als dem Herrn des Haushaltes alle Annehmlichkeiten entgegenbringen«, liest man in einem Artikel über Frauenrechte zur Mitte des 19. Jahrhunderts. Die Kirche stieß in das gleiche Horn: Sie betrachtete Frauen »dem Mann in jeder Hinsicht untergeordnet« und forderte von ihnen »demütiges Dulden und Selbstaufopferung in ihrer wichtigsten Aufgabe: Kinder zu gebären und aufzuziehen.«

Andererseits aber stemmte sich die Mehrzahl dieser Frauen gegen ein Dasein in der männlichen Nähe, weil sie, so wie auch Sofja, voller Wut und Verbitterung, nicht selten auch Verzweiflung, vor der erzieherischen Tyrannei der Väter bereits geflohen waren, um in den Kommunen Zuflucht zu finden. Wie intensiv der aufgestaute Unmut auf den Grafen Sofjas Leben nachträglich prägte, zeigen die Worte der Alexandra Kornilowa: »Sie [Sofja Perowskaja – L. K.] verachtete den Vater und konnte ihm nicht verzeihen, dass er die Mutter so sehr schikanierte. Unzählige Male hörte ich sie über ihn sprechen. Es scheint, dass kein Mensch auf dieser Welt imstande wäre, so feindselige Gefühle in ihrer Seele zu erzeugen.«

Dennoch sind die Umstände, unter denen Sofja ihre Kindheit und Mädchenzeit verbrachte, im Vergleich mit den Erfahrungen anderer junger Frauen sogar als glücklich zu bezeichnen. Zu dieser Gruppe gehörte zum Beispiel Wera Figner, die als Sprössling einer reichen adeligen Familie 1852 in Christoforowka, einem Dorf unweit der Stadt Kasan, geboren wurde: »Wir wurden äußerst streng erzogen; der Vater war heftig, hart und despotisch, die Mutter gut, sanft, aber machtlos. Sie wagte es nie, uns zu liebkosen, geschweige denn, uns je vor dem Vater in Schutz zu nehmen. Meines Vaters Richtschnur in der Erziehung war: eiserne Disziplin und absolute Unterwerfung ... Pünktlich zur Minute mußten wir aufstehen und ebenso zur Minute schlafen gehen. Immer dieselbe Kleidung, dieselbe Frisur ..., nach jeder Mahlzeit sich bekreuzigen und den Eltern danken, bei Tisch durfte kein Wort gesprochen werden; widerspruchslos mußte alles gegessen werden, gleichgültig, ob es zu viel oder zu wenig war. Wir sollten lernen, nicht wählerisch zu sein. ...

Nichts durften wir ohne Erlaubnis anrühren, besonders ja nicht Vaters Sachen; wenn das Unglück geschah, dass man etwas zerschlug oder auch nur an den unrichtigen Platz stellte, dann erstreckte sich der väterliche Zorn über das ganze Haus. Und dann setzte die Strafe ein: Man mußte im Winkel stehen, wurde an den Ohren gezogen oder bekam Schläge mit dem Lederriemen, der immer dazu in Vaters Arbeitszimmer hing. Er strafte grausam, unbarmherzig. Wenn die Brüder gezüchtigt wurden, dann litten wir alle mit. Auch nicht die geringste Kleinigkeit blieb ungestraft. Wir durften nichts vor dem Vater verheimlichen, unerbittlich forderte er die strengste Wahrheit von uns, und die Mutter ging mit ihrem Beispiel darin voran. Wenn auch blutenden Herzens, da sie die Folgen kannte, so verheimlichte sie doch nie auch nur das geringste Vergehen vor dem Vater. Und diese Strenge erstreckte sich sogar auf Unvorsichtigkeiten im Spiel. Wenn wir uns irgendwie wehgetan hatten, so kam noch zu dem natürlichen Schmerz die moralische und physische Mißhandlung des Vaters hinzu. Uns Mädchen schlug er nicht mehr, seit er mich einmal als sechsjähriges Kind während einer stürmischen Überfahrt über die Wolga fast zum Krüppel geschlagen hatte. Aber wenn er uns auch seitdem nicht mehr schlug, so fühlten wir uns doch nicht erleichtert, wir fürchteten ihn mehr als das Feuer; sein kalter, durchdringender Blick genügte, um uns das Blut in den Adern gerinnen zu lassen.«

Ihre Ausbildung absolvierte Wera Figner in einem Klosterinternat. Auf Vaters Anordnung und gegen den eigenen Willen nahm sie danach die Arbeit als Grundschullehrerin in Kasan auf. Erst mit der Heirat gelang es der jungen Frau, sich der väterlichen Obhut zu entziehen. Zusammen mit ihrem Ehemann verreiste sie 1872 nach Zürich, wo sie dann das Medizinstudium begann.

Sowohl Sofja als auch Wera Figner erkämpften das Recht auf Eigenständigkeit ohne große Schwierigkeiten, während die Emanzipationsbemühungen der Larissa Tschemodanowa, der sechzehnjährigen Priestertochter, einem echten Abenteuer ähnelten. Das – so wie die Figner – aus der Kasaner Gegend, aus dem Ort Wjatka, stammende Mädchen äußerte nach dem Abschluss der Grundschule den Wunsch, sich bei den Alartschinski-Kursen einzuschreiben. Auf den erbitterten Widerstand des Vaters gestoßen, stahl sie sich zweimal heimlich davon, wurde aber jedes Mal schnell gefasst und zwangsweise heimgebracht, wo sie dann unter ständiger Überwachung des von dem Vater beauftragten Hauspersonals und der jüngeren Geschwister stand. Auch Larissas Post unterzog der Pope Wassili der strengsten Kontrolle, beschlagnahmte die Bücher des Mädchens und erteilte ihm schließlich die Erlaubnis, ausschließlich die Tochter des Diakons kontaktieren zu dürfen. Als die Eltern noch obendrein entschieden, sie mit dem Dorfrichter zu vermählen, schrieb die verzweifelte junge Frau an ihre ehemalige Lehrerin Anna Kuwschinskaja, die aus Wjatka weggezogen war, und bat sie um Hilfe. Diese schlug ihrer ehemaligen Schülerin vor, eine fiktive Ehe zu schließen.

Auf der Suche nach einem passenden Heiratskandidaten fiel die Wahl auf Sergej Sinegub, einen Studenten des Petersburger Technischen Instituts. Der Gründer einer Männerkommune war Sohn eines wohlhabenden adeligen Gutsbesitzers, dazu noch hatte er eine athletische Figur, kräftige dunkle Haare, ein klares Gesicht, kurzum war er ein hübscher Bursche, demzufolge also auch eine sehr gute Partie. Er zögerte anfangs ein wenig, zum Schluss erklärte er sich doch einverstanden, woraufhin er ein Foto von Larissa in die Hand gedrückt und die wichtigsten Details über die Familie erzählt bekam.

»Als ich in meinem besten Anzug endlich Wjatka erreichte, hörte ich mein Herz in der Kehle klopfen, da man mich schon vorher gewarnt hatte, dass der Priester keinen Spaß kenne, besonders nach den zwei Fluchtversuchen des Mädchens und den Gerüchten, welche seitdem um sein Haus schwirrten wie ein Schwarm von aufgescheuchten Fliegen. Sollte die Sache schiefgehen und die Familie wieder in einen Skandal eingezogen werden, könnte mich meine Hilfsbereitschaft teuer zu stehen kommen«, berichtet Sinegub in seinen Memoiren. »Nachdem wir nun die üblichen Floskeln bezüglich meiner Reise und der Gesundheit von Familienangehörigen ausgetauscht hatten, teilte ich dem Popen Wassili mit, dass ich mit ihm über eine sehr wichtige Angelegenheit sprechen möchte, dass diese letzten Endes der Anlass meines Besuches sei. … Mich unterbrach ein großes, schlankes, ja bildhübsches Mädchen mit wunderschönen Augen und blassem Teint: ›Serjoscha*, endlich bist

* Serjoscha – der Kosename von Sergej

du da!‹ Es hängte sich mir um den Hals und küsste mich so leidenschaftlich, wie man es auf dieser Welt selten zu erleben vermag. … Vater Wassili sprang vom Stuhl und erstarrte zur Salzsäule. …

Nach einigen Tagen, nachdem sich die Eltern von dem ersten Schock
erholt hatten, zeigte sich der Vater doch bereit, mit mir zu verhandeln. … Nun zogen sich die Eltern zur Beratung zurück. Ich blieb mit
der jungen Frau allein. Kreideweiß vor Aufregung und Angst setzten wir
uns ans Fenster, flüsternd unterhielten wir uns, um uns besser kennen
zu lernen. …

Während der Trauung fühlte ich mich elend und war vollkommen
verwirrt. Vor Aufregung wurde mir unheimlich heiß, sodass ich unablässig schwitzte. Der eine Nummer zu große Kranz auf meinem Kopf
rutschte stets über meine mit Schweißperlen bespickte Stirn in die Augen. Jemand merkte das und steckte mir – gottlob! – sein Taschentuch
darunter. Das Zeremonieende konnte ich kaum abwarten, so vernahm
ich eine unbeschreibliche Erleichterung, als wir endlich die Kirche
verließen. …

Nach der Hochzeitsfeier gingen wir, die frischgebackenen Eheleute,
nun in das Schlafzimmer. Es war uns unangenehm, peinlich … Aber was
hätten wir sonst machen sollen, außer die Komödie zu vollenden. Das
einzige Doppelbett überließ ich Larissa und legte mich selbst auf die
Wäschetruhe. Sie machte das Licht aus und versank unter der dicken,
kuscheligen Federdecke, während ich, zusammengekrümmt, die Nacht
soldatisch verbrachte.

Als ich frühmorgens aufwachte, merkte ich, dass das Mädchen
schon aufgestanden war. Um den Eindruck entstehen zu lassen, als hätten wir beide im Bett geschlafen, wälzte ich mich auf ›meiner‹ Seite ein
paar Male hin und her. Beim Frühstück überschüttete man uns mit verschiedenen zweideutigen Scherzen und Anspielungen, aber das gehörte
auch zum Spiel. … Endlich saßen wir beide in der Kutsche, und das Dorf
verschwand bald in der Ferne, weit hinter unseren Rücken.« In Petersburg angelangt, brachte Sinegub seine »Frau« in einer Frauenkommune
unter.

Sofja Perowskaja, Wera Figner, Larissa Tschemodanowa, drei unter
vielen jungen Rebellinnen, glaubten fest daran, durch das Zusammen-

leben in der Kommune, außerhalb jeglicher Beeinflussung seitens der Männer, durch die permanente Erweiterung des eigenen geistigen Horizontes, durch die kleinere Schritte, die Frauenemanzipation und damit ebenfalls tiefgreifende gesellschaftliche Änderungen bewirken zu können. Die Kommunardinnen fingen bei dem Prinzip der Unterwerfung an, indem sie diesem die Gleichberechtigung entgegensetzten und zu ihrer Absicherung das Privateigentum abschafften. Es gab eine gemeinsame Kasse, aus der alle Unterhaltsausgaben bestritten wurden. Darin flossen die Aussteuergelder der fiktiv verheirateten Frauen oder die finanziellen Mittel, welche tolerante Eltern ihren Töchtern schickten. Auch mittellosen Mädchen wie Sofja oder denjenigen aus sozial schwachen Familien stand das Kommunevermögen uneingeschränkt zur Verfügung.

Dass ausgerechnet Frauen aus Sofjas Generation die Revolte gegen die herrschenden Missstände initiierten, kam vor allem durch den Einfluss der französischen, die soziale Problematik thematisierenden Ideen der 60er Jahre auf die russischen Intellektuellen zustande. Die wissenschaftlichen Abhandlungen in der Domäne der Pädagogik und Kindererziehung postulierten unausweichlich auch die Frauenfrage. Besonders großer Popularität erfreute sich in Russland die Schriftstellerin George Sand, welche das Recht auf Glück – vor allem in der Liebe – für jede Frau forderte.

Aber ungleich mehr regte der utopistische Roman *Tschto delat? (Was tun?)* des Dichters und Revolutionärs Nikolaj Tschernyschewski die Gemüter der Jugend an. Seine Hauptfigur Wera Pawlowna wurde zum Idol, ihre Lebensart zum Vorbild junger Russinnen:»Während meiner sechzehnjährigen Universitätstätigkeit«, so ein Hochschullehrer aus Odessa,»ist mir kein einziger Student begegnet, der das berühmte Buch nicht bereits vom Gymnasium her kannte: Eine Gymnasiastin in der fünften bis sechsten Klasse, die sich mit den Abenteuern der Wera Pawlowna nicht bekannt gemacht hätte, wäre als dumme Gans bezeichnet worden.«

Ohne Zweifel stellte Sofja keine Ausnahme in diesem Sinne dar, was sich den Memoiren des Wassili Perowski eindeutig entnehmen lässt:»Ich kann mich nicht ganz genau erinnern, ob es Vaters erste Reise in die Schweiz war, als er auf meine Bitte die von einem russischen Emigranten namens Elpidinin herausgegebenen Werke Tschernyschewskis mitbrachte.« Das in Russland verbotene Buch *Tschto delat? (Was tun?)*, das der damals fünfunddreißig Jahre alte Gymnasiallehrer aus Saratow 1863 im Gefängnis schrieb, bewegte die jungen Russinnen einerseits zum Ausbrechen aus den demütigenden Familienverhältnissen, ermutigte sie zum Wagnis der Selbständigkeit. Andererseits aber erzeugte es bei den Vorreiterinnen des Feminismus die Illusion, der Weg zur Unabhängigkeit der Wera Pawlowna wäre auch im realen Leben durchführbar. Die Gründung von Frauenkommunen erfolgte deshalb exakt nach dem Romanvorbild, als eine Eins-zu-eins-Umsetzung der Grundregeln, nach welchen das frei erfundene Frauenarbeitskollektiv funktionierte.

Dass aber die Realität jedoch weit komplexer war als irgendeine noch so human gedachte literarische Fiktion, erfuhr Sofja schon im Mai 1871. Die fingierte Kommune seiner Heldin ließ Tschernyschewski unangetastet von jeglichen äußeren Einflüssen existieren, während eine Abschottung von ihrer Umgebung für die Petersburger Nihilistenzirkel natürlich unmöglich war. So kamen sie zwangsläufig in Berührung sowohl untereinander als auch mit anderen Gruppierungen.

In diesem Zuge begegnete Sofja dem Studenten des Technischen Instituts Nikolaj Gontscharow. In seinem Auftrag verteilte sie die als *Wisselica (Der Galgen)* betitelten Flugblätter unter Studierenden. In den Flyern, deren Verfasser wie Herausgeber der junge Mann selbst war, wurde hauptsächlich die Pariser Kommune gefeiert, doch daneben fand man auch Aufrufe zur Revolution sowie zum Ergreifen von Gewaltmaßnahmen gegen hohe Staatsbeamte.

Es war aber ein offenes Geheimnis, dass die Nihilistenkreise unter polizeilicher Beobachtung standen. Die Agenten mieteten sich benachbarte Wohnungen an, um die Gespräche ihrer Bewohner belauschen zu können. Deswegen dauerte es nicht lange, bis eine Razzia in der Kuschelewer Kommune durchgeführt und Sofja zusammen mit der Kornilowa zum Verhör in die Dritte Abteilung der Kanzlei Seiner Majestät – wie der Hauptsitz der Geheimpolizei offiziell hieß – vorgeladen wurde. Mangels belastender Beweise endete der Vorfall mit zwei für die damaligen Verhältnisse relativ harmlosen Konsequenzen für Sofja: Von nun an stand sie im Fadenkreuz der Polizei, und im kommenden Jahr verweigerte man der jungen Frau den Zutritt zum Abschlussexamen zur Grundschullehrerin.

Nichts deutet darauf hin, dass seine erste Begegnung mit der Ordnungsbehörde das Mädchen in irgendeiner Weise einschüchterte, was keineswegs überrascht, denn Sofja kannte nach wie vor keine Angst. Ihre Furchtlosigkeit verstärkte noch zusätzlich die fatale Illusion der Sicherheit, welche die Autorität des Großunternehmers Iwan Kornilow den Kommunardinnen garantierte. Der Hauptgrund aber, warum sie den ersten Besuch in der berüchtigten Dritten Abteilung auf die leichte Schulter nahm, war allerdings das Zusammengehörigkeitsgefühl, das sie an ihre »Ersatzfamilie« so intensiv band, und für diejenigen, die sie liebte, denen sie vertraute, hätte Sofja weit mehr riskiert.

Um der Freundschaft willen protestierte Sofja auch nicht, als Alexandra Kornilowa, die bis gestern noch von dem Leben unter einem Dach mit Männern nicht einmal hören wollte, im Frühsommer 1871 einen Zusammenschluss zwischen ihrer Kuschelewer und der Wulfer Kommune in Erwägung zog. Dass die zielstrebige Kommunardin eine Verschmelzung ausgerechnet mit dieser Nihilistengruppe anpeilte, kam nicht von ungefähr. Abgesehen davon, dass diese die älteste, ja die Urmutter aller Petersburger Arbeitszirkel war, gehörte sie ohnehin zu einer der populärsten. Gegründet hatte sie der Medizinstudent Mark Natanson drei Jahre davor, zu Beginn der Studentenunruhen. Ihre Tätigkeit war zuerst bar jeglicher politisch-ideologischen Aktivitäten, ausschließlich auf die Unterstützung von Studierenden, sei es im Lernbereich, sei es im Hinblick auf die persönliche Weiterbildung, konzentriert. Unmittelbar nach ihrer Entstehung lernte die Kornilowa Natanson kennen und machte daraufhin auch Sofja mit ihm bekannt.

Was Sofjas Freundin so unverhofft dazu veranlasste, gegen eines der Grundprinzipien des Frauenkommunenkodexes zu verstoßen, bleibt unklar. Möglicherweise überredete sie dazu ein Mitstreiter Natansons, mit dem sie laut Gerüchten eine Affäre hatte, oder aber es bewegte das Bild der Pariser Kommune die junge Idealistin zu ihrer plötzlichen Gesinnungsänderung.

Wie auch immer, Kornilowas Absicht rief eine Protestwelle unter den Mitstreiterinnen hervor:»Eines Tages tauchte plötzlich ein Mädchen, spürbar aufgeregt und verärgert, bei mir auf:›Stell dir mal vor! Die Kornilowa und die Perowskaja, die stets gegen die Einigung mit den Männerzirkeln waren, nehmen jetzt selbst an der Arbeit der Wulfer Kommune teil. Ich verlange heute noch eine Sitzung, weil ich eine Erklärung dafür will‹«, erzählt Jelisaweta Kowalskaja, Sofjas enge Vertraute, die mit sieben Jahren für ihre fronpflichtige Mutter die Freiheit erkämpft hatte. »An diesem Abend war mein Zimmer mit Frauen überfüllt. Wir warteten lange, bis die beiden endlich erschienen. Die Kornilowa kam locker und unbeschwert, mit einer beinahe provokativen Haltung, herein. Die Perowskaja dagegen schaute verlegen und niedergeschlagen, dennoch war sie offensichtlich zum Kampf bereit. Auf die beiden hagelte es Beschuldigungen hernieder, und zwar von allen Seiten. ... Nachdem sich der aufgewirbelte Staub einigermaßen gelegt hatte, verteidigte sich die Kornilowa mit dem ihr so eigentümlichen Eifer, dennoch nicht überzeugend. Die Perowskaja benahm sich weit diskreter und verkündete schlicht und einfach:›Wir haben nicht vor, euch Rechenschaft abzulegen.‹ Daraufhin standen sie auf und verließen die Versammlung.«

Zweifellos fügte sich Sofja nur schweren Herzens dem Vorhaben ihrer Freundin, zumal sie»die Gesellschaft der Frauen derjenigen der Männer vorzog, weil sie sich – wie sie selber behauptete – unter ihnen wohler fühlte«. Trotzdem gab sie nach, ließ sich führen. Hätte sie sich gewehrt, hätte ihr das auch nicht viel geholfen. Die Kornilowa war diejenige, die den Ton angab und es immer schaffte, ihren Willen durchzusetzen.

Schon im August erfolgte die offizielle Vereinigung beider Zirkel. Die neue Kommune bestand aus etwa dreißig Mitgliedern. Zu dem Zeitpunkt aber, als die Verhandlungen beider Arbeitskreise noch liefen, wurde Natanson verhaftet und nach Sibirien verbannt. Die Führung übernahm sein Kommilitone Nikolaj Tschaikowski, so ist die Gemeinschaft ungerechterweise als»Tschaikowzen« in die Geschichte eingegangen. Für die einst von Natanson festgelegten Regeln setzte sein Nachfolger weit radikalere ethische Maßstäbe, indem er von seinen Anhängern einen asketischen Lebensstil jenseits jeglichen Luxus verlangte, mit dem Ziel, die wahre geistige, dem Menschen tief immanente Befriedigung zu erreichen. Es gab kein festes Statut, sondern jede Frage wurde spontan in Anwesenheit aller Kommunarden besprochen. Der Eintritt wurde lediglich denjenigen gewährt, die sich als zuverlässig erwiesen, sich das bedingungslose Vertrauen der »Tschaikowzen« verdienten. Über den potenziellen Kommunarden diskutierte man lange, beurteilte dessen Charakter aus der Perspektive der nihilistischen Weltanschauung, wobei der kleinste Zweifel im Sinne der Unehrlichkeit oder Verlogenheit für eine Abweisung reichte. Das Aufnahmeprozedere basierte auf dem Prinzip der Einstimmigkeit: Gab es nur eine einzige Gegenstimme, musste der Aspirant eine Absage einstecken. So »blieb der Zirkel immer ein Kreis der engsten Freunde. Niemals mehr habe ich so hochmoralische, dermaßen sich selbst treue Menschen getroffen. ... Bis heute bin ich ganz stolz darauf, unter ihnen gelebt zu haben«, schwärmte Fürst Petr Kropotkin, der mit neunundzwanzig Jahren der älteste »Tschaikowze« und dazu noch Sofjas männliches Pendant schlechthin war. Er kam aus einem bekannten aristokratischen Geschlecht, dessen Angehörige im Zarenhof zu den Stammgästen zählten. Auf die Karriere als Kammerpage verzichtete er zugunsten seines Interesses für Geografie und Reisen. In der Schweiz kam der Weltreisende in Kontakt mit den russischen politischen Emigranten und kehrte als überzeugter Anarchist nach Russland zurück.

Trotz oder vielleicht gerade wegen der unterschiedlichen Herkunft stand der »Tschaikowze« der ersten Stunde, Sergej Krawtschinski, Sofja weit näher als ihr Standesgenosse. Mit dem Sohn eines Militärarztes verband sie eine herzliche Zuneigung, und es wäre ein Wunder, hätte sich das Mädchen dem jungen Offizier gegenüber gleichgültig verhalten, weil »ein vor Gesundheit berstender, energischer Mann mit roten Wangen, wie bei einem Bauernmädchen, etwas Originelles, ja Ungewöhnliches ausstrahlte. Schon bei dem ersten Blick auf den Jüngling mit Vorliebe für elegante Anzüge fielen sofort seine Lebensfreude und Willensstärke auf.« Darüber hinaus war er neben Sofja »der zweite allgemeine Liebling der Kommune«, und Sofja zollte allein den außergewöhnlichen Männern Aufmerksamkeit, jenen, welche sich von der Umgebung scharf abhoben, sich durch besondere Eigenschaften hervortaten. Krawtschinski erlebte Sofja »als Verkörperung der Jugend« und

Sofja war der unbestrittene
Liebling der »Tschai-
kowzen«-Kommune.

behauptete: »Ihrem [Sofjas – L. K.] rundlichen Gesicht haftete etwas Le-
bendiges, Forsches und zugleich etwas Naives an. Sie war zum Lachen
aufgelegt und lachte leidenschaftlich gern, mit der unaufhaltsamen Hei-
terkeit eines kleinen Kindes.«
      Die enge Beziehung zwischen Sofja und Sergej Krawtschinski stellte
keine Ausnahme dar. Im Gegenteil basierte das Dasein der »Tschaikowzen« »auf Freundschaft, Sympathien, vollem Vertrauen und Gleichberechtigung aller Kommunarden«. Das einmalige Zusammengehörigkeitsgefühl trug dazu bei, dass sich die Gruppe sehr schnell zum
einflussreichsten der Petersburger Zirkel profilierte. Es dauerte auch
nicht lange, bis ihr Zellennetz alle bedeutenden Städte des Zarenreiches
umspannte.
      Zu ihrem Versammlungstreffpunkt wählten die »Tschaikowzen« ein
kleines Häuschen in dem Vorort Kuschelewka. Dieses mietete Sofja
unter falschen Angaben – sie gab sich als Ehefrau eines Handwerkers
aus – und bezog es samt ein paar anderen Mitstreitern. Die an den über-
mäßigen Wohlstand gewöhnte Sofja wurde ihrer Rolle als Hauswirtin

erstaunlich gut gerecht: »Niemand hätte in dieser einfachen Frau, die im Kattunkleid*, groben Stiefeln und einem baumwollenen Kopftuch das Wasser von der Newa herbeischleppte, das ehemalige Edelfräulein vermuten können. ... Den Haushalt hielt sie tadellos sauber und schimpfte stets mit uns Männern, wenn wir den Schmutz von den unbebauten Straßen in die Wohnung hereintrugen. Sie versuchte dabei ihrem Gesicht einen griesgrämigen Ausdruck zu verleihen, trotzdem lächelte jeder von uns sie dabei freundlich an und nahm ihr die Rügen nicht übel, weil man mit einer Pedantin zu tun hatte«, behauptet Sofjas Pendant Petr Kropotkin, der als Einziger in der Lage war, das Ausmaß der Verwandlung der jungen Frau wahrzunehmen und dieses richtig zu beurteilen.

Doch »in ihrer Freizeit demonstrierte Sofja wenig Strenge und plauderte gerne. Ihr Lachen war so klangvoll, so ansteckend, dass es alle Anwesenden zwangsläufig mitriss.«»Nach kurzer Zeit wurde sie des Quatschens überdrüssig, und ohne unhöflich zu werden, verschwand sie diskret, mit gleicher Leichtigkeit und Natürlichkeit, mit welchen sie soeben geschwätzt und gescherzt hatte, um mit ihren flinken, leichten Schritten die Stadt zu vermessen. Mit ein wenig nach vorne geneigtem Haupt, mit zusammengezogenen Augenbrauen und den tief in den Manteltaschen gesteckten Händen schaute sie ständig auf das Pflaster. Ernst, gedankenversonnen dachte sie über die noch zu erledigenden Aufgaben fort, damit sie nur keine Zeit verlöre.«

Gewiss schmeichelte der scheuen, schüchternen jungen Frau sehr, dass sie plötzlich in den Mittelpunkt der Aufmerksamkeit rückte und die ungeteilte Anerkennung ihrer Freunde genoss. Deswegen verschwand auch in kurzer Zeit ihr ehemaliges Unbehagen den Männern gegenüber. Dass sich die äußerst introvertierte, nicht unbedingt kontaktfreudige Sofja einer so großen Beliebtheit erfreute, ist höchstwahrscheinlich einerseits auf die Bewunderung zurückzuführen, die ihre Abstammung bei den Kommunarden erregte. Sie stand in direkter Verwandtschaft zur Zarenfamilie, nicht mehr und nicht weniger, und die Dynastie Romanow, wie übrigens jede Herrscherfamilie weltweit, um-

---

* Kattun – feinfädiges Gewebe aus Baumwolle oder Chemiefasern

hüllte seit eh und je eine gewisse Aura der Faszination. Die jungen
»Tschaikowzen« durften wohl gegen das Aschenputtel-Syndrom genauso wenig gefeit gewesen sein, wie wir es heute sind. Jeder der Autoren,
unabhängig von dem Zeitkontext, der jemals über Sofja auch nur ein
paar Sätze geschrieben hat, versäumte nicht, ihre Wurzeln zu erwähnen,
obgleich das Mädchen selbst gar keinen Wert darauf legte.

Andererseits hatte die Generalgouverneurstochter, wie kaum ein
zweites der »Tschaikowzen«-Mitglieder, mit dem Ausbrechen aus der
elterlichen Obhut so viel aufs Spiel gesetzt und wie kaum ein zweiter Kamerad einen so enormen Verzicht geleistet. Obendrein stellte Sofja, zusammen mit Petr Kropotkin, einen Einzelfall dar. Das Bewusstsein, eine
solche Person in den eigenen Reihen zu haben, erfüllte die »Tschaikowzen« sicherlich mit Stolz und bescherte ihnen ohne Zweifel ein
erhebliches Ansehen im Vergleich mit anderen Kommunen.

In der Zuneigung ihrer Freunde schwelgend, kam Sofja niemals in
Versuchung, sich mit der Arbeit der Kommune kritisch auseinanderzusetzen. Auch dann nicht, als sich die Organisation von ihrer einstigen
mystischen Lehre über die geistige Erneuerung Russlands durch eine
neue Moral abwandte, sich immer stärker politisierte und nun die Aufklärungsarbeit unter Jugendlichen aufnahm. Das beinhaltete ebenso die
Verbreitung der vom Standpunkt des Zirkels relevanten Literatur, so
brachten die »Tschaikowzen« neben den legalen Werken allmählich
auch die illegalen in Umlauf. Da diese verständlicherweise ausschließlich im Ausland zu beschaffen waren und der Kommune für deren Er-
werb die finanziellen Mittel fehlten, startete sie eine eigene verlegerische
Tätigkeit, indem sie eine Druckerei in der Schweiz, im Zentrum der russischen Emigration, einrichtete. Neben dem Vertrieb der gekauften
Publikationen übersetzte der Zirkel etliche Titel und gab diese selbst
heraus, unter anderen *Das Kapital* von Karl Marx, die Werke der Früh-
sozialisten Charles Fourier oder Louis Blanc, des sozialen Ökonomen
John Stuart Mill, des utopistischen Philosophen Wassili Berwi-Fle-
rowski und des Anarchisten Joseph Proudhon. Die neue Tätigkeit trug
bald Früchte, weil es »in den achtunddreißig Gouvernements Russlands
kaum einen größeren Ort gab, wo die Verbreitung der ›Tschaikowzen‹-
Literatur nicht betrieben wurde.«

Die Einfuhr der verbotenen Bücher brachte die Kommunarden zwangsläufig in Kontakt zu den im westlichen Grenzgebiet des Landes angesiedelten Schmugglerbanden. Wie die erste Kontaktaufnahme zustande kam, schildert Petr Kropotkin:»Aus der Schweiz fuhr ich über Wien und Warschau und stieg in einem polnischen Grenzstädtchen ab.

Schon am nächsten Tag begab ich mich zum Marktplatz, wo sich viele Einwohner tummelten, aber ich hatte keine Ahnung, wen ich unter ihnen ansprechen sollte oder woran der richtige Mann zu erkennen wäre. Nachdem ich alle Straßen erfolglos durchkämmt hatte, machte ich mich am Rande der Verzweiflung auf den Weg ins Hotel. Dort überwand ich mich doch, indem ich einen in der Tür stehenden alten Mann ansprach. ›Das ist kein Problem‹, versicherte er. ›Ich hole sofort den Geschäftsvermittler der Firma – für Sie! – Internationaler Handel von Lumpen und Knochen, welche ein dichtes Schwarzhändlernetz in der ganzen Welt besitzt.‹

Nach etwa einer halben Stunde erschien er wieder in Begleitung eines jungen Burschen, der fließend Russisch, Polnisch und Deutsch beherrschte. Der ›Kommissionär‹ musterte mein Gepäck und wollte wissen, um welche Ware es sich da handelte. ›Es sind streng verbotene Bücher, daher müssen sie illegal ins Land befördert werden‹, erklärte ich, worauf er replizierte: ›Ehrlich gesagt machen wir so was nicht. Wir beschäftigen uns nur mit Seidenwaren, und die berechnen wir nach Gewicht. Würde ich das mit euren Paketen tun, käme ein ganz schönes Sümmchen auf euch zu. Außerdem gestehe ich dir ganz ehrlich, ich mag keine Geschäfte mit Büchern. Sollten wir – behüte Gott! – von der Polizei angehalten werden, haben wir sofort einen politischen Prozess auf dem Hals. Dann wird der Internationale Handel von Lumpen und Knochen das letzte Hemd verhökern müssen, um aus der Patsche herauszukommen.‹«

Da der Gruppe aber keine andere Möglichkeit zur Verfügung stand, nahmen sie doch die kostspieligen Dienste der Kriminellen in Anspruch. Zahllose Nächte verbrachte Sofja mit dem Chiffrieren von Briefen an Kontaktpersonen, dem Benachrichtigen von Vertreibern über den Sendungsempfang oder aber dem Aus- oder Einpacken von Büchern.

Der Transport verlief nicht immer reibungslos. In eine der »Pannen« war Wassili Perowski, mittlerweile auch ein »Tschaikowzer«, verwickelt.

Kurz nach Sofja hatte der junge Mann ebenfalls das Elternhaus verlassen und lebte in einer Männerkommune, deren Wohnung als Lager für die Lieferungen aus der Schweiz diente. Bei der Öffnung einer Sendung stellte sich heraus, dass sich darin statt Bücher Lumpenkleider, Stroh, Ziegelsteine, ja diverser Abfall befand. »Wir dachten, es sei das Handwerk der Geheimpolizei, und beeilten uns, alle Spuren rasch zu vernichten: Stofffetzen im Ofen zu verbrennen und den Rest irgendwo im Garten oder sonst wo zu vergraben«, so Perowski. »Diese Operation dauerte eine ganze Nacht. Als wir endlich erleichtert aufatmeten, fragten wir uns, wer dahinterstecken könnte, weil sich kein Polizist bei uns blicken ließ. Aus dem Telegramm unseres Schmugglers wurde uns klar, dass eine konkurrierende Bande, die sich mit unserer bekriegte, eine fette Beute in unseren Paketen vermutend, an einer der Zugstationen einen Tausch der Pakete vollzogen hatte. Unser Mann ging der Sache nach und informierte uns, die Bücher befänden sich in Riga zum Abholen parat, und verlangte die Erstattung der ihm im Laufe der Recherche entstandenen Kosten.«

Auf der Suche nach preiswerteren Kanälen beauftragten die »Tschaikowzen« ein dänisches Schiff mit der Beförderung, und diesmal ging die komplette Sendung verloren, da der Kapitän in letzter Minute doch kalte Füße kriegte und alle Pakete im Meer versinken ließ.

Was hatte eigentlich die Nihilisten veranlasst, die Bildung so zu preisen und dafür sogar Kopf und Kragen zu riskieren? Bei der Beantwortung der Frage stößt man erneut auf die bereits erwähnte, nach dem Ende des Krimkrieges initiierte Reform des Bildungswesens sowie auf den langen Schatten des Attentäters Dmitri Karakosow. Nachdem sich mittlerweile die Demonstration als ein unwirksames politisches Instrument beziehungsweise die Rückkehr zum einstigen Liberalismus als ein Traum erwiesen hatte und die Ära des Obskurantismus in die Lehranstalten zurückgekehrt war, suchten sich die Jugendlichen illegale Wege, um ihr Bedürfnis nach einer dem Zeitgeist angemessenen Ausbildung befriedigen zu können.

Mit ihrer aktiven Teilnahme an der Arbeit der »Tschaikowzen« bewegte sich Sofja, ohne das überhaupt bewusst wahrzunehmen, schon längst auf dem Gebiet des Illegalen. Aber sie ließ sich gern mitreißen, genauer gesagt ließ sie sich dort hinführen. Das leicht beeinflussbare Mädchen besaß zu dieser Zeit keine klar definierten ideologischen Ansichten und konnte sie unter den gegebenen Umständen auch nicht entwickeln. Denn der Zirkel selbst vertrat keine konsequente politische Linie, was sein widersprüchliches Handeln in aller Deutlichkeit illustriert: Die überzeugten Gewaltgegner befürworteten einerseits die geistige Erneuerung Russlands durch eine neue Moral, andererseits aber handelten sie mit verbotenen Büchern und verkehrten sogar im kriminellen Milieu. Die offenkundige Widersprüchlichkeit resultierte daraus, dass die Kommune keine einheitliche Doktrin verfolgte. Sie spiegelte lediglich die vorhandene ideologische Vielfalt unter russischen Intellektuellen wider, was sich auch eindeutig den von den »Tschaikowzen« verlegten Titeln entnehmen lässt.

Mit anderen Worten schöpfte die Kommune ihre Vitalität nicht aus dem Verfolgen von bestimmten politischen Zielen, sondern aus dem Gemeinschaftsgeist der jungen Idealisten: »Der Charakter unserer Bewegung beruhte ausschließlich auf ethischen Motiven«, so ein Mitglied. »Dabei war die Intensität des subjektiven Zusammengehörigkeitsgefühls jedes Einzelnen das entscheidende Moment und nicht die Treue zu irgendeiner Ideologie.«

Auch Sofja ging es nicht anders. Die Atmosphäre der wahren Freundschaft fesselte die junge Frau an die Kommune, und den Preis für ein Dasein jenseits der Normalität bezahlte sie deshalb gern, ganz selbstverständlich, und nicht nur das, sie war sogar zu weit größeren Opfern bereit, was die kommenden Ereignisse bald zeigen sollten.

4. KAPITEL
»Gang ins Volk«

»Verlaßt diese Welt, die zum Untergang verdammt ist, so schnell wie möglich, diese Universitäten, Akademien und Schulen, aus denen man euch jetzt hinauswirft und in denen man sich immer bemühte, euch vom Volk zu trennen. Geht ins Volk! Das ist euer Arbeitsfeld, euer Leben, eure Wissenschaft. Lernt vom Volk, wie man dem Volk dienen und seine Sache besser führen kann. Begreift, Freunde, daß die gebildete Jugend nicht Lehrer, nicht Wohltäter und nicht befehlender Diktator sein soll, sondern ausschließlich Geburtshelfer der Selbstbefreiung des Volkes, einiger seiner Kräfte und Anstrengungen«, beschwor der in der Schweiz lebende Michail Bakunin, der schillernde Theoretiker und Vater des russischen Anarchismus, die »jungen Brüder in Russland«.

Auch Petr Lawrow, Mathematikprofessor aus Sankt Petersburg, rief aus seinem westlichen Exil den Jugendlichen zu: »Nur im Volk gibt es genug Kraft, genug Energie, genügend Frische, um die Revolution durchzuführen, die die Lage Rußlands bessern kann. Das Volk aber ist sich seiner Kraft nicht bewußt, kennt nicht die Möglichkeiten seiner wirtschaftlichen und politischen Feinde. Man muß sich erheben. Im lebendigen Element der russischen Intelligenzija liegt die Verpflichtung, es aufzuwecken, aufzurichten, seine Kräfte zu einen, es in die Schlacht zu führen.« Die während der bereits erwähnten Studentendemonstrationen erschienenen *Istoritscheskije pisma (Historische Briefe)* Lawrows wurden »zum Evangelium der russischen Jugend«. Ebenso gehörte seine Zeitschrift *Wpered (Vorwärts)* zu den meistgeschmuggelten Publikationen der »Tschaikowzen«.

Die beiden Philosophen, die überwiegend unter Studierenden ihre Anhänger hatten, sahen im Gegensatz zu den westlichen Denkern nicht im Arbeiter, sondern im Bauern den Träger der künftigen sozialen

Umwälzung. Unter dem Einfluss dieser Lehren verlagerten nun die
»Tschaikowzen« ihre Aufklärungsaktivität vom Universitätsgelände in
die russischen Dörfer.

Den flammenden Rufen ihrer ideologischen Propheten folgend, in
der festen Überzeugung, es reiche aus, die Bauern lediglich aufzuklä-
ren, und schon würden diese sofort zu den Waffen greifen, zogen die
ersten Kommunarden, unter ihnen auch die neunzehnjährige Sofja, voll
schwärmerischen, inbrünstigen Enthusiasmus schon Mitte August 1871
in die triste Provinz Zentral- und Südrusslands. Die Bauernaufklärung
war eigentlich einer der Tätigkeitsschwerpunkte der jungen Idealisten.
Gleichermaßen waren sie von dem Wunsch beseelt, die Schuld ihrer Väter, der Gutsbesitzer, zu sühnen, das den Leibeigenen einst widerfahrene
Unrecht wiedergutzumachen. Eigentlich waren die Bauern zu diesem
Zeitpunkt keine Fronpflichtigen mehr, da Alexander II. vor einem Jahrzehnt die Leibeigenschaft abschafft hatte.

In den Dörfern eingetroffen, ließen sich die wohlbehüteten Spröss-
linge der adeligen Familien, als Tagelöhner oder Schwarzarbeiter ver-
kleidet, in diversen Handwerkerberufen vor Ort anlernen und eröffneten daraufhin Tischler- und Schusterwerkstätten, Sattlereien oder aber
betätigten sich als Lehrer sowie Feldscher, um dem Volk auch auf diese
Art und Weise nützlich sein zu können.

Die Idee, die körperliche Arbeit der Agitation hinzuzufügen, fanden
die »Tschaikowzen« im schon angesprochenen Werk *Tschto delat? (Was
tun?)*, welches sie bereits zur Kommunengründung inspiriert hatte.
Auch diesmal stand einer der Romanhelden den jungen Leuten Modell,
und auch diesmal ging es da um eine Eins-zu-eins-Umsetzung der fiktiven Verhältnisse in die Realität. In der Figur des Intellektuellen Rachmetow schuf Nikolaj Tschernyschewski den Prototyp des sogenannten
Berufsrevolutionärs, eines Asketen, der den niedrigsten Beschäftigun-
gen nachgeht, weil er dadurch Achtung und Liebe des ganzen Volkes erwerben will, der von seinem Vermögen nur den für seinen Eigenbedarf
notwendigen Teil behält und den Rest verschenkt, der letztendlich sein
ganzes Leben ausschließlich der Revolution widmet.

Aber genauso wie im Falle der Kommuneneinrichtung zeigte es sich
auch hier allzu schnell, dass zwischen den leidenschaftlichen Worten

ihrer Theoretiker und der Wirklichkeit ein unüberbrückbarer Abgrund klaffte. Von Lawrow'scher Kraft und Frische fanden die »Narodniki« (»Volkstümler«) – wie die »Tschaikowzen« in der Fachliteratur bezeichnet werden – nicht die geringste Spur. Im Gegenteil wurden sie mit einer dermaßen desolaten Situation konfrontiert, die die schlimmsten Vorstellungen der jungen Leute weit übertraf.

So war es auch bei Sofja. Der »Gang ins Volk« verschlug sie ins Wolgagebiet, in die Nähe des Städtchens Stawropol, wo sie als Grundschullehrerin die Propagandaarbeit starten sollte: »Seit zwei Wochen befinde ich mich im Gouvernement Samara. Es sind schon drei Tage her, dass ich aus der Stadt ins Dorf gezogen bin«, schrieb sie an ihre »Tschaikowzen«-Freundin Alexandra Obadowskaja Anfang Mai 1872. »Egal wo du hinschaust, überall, rundherum schlummert alles in einem tiefen Totenschlaf, kein Hauch von irgendeiner intellektuellen, anspruchsvollen Beschäftigung oder einem sinnvollen Dasein, weder in den Städten noch in den Dörfern. Die Bauern vegetieren vor sich hin, denken über nichts nach. Sie handeln wie leblose Maschinen, die einmal für immer eingeschaltet sind, und so laufen sie weiterhin, eben nach Programm. Diesen Zustand entnimmt man am deutlichsten zwei Lehrerinnen, die ich hier kennen gelernt habe: Sie sind so schweigsam, so traurig, und es ist schade, da die beiden so jung sind, so voller Kraft, für eine vernünftige Arbeit wie geschaffen. Aber hier findet man so was nicht, denn die Umstände haben hier schon längst den Geruch eines Aases angenommen.

In diesen Tagen überkommt mich eine solche Trauer, dass ich zu nichts fähig bin. Alles um mich herum bringt mich schier zur Verzweiflung, die Schwermut der beiden Lehrerinnen ebenso, weil ihnen auch nicht anders zumute ist. Ich will gegen diese Missstände ankämpfen und solchen Menschen wie den beiden heraushelfen, aber dazu fehlen mir sowohl Erfahrungen als auch die Fähigkeit. Jeder meiner Versuche im Kampf gegen das herrschende Elend ist schon im Vorfeld zum Scheitern verurteilt, und das Bewusstsein darüber zieht mich noch tiefer in die Depression. Es ist mir klar, dass die Änderungen nicht von heute auf morgen geschehen. Dennoch kann ich nicht dem Drang widerstehen, diesem Desaster sofort, ein für alle Mal ein Ende zu setzen, stattdessen schaue ich ihm lediglich machtlos zu.«

In der Hoffnung auf mehr Erfolg zog das Mädchen ein paar Monate später ins Gouvernement Twer, ins Dorf Jedimonowo, wo sie sich von einem Arzt zur Pockenimpferin ausbilden ließ. Parallel dazu bestand sie dank der Benutzung eines gefälschten Passes das Diplomexamen zur Grundschullehrerin, das man ihr vor einem Jahr wegen Verteilung von Flugblättern verweigert hatte.»Sofja Lwowna ging zu Fuß von Dorf zu Dorf, und in jedem blieb sie so lange, bis die Impfung fertig war«, berichtete eine Bekannte Sofjas.»Sie übernachtete und aß in der erstbesten Bauernhütte zusammen mit deren Besitzern, ernährte sich von Milch oder Brei, schlief auf dem Strohhaufen. Das Fehlen jeglichen Luxus, an den sie seit ihrer Geburt gewohnt war, machte ihr nichts aus. Sie lebte, wie sie einmal sagte, in der Phase ihrer ›Rachmetowerei‹.«

Kurz darauf kehrte Sofja nach Stawropol zurück. Dort trat sie an den bereits eröffneten Kursen für die Ausbildung von Lehrerinnen eine Stelle als Russischdozentin an. Die Lehranstalt gründete Marja Turgenewa, die Gattin des dortigen Richters.»Die Frau in einer Männerhose, mit kurz geschorenen Haaren und einem Strohhut«, die sich nach ihrem Pädagogikstudium in der Schweiz nun anschickte, das dort erworbene Wissen an die jungen Russinnen weiterzugeben, lud zwecks Unterstützung alle Freiwilligen ein.»Sofja Perowskaja blieb mir im Gedächtnis als eine blühende junge Frau. Sie hob sich ganz stark von ihren Kolleginnen ab, da sie stets Stiefel, kurze schwarze Röcke und um die Taille gegürtete Herrenhemden anhatte«, berichtet Marja Karpowa, eine der Kursteilnehmerinnen, Sofja in ihren Memoiren.

»Auch ihr Benehmen war sehr originell, sodass sie rasch die Aufmerksamkeit der Einwohner auf sich lenkte. Nach dem Unterricht ging sie mit einem Buch in den benachbarten Wald und blieb dort bis zum Abend. Pilz- und Beerensammler sahen sie sehr oft auf dem nackten Boden schlafen oder Blumen und Kräuter pflücken, weswegen die Ortsweiber das Gerücht verbreiteten, die Perowskaja sei eine Hexe. Aus diesem Grunde stellten die jungen Kerlchen sie unter Beobachtung, spionierten ihr nach und drohten, sie umzubringen. Wir haben sie davor gewarnt, aber sie winkte lachend ab und ließ sich nicht abschrecken. Ab und zu fuhr sie mit dem Boot auf das andere Wolgaufer, wo sie dann auch übernachtete. Während der Ferien nahm sie die Pockenimpfung wieder auf.«

Aber auch der neue Schwung währte nicht lange:»Ich befinde mich in einer furchtbaren Stimmung«, klagte Sofja der Alexandra Obadowskaja einige Wochen danach.»Über mein Dasein hier kann ich dir nur sagen, dass ich einfach in den Tag hinein lebe und mittlerweile sogar mit dem Impfen aufgehört habe. Die Kurse finden nicht mehr statt, weil die Ortsbehörden den Mädchen verboten haben, sie zu besuchen. Wie du siehst, habe ich keine Ahnung, wie ich weiterleben soll. Aber eines weiß ich ganz genau, ich will eine Arbeit, egal welche, sogar körperliche, egal, Hauptsache, es gibt sie. ... Ich würde so gerne von hier weg, aber dafür fehlt mir das Geld. Deswegen bitte ich dich, schau dich mal um, frage, ob ich irgendwo eine Beschäftigung bekommen könnte. ... Denn nur so, in vier Wänden allein, stets mit einem Buch vor der Nase, tagelang nichts Vernünftiges zu tun oder aber mal mit diesem, mal mit jenem zu quatschen, macht alle meine Sinne stumpf. Dann kann ich auch nicht mehr lesen, sondern tigere von einer Zimmerecke zur anderen, irre durch den Wald, und hinterher fühle ich mich noch elender, werde noch apathischer, sodass ich auf alles, was mich hier umgibt, mit einem Widerwillen reagiere.«

Noch schlimmere Erfahrungen machte Wera Figner, die sich nach der Ehescheidung sowie der Rückkehr aus der Schweiz den Bauernpropagandisten anschloss und sich als Feldscherin in einigen Dörfern des Gouvernements Saratow betätigte:»Schmutziges, ausgemergeltes Volk, die Krankheiten alle verschleppt, bei den Erwachsenen meist Rheumatismus, Kopfschmerzen oft seit fünfzehn Jahren, fast bei allen Hautkrankheiten, nur in einzelnen Orten gab es Bäder, sonst wusch man sich in einem russischen Ofen, unheilbare Magen- und Darmkatarrhe, Bruströcheln, mehrere Schritte weit vernehmbar, Syphilis bei Leuten jeglichen Alters, Geschwüre und Eiterbeutel ohne Ende. Und all das in unsäglichem Schmutz von Wohnung und Kleidern, bei schlechter und unzureichender Nahrung. ... Oft vermischten sich meine Tränen mit den Mixturen und Tropfen, die ich für die Unglücklichen bereitete.«

In den Feldscherambulanzen waren die Arbeitsbedingungen ebenfalls katastrophal:»Von dem Dorfschulzen zusammengeklingelt, füllten im Nu dreißig bis vierzig Patienten das enge Zimmer, unter ihnen sowohl alte als auch junge Leute, viele Frauen, noch mehr Kinder, deren

Wimmern und Schreie einen nicht gleichgültig ließen. Ich gebe zu, ich wußte zwar über die Nöte und das Elend der Bauern, aber nur theoretisch, durch das Lesen von Büchern, Zeitschriften oder wissenschaftlichen Abhandlungen«, so die Figner weiter. »Bis spät in die Nacht verteilte ich ihnen geduldig Pulver und Salben, die ich in Scherben von Küchengeschirr geben mußte, allerlei Medizin und Tinkturen, die ich in Krüglein und Gläschen goß. Dabei erklärte ich ihnen drei- oder viermal, wie sie die Medikamente zu benutzen haben. Wenn ich endlich fertig war, warf ich mich auf mein Nachtlager, einen Strohhaufen, den man für mich auf dem Boden ausgestreut hatte, und fragte mich in meiner Verzweiflung, ob man in einer solchen Situation überhaupt noch an die Revolution denken dürfe. Wäre das nicht eine Ironie, dem durch alle möglichen Krankheiten geplagten Volk über Widerstand und Kampf zu predigen. ... Drei Monate Tag für Tag begegnete mir ein und dasselbe Bild. ... In diesem Zeitraum gelang es mir nicht, in die Seele des Volkes hineinzuschauen. Was die Propaganda anbelangt, traute ich mich nicht einmal, den Mund aufzumachen.«

Zu alledem bemühten sich die jungen Idealisten umsonst. Ihrer bitteren Not und katastrophalen Lage zum Trotz waren die Bauern nicht nur von der autokratischen Ordnung felsenfest überzeugt, viel mehr noch: Sie verehrten Alexander II. Der Sohn des Zaren Nikolaj I. und Marja Fedorownas, wie die Prinzessin Charlotte von Preußen, die älteste Tochter von König Friedrich Wilhelm III. von Preußen, nach dem Übertritt zur russisch-orthodoxen Kirche nun hieß, hob 1861 – wie bereits erwähnt – im Rahmen seiner Reformen die Leibeigenschaft auf, weswegen er auch als Zar der Befreier in die Geschichte eingegangen ist.

Ebenfalls im Zuge von Reformen vollzog der Imperator die Umstrukturierung der Streitkräfte, was den Bauern ebenso wesentliche Vorteile brachte. Der Militärdienst machte keinen Unterschied mehr nach sozialem Status oder Vermögen der Wehrpflichtigen, sondern erfasste ausnahmslos alle jungen Männer, welche das Alter von achtzehn Jahren erreichten. »Nun musste der Sohn eines Fürsten ebenso wie der eines Hafenarbeiters von der Pike auf dienen. ... Körperliche Züchtigung wurde beim Militär abgeschafft und die Dienstzeit von fünfundzwanzig auf sieben Jahre herabgesetzt.«

Trotz ihrer katastrophalen
Lage verehrten die Bauern
Alexander II., den »Be-
freier«, weil er die Leibeigenschaft abgeschafft
hatte.

Abgesehen von dem Reformwerk erfreute sich Alexander II. auch deswegen einer so großen Beliebtheit bei seinen Untertanen, weil er der erste Romanow war, der jemals seinen Fuß auf den Boden Sibiriens setzte. Dies geschah während der sechsmonatigen Reise des damals neunzehnjährigen Thronfolgers durch Russland. »Zum ersten Mal lernte Alexander das Volk, das er regieren sollte, kennen. Manchmal warf er das vorgeschriebene kaiserliche Programm über den Haufen und verließ kurzerhand die Hauptstraße, um zu Fuß irgendein obskures Dorf aufzusuchen, dessen verfallene Dächer er aus der Ferne erblickt hatte. ... Auf diese Weise verbrachte Alexander einen Teil der Zeit, die er einem Empfang bei einem Generalgouverneur hätte widmen sollen, damit, das harte Los der Bauern wenigstens ein bißchen kennen zu lernen.« Ohne Zweifel waren die Russen von ihrem zukünftigen Herrscher, dem großen, schlanken Jüngling mit dunklen Haaren und ebenmäßigen, maskulinen Gesichtszügen und von seiner Paradeuniform fasziniert.

Nach der Rückkehr kommentierte sein Erzieher, der Dichter und Phi-

losoph Wassili Schukowski, ein leidenschaftlicher Humanist ohne jegliche
politischen Ambitionen, von dem die Reiseinitiative letztendlich ausge-
gangen war, es sei »in Anwesenheit des ganzen Volkes zu einer Verlobung
des zukünftigen Imperators mit dem Mütterchen Russland« gekommen.
Das Volk vergaß dem Monarchen ebenso nicht, dass er die Gesamt-
ausgaben für seine am 19. Februar 1855 in Moskau abgehaltene Krö-
nungszeremonie, »alles bis hinunter zu den Gratismahlzeiten und dem
Freibier für die Moskauer Bevölkerung«, aus seiner Privatschatulle fi-
nanziert und dadurch die Staatskasse entlastet hatte, welche durch die
Kosten des Krimkrieges sowie die Zahlung der Kriegsentschädigungen
arg in Mitleidenschaft gezogen war.

Die Beziehung der Bauern zu Alexander II. war also emotional be-
gründet, daher beschuldigten die vormals Fronpflichtigen nicht den
Zaren, sondern ihre ehemaligen Herren, dass ihnen das Erlangen der
Freiheit auch nach zehn Jahren keine sichtbare Besserung des Lebens-
standards bescherte, dass sie nach wie vor lediglich als lebendes Gutsin-
ventar, als Objekt der Reform fungierten. Damit lagen sie nicht ganz
falsch. In der Tat suchte der Herrscher nach einer Lösung für die Qua-
dratur des Kreises. Die Bauernbefreiung entstand auf den Trümmern
adeliger Privilegien, und die Grundbesitzer waren am Vorantreiben von
Reformen keineswegs interessiert. Sie legten dem Zaren permanent
Steine in den Weg, es knirschte gewaltig im Getriebe. So blieb Alexander II. nichts anderes übrig, als zwischen der Szylla der Gutsherren und
der Charybdis der Rechte der Bauern zu lavieren.

Darüber hinaus herrschte der Monarch über ein etwa einhundert
Millionen Einwohner zählendes Imperium, das beinahe ein Sechstel des
Festlandes der Erde umfasste: In West-Ost-Richtung erstreckte sich
Russland von Warna am Schwarzen Meer und Königsberg an der Ost-
see bis zum Pazifischen Ozean, während seine Südgrenze tief in das Gebiet Zentralasiens eindrang, woraus wiederum eine enorme nationale,
kulturelle und letztendlich wirtschaftliche Vielfalt entstand. Es war also
keine leichte Aufgabe, einen einheitlichen Gesetzeskodex auszuarbeiten,
der sowohl dem weitgehend europäisierten baltischen Adel als auch
demjenigen aus den entferntesten Winkeln Sibiriens oder etwa Kasachs-
tans oder Turkmenistans Rechnung tragen konnte.

Die schleppende Durchführung des Erneuerungsprozesses hatte ihre
Ursache ebenso in einer »gewissen Halbheit in Alexanders Charakter«,
in mangelndem Selbstvertrauen und dem daraus resultierenden Wan-
kelmut, kurzum in der Unfähigkeit des Zaren, mit Konflikten fertig zu
werden. Der zermürbende Kampf brauchte allmählich die Energie des
Imperators auf, sein Asthmaleiden verschlechterte sich, und der Zweifel
ergriff Besitz von seinem Gemüt.

Trotz des erbitterten Widerstands seitens des reaktionären Lagers sowie persönlicher Schwankungen ließ sich Alexander II. von vornherein
über die Tatsache nicht hinwegtäuschen, dass die Abschaffung der Leibeigenschaft nur noch eine Frage der Zeit war, und in diesem Falle befür-
wortete er lieber »eine Umwälzung von oben als eine von unten«.

Im Falle ihres »Wandels von unten« begriffen die »Tschaikowzen«
letzten Endes, dass er gescheitert war, aber nicht an Lethargie oder Bil-
dungsmangel der ehemaligen Leibeigenen, sondern an deren eisernem
Festhalten am »bäuerlichen Zarenmythos«. Aus diesem Grund betrachteten die Bauern die Appelle zum Aufruhr als ein Komplott ihrer ehemaligen Herren, die sich auf diesem Wege des »Väterchens Zar« entledigen wollten. In den jungen Idealisten vermuteten sie Strohmänner,
hinter denen die Adeligen die Strippen zogen. Die ehemaligen Fronpflichtigen begegneten deshalb den jungen Agitatoren misstrauisch und
ließen sie in ihren Häusern nicht übernachten. Wenn sie das doch taten,
dann beschatteten sie die »Gäste« auf Schritt und Tritt, aus Angst, be-
stohlen zu werden.

Bei einer Übernachtung bekam einer der jüngsten »Volkstümler«, der
siebzehnjährige Lew Dejtsch, ein schwächlicher, bebrillter Junge mit
schmalem Gesicht, von seinem Gastgeber erzählt, wie dieser einen Propagandisten überführt habe. Der Bauer ließ sich mit dem jungen Mann
in ein Gespräch ein, als würde er sich für die Bücher, welche der Agitator
bei sich trug, interessieren, und äußerte dabei den Wunsch, einige von
ihnen zu bekommen. Die beiden verabredeten daraufhin einen Termin
für den nächsten Tag, wo und wann die Übergabe stattfinden sollte.
Nachdem sie Abschied voneinander genommen hatten, verständigte der
Bauer die Polizei. »Ich lag auf einer Bank, die sich längs der Wand hin-
zog, und beobachtete den Bauern«, so Dejtsch. »Ein selbstgefälliges Lä-

cheln schwand nicht aus seinem Gesicht. ... Ich fragte mich nur, was
weiter kam, obwohl das Ende leicht begreiflich war. Ein Polizist kam
zum vereinbarten Treffpunkt und arretierte den unglücklichen Propagandisten samt allem Beweismaterial. Für den Verrat erhielt der Bauer
einige Rubel. Ich legte mich mit dem Gesicht gegen die Wand und blieb
bis zum Morgen wach.«
        Doch nicht nur bei den Bauern stießen die »Volkstümler« auf Unmut.
Gleichermaßen waren sie den Dorfverwaltern und inbesondere den
Priestern ein Dorn im Auge. Um den jungen Leuten zu zeigen, dass sie
dort unerwünscht waren, scheuten sie vor keinem Mittel zurück, weder
vor Intrigen noch vor Gerüchten, weil »das Leben im Dorf eine nimmer-
satte Habgier nach zusätzlichen Einnahmequellen prägte«, so Wera Figner. »Unsere Anwesenheit stellte eine direkte Bedrohung für sie dar.
Wenn ich neben dem Popen am Bett des Kranken stand, konnte er dann
um den Preis des geistlichen Beistandes feilschen? Wenn ich der Gerichtsverhandlung beiwohnte, ging gewiss der Schreiber an diesem Tag
leer aus, ohne übliche Geldgeschenke oder Naturalien. ... Bevor ich überhaupt begriff, was sich da abspielte, erfuhr ich von den Bauern, dass der
Priester behauptete, ich lebte illegal und beherberge bei mir die Kriminellen. Damit aber nicht genug, er beteuere auch, ich hätte keine Schule
besucht, besitze keine Zeugnisse und sei so viel medizinisch ausgebildet
wie er selbst. ... Am Schluss schrieb er in dem Bericht an die Bezirksver-
waltung, die Stimmung in seiner Gemeinde habe sich seit meiner Ankunft radikal verschlechtert: Nur noch wenige kämen in die Kirche, die
Bauern würden nicht mehr so fleißig arbeiten, und überhaupt seien die
Leute widerspenstig und ungehorsam geworden.«
        Natürlich gab es unter den Bauern auch diejenigen – wenn auch ganz
rar gesät –, die mit den jungen Idealisten sympathisierten und sogar
selbst als Propagandisten agiert hatten. Einem solchen begegnete Jekaterina Breschkowskaja. Die mittelgroße, schwarzhaarige Frau mit strengen Gesichtszügen gehörte zu den ältesten Propagandisten, obwohl sie
erst dreißig Jahre alt war, als sie »ins Volk« ging und dafür den Ehemann
und das Kind verließ. Da sie nicht genau wusste, wo der von ihr gesuchte
Mann wohnte, erkundigte sie sich mehrmals unterwegs. Die von ihr an-
gehaltenen Passanten bemühten sich um jeden Preis, auch den Grund

ihres Besuches in Erfahrung zu bringen, und so erfand die Breschkowskaja stets neue Geschichten, um sie loszuwerden.»Endlich stand ich vor
der Tür, und die war geschlossen. Ich klopfte lange und heftig, bis ein
korpulenter, kräftiger Bauer mit einem roten Gesicht, zerzausten Haaren und schwarzen, glänzenden Augen vor mir erschien. Offensichtlich
stand er unter Alkoholeinfluss. Außerdem sah man ihm sofort an, dass
er erst von mir geweckt wurde. Ohne etwas zu fragen, sagte er mir sofort,
seine Frau sei nicht da, worauf ich antwortete, ich würde eine Weile auf
sie warten. Wir setzten uns auf die Bank, und ich fing das Gespräch an:
›Ich habe gehört, Sie würden sich für Arbeiterrechte einsetzen und bei
den Versammlungen ganz klug diskutieren. Sie seien reichlich über die
Situation informiert.‹

Mein Gesprächspartner lächelte mich an:
›Ja, das tue ich, aber mich unterstützt niemand. Die Leute haben Angst.
Wenn ihre Vorgesetzten sie anschreien, verkriechen sie sich sofort in die
Löcher und mucken nicht auf.‹

Merklich aufgeregt erzählte er, wie er in den Fabrikhallen vor den
Beschäftigten aufgetreten sei, aber plötzlich verlangsamte sich sein Re-
defluss, wobei er ständig ein und dasselbe wiederholte. Als ich ihm
die Hand zum Abschied reichte, kam er wieder zu sich, zog rasch eine
unter der Bank stehende Flasche hervor und stellte zwei Becher auf den
Tisch: Ich solle bleiben und mit ihm trinken, versuchte er, mich zu überreden. ... Unterwegs ließ mich das Gefühl bitterer Enttäuschung nicht
los.«

Den niederschmetternden Erfahrungen zum Trotz bemühten sich die
»Volkstümler« weiterhin hartnäckig, die Bauernmasse zur Revolution
zu bewegen, aber im Laufe der Zeit stieg permanent die Zahl derjenigen,
welche die aussichtslose Lage nicht verkrafteten und die Dörfer nach
und nach verließen.

Da der»Gang ins Volk« nicht die angestrebten Resultate brachte, wid-
meten sich nun die»Volkstümler« der Arbeiterschaft. So äußerte Sofja
im Sommer 1873, nach ihrer Rückkehr in Petersburg, den Wunsch, sich
an der Propagandaarbeit in den Fabriken zu beteiligen, und wurde mit
der Agitation unter den Beschäftigten in den Baumwollspinnereien beauftragt, woraufhin das Mädchen zusammen mit dem»Tschaikowzen«-

Veteranen, dem Leutnant Leonid Schischko, eine Wohnung in der Sara-
tow-Straße, in der Nähe der besagten Betriebe, anmietete. Die beiden
gaben sich mithilfe der gefälschten Pässe als Ehepaar aus.

Diese konspi-
rative Taktik war unter »Tschaikowzen« sehr beliebt, da die Wohnge-
meinschaften von alleinstehenden jungen Leuten sofort ins Fadenkreuz
der Polizei gerieten.

Ende September zog Sofja dann mit dem siebzehnjährigen Dmitri
Rogatschew, dem Sohn eines reichen Landbesitzers, zusammen. Vor geraumer Zeit war der junge Artillerieoffizier der Despotie seines Vaters
entronnen und hatte sich den »Tschaikowzen« angeschlossen. Die »Eheleute« ließen sich hinter dem Newa-Tor, in der Nähe der Textilfabrik-
komplexe, nieder. »Der schweigsame, gutmütige Rogatschew, der schon
zuvor eine fiktive Ehe geschlossen hatte, verhielt sich den anderen gegenüber immer distanziert, ja geradezu unterwürfig«, somit funktionierte
die »Partnerschaft« einwandfrei. Bei diesem Umzug handelte es sich
ebenfalls um einen Auftrag. Die von dem falschen Bräutigam Sergej
Sinegub betriebene Propaganda in den Textilbetrieben stieß auf eine außergewöhnlich große Resonanz; so benötigte er Unterstützung und lud
Sofja und Rogatschew zur Hilfe ein. Sinegub war auch der erste Nachbar
des »Paares« und lebte mit seiner inzwischen nicht mehr fiktiven Frau
Larissa zusammen: Die beiden hatten sich wirklich ineinander verliebt.

Die Propaganda unter der Arbeiterschaft war keine neue Wirkungs-
domäne der »Tschaikowzen«. Schon seit der Gründung der Kommune
stand die Aufklärung des Industrieproletariats in deren Interessenfokus,
blieb aber vorerst im Schatten des »Gangs ins Volk«. Diese Aktivität bestand darin, die Arbeiter sowohl einzeln als auch gruppenweise in Geschichte, Physik, Geografie etc. zu unterrichten. Die Lehrstunden fanden entweder in den Fabriken oder in den konspirativen Wohnungen
statt. Manchmal nahmen Sofja und ihr Bruder Wassili die Lernwilligen
ins Zoologische Museum mit, um ihnen vor Ort die Darwin'sche Theorie zu erklären.

Während die jungen Idealisten in den Hallen Propaganda betrieben,
konnten sie feststellen, wie sehr der russische Arbeiter genauso wie der
russische Bauer unter Not und Armut litt. »Die stets laufenden Maschinen verursachten einen solchen Lärm, dass man nicht einmal hören

könnte, wenn einer schreien würde, von normaler Unterhaltung ganz zu schweigen«, schildert Sinegub die Atmosphäre in einer Baumwollspinnerei. »Die Luft war zum Schneiden: Hitze und Schwüle, vermischt mit dem Gestank von Schweiß und Schmierfett, erfüllten die Räume. Der überall schwebende feine Staub verdichtete sich beinahe zu einem Nebel. Unter solchen Bedingungen musste ein Mensch zehn Stunden vor den Maschinen ausharren, und zwar immer mit derselben Konzentration, um den Moment nicht zu verpassen, wenn einer der Fäden abreißt, weil man in diesem Falle sofort zu reagieren hätte. Die Arbeit war im Stehen zu verrichten, denn es gab keine Sitzmöglichkeiten, lediglich auf den Fensterbänken, aber wer tut so was? Nach zwei Stunden verließ ich die Halle, beinahe betäubt und mit unerträglichen Kopfschmerzen.«

Die beschäftigten Frauen waren durch den harten Fabrikalltag gleichermaßen betroffen wie ihre männlichen Kollegen. Über die schwierigen Arbeitsbedingungen berichtet Praskowja Iwanowskaja, ein graziles Mädchen mit einem Zwicker, das stets schwarze Kleider mit weißen, abstehenden Rüschenkragen trug. Die Priestertochter und ehemalige Teilnehmerin der Alartschinski-Kurse gehörte ebenfalls der Gruppe der enttäuschten »Volkstümler« an und war eine Weile als einfache Kraft in einem Unternehmen zur Herstellung von Eisenseilen tätig. »Manchmal schickte man uns in die zweite Etage, die Seile mit Seife und Kunstharz zu schmieren. Da gab es keine Trödelei, schon die kleinste Unachtsamkeit konnte tragisch enden: Ich war selbst dabei, als eine junge Frau im Nu drei Finger verlor. In der Mittagspause setzten wir uns auf die schmutzigen Seilrollen, aßen und tranken Tee, um hinterher einfach darauf einzuschlafen. ... Die Luft war mit Harzgeruch gesättigt. Der zog schnell in die Kleidung ein, sodass jede neue Arbeiterin schon innerhalb von zwei, höchstens drei Tagen danach roch. Nach einer Woche war er nicht mehr herauszukriegen. ... Unser Tagesverdienst betrug fünfundzwanzig Kopeken, während die Männer dreißig oder sogar vierzig bekamen. ...

Aber diese Frauen waren auf den Hungerlohn angewiesen, die äußerste Not hatte sie hierher getrieben. Die meisten von ihnen erzählten mir, ohne diese Arbeit würden sie auf der Straße landen. Es war ihre einzige Chance, sich den täglichen Misshandlungen der Ehemänner zu entziehen. ... Mit ein paar Ausnahmen waren sie alle Analphabeten. ... Wie konnte ich nun unter solchen Frauen, durch alles und jeden schon genug gepeinigt, irgendwelche Propaganda führen? ... Wenn ich länger geblieben wäre, hätte ich vielleicht doch etwas in Bewegung gesetzt, weil sich ein paar Mädchen bereit zeigten, lesen und schreiben zu lernen. ... Aber ich fand die Arbeit äußerst schwer und hielt dort nicht lange aus.«

Wenngleich der erwartete Erfolg auch bei der zweiten Aktion ausblieb, ließen sich die »Tschaikowzen«, die mittlerweile schon gewisse Agitationserfahrungen aufweisen konnten, nicht so leicht entmutigen. Sie starteten im Herbst 1873 den Umzug ihrer Druckerei aus der Schweiz nach Petersburg. Ein Vorhaben dieses Umfangs verlangte natürlich eine im Vorfeld gründlich durchdachte und später bis in das letzte Detail organisierte Durchführung, zumal der Transport mittels illegaler Kanäle erfolgen sollte. Zu diesem Zweck rief man eine Kommission ins Leben, und Sofja als ihrem Mitglied fiel eine der Spitzenrollen zu, was nicht überrascht. Sie erledigte alle ihr anvertrauten Aufgaben gewissenhaft und sorgfältig; Oberflächlichkeit, Arbeit auf die Schnelle waren ihr vollkommen fremd. Sogar dann, wenn es sich um eine ganz belanglose Sache handelte, engagierte sie sich maximal. Nach der einwandfrei verlaufenen Einfuhr wurde das Inventar vorübergehend in der orthopädischen Praxis von Dr. Orest Wejmer am Newski-Prospekt gelagert. Obwohl der Arzt nicht offiziell zu den »Tschaikowzen« gehörte, fand die Gruppe in ihm einen großen Sympathisanten und Helfer.

Schon an dieser Stelle stellt sich zwangsläufig die Geldfrage. Der Umzug der Druckerei, Mieten für die konspirativen Wohnungen, Reisekosten, Lebensunterhalt, Druck, Kauf und Versand von Publikationen, Honorare für die Schmugglerbanden, Finanzierung des »Passbüros« – im Jargon der »Tschaikowzen« die Anfertigung von gefälschten Reisedokumenten –, alles zusammengerechnet kostete natürlich Unsummen. Wie kamen etwa zwei Dutzend junge Menschen, deren Altersspanne zwischen sechzehn und dreißig Jahren lag, zu einem so großen Vermögen? Die meisten von ihnen, wie etwa Sofja, hatten alle Beziehungen zu ihren Eltern abgebrochen und bekamen daher keinerlei materielle Unterstützung. Diejenigen dagegen, die eine gewisse Summe regelmäßig erhielten, verfügten im Schnitt über etwa siebzig Rubel monatlich.

Die Einnahmequelle der »Tschaikowzen« hieß Dmitri Lisogub. Dieser schlanke Jüngling mit ovalem Gesicht und einer Knollennase erbte
als einziger Hinterbliebener nach dem Tod der Eltern ein riesiges Kapital, bestehend aus Immobilien, Grundstücken und Wäldern. Sein ganzes Geld spendete der Student der Kommune, also der Revolution, und
lebte selbst bescheidener als jeder Bauer. »Er trug immer ärmliche Kleider. Obwohl draußen der harte russische Winter herrschte, hatte er nur
eine Jacke aus Segeltuch mit großen Holzknöpfen an, die infolge häufigen Waschens eher einem Lumpen ähnelte.« Der genaue Zeitpunkt des
Eintritts Lisogubs in den Zirkel konnte nicht ermittelt werden. Vieles
spricht dafür, dass er etwa 1870/71, also mit zwanzig oder eventuell einundzwanzig, in den »Tschaikowzen«-Zirkel eingetreten war. Wie auch
immer, die Kommune verfügte über nicht mehr und nicht weniger als
etwa 500 000 Rubel. Um eine Vorstellung über den Wert zu bekommen,
denke man an den Monatslohn eines Fabrikarbeiters, der zwischen
sechzig und neunzig Rubel betrug. Lisogubs Fall liefert noch ein weiteres
Beispiel dafür, wie sehr die Jugend von Tschernyschewskis Roman
Tschto delat? (Was tun?) und seinem Helden Rachmetow in den Bann
gezogen wurde.

Natürlich verfolgte die Polizei schon von Anfang an die Aktivitäten
der Agitatoren, aber sie fand keinen konkreten Anlass zum Einschreiten.
Doch im Jahr von Sofjas Rückkehr nach Petersburg bekam sie einen
Hinweis bezüglich einer Schusterwerkstatt in Gouvernement Saratow,
eigentlich das »Tschaikowzen«-Lager für das Propagandamaterial. Bei
der Durchsuchung wurden neben Büchern, Broschüren, Adresslisten
auch gefälschte Pässe sowie zahlreiche kompromittierende Briefe beschlagnahmt. Dieser Fund zog dann weitere Kreise, und bald entfesselte
sich eine massenhafte sowohl Razzia- als auch Festnahmeaktion, welche
die Geschichte Russlands bis dahin nicht kannte. »Die Gendarmen
stürzten sich auf Schuldige und Unschuldige; alle Kerker im Lande waren alsbald überfüllt.«

Im Zuge dieser Verhaftungswelle platzten die Gendarmen in der
Nacht vom 4. auf den 5. Januar 1874 in die Wohnung von Alexandra Kornilowa. Bei ihr wohnte seit einer Weile auch Sofja, da ihr »Ehemann«
Dmitri Rogatschew wieder »ins Volk« gegangen war. Obwohl bei den

Hauptsitz der Dritten Abteilung der Kanzlei Seiner Majestät, der berüchtigten
Geheimpolizei

Mädchen außer einigen Heften, in denen die finanziellen Ausgaben des
Zirkels aufgeführt waren, sowie ein paar verbotenen Gedichten kein be-
lastendes Material gefunden wurde, nahm die Polizei beide in Gewahrsam und brachte sie in Untersuchungshaft, in denselben Häuserblock
mit der berüchtigten Dritten Abteilung.

Auch die weiteren Ermittlungen gegen Sofja ergaben keine schwer-
wiegenden Verdachtsmomente. Anhand der Aussage eines Studenten
beschuldigte man die junge Frau lediglich der Bekanntschaft mit Mark
Natanson, Sergej Sinegub, Dmitri Rogatschew, Leonid Schischko sowie
einigen weiteren Propagandisten beziehungsweise warf ihr das Lesen
von Lawrows verbotener Zeitschrift *Wpered (Vorwärts)* vor. Obgleich es
keine ausreichenden, ihren Arrest rechtfertigenden Indizien waren, ließ
man sie nicht frei. Sofja und ihre Freundin stellten aber keinen Einzelfall
dar. Niemand von den arretierten »Tschaikowzen« wurde entlassen.
Nach wie vor saßen sie alle im Gefängnis, ohne die leiseste Ahnung über
ihr künftiges Schicksal.

Bei ihrer Festnahme hatte Sofja nur ein schadhaftes Kleid und
schmutzige Stiefel an. Da der Aufenthalt der beiden Mädchen im »Haus

an der Kettenbrücke« – wie die Petersburger die Dritte Abteilung nannten – schon mehrere Wochen dauerte und nichts darauf hindeutete, dass
sich in absehbarer Zukunft etwas daran ändern würde, schickte ihnen
Nadeschda Kornilowa, Alexandras ältere Schwester, Wäsche und Kleider
zum Umziehen. Das Paket samt Büchern leitete Sofjas Bruder Wassili an
die inhaftierten jungen Frauen weiter. Er selbst kam diesmal ungeschoren davon: Während der dreistündigen Durchsuchung fanden die
Gendarmen bei ihm ein paar verbotene Bücher, aber keine Briefe oder
Adressenlisten, und so nahmen sie ihn nicht mit.

So verging ein halbes Jahr, und Sofja wurde immer noch nicht vernommen. Im Laufe all dieser Monate bekam sie keine Unterstützung
seitens der Familie und konnte sie nicht bekommen, weil diese lange vor
ihrem Arrest in alle vier Winde zerstreut worden war. Wassili war der
Einzige, mit dem das Mädchen noch Kontakt pflegte. Die inzwischen
mit einem Arzt verheiratete Marja wohnte im Gouvernement Saratow,
weit weg in der Provinz. Aber abgesehen von der räumlichen Distanz
standen sich die Schwestern sowieso nie nah. Die Eltern hatten sich
schon längst wieder getrennt. Während der Vater mit seiner Liebhaberin
in Petersburg blieb, übersiedelte die Mutter auf die Krim, auf das letzte
noch übrig gebliebene Landgut »Primorskoje«, das sie dank einer Abmachung mit dem Grafen vor dem Verkauf rettete. Aufgrund der drastischen Verschlechterung seines Gesundheitszustandes war Perowski
dringend auf eine zweite Auslandskur angewiesen, dafür aber fehlten
ihm die Mittel. Die Gräfin bot ihm die nötige Summe an, und im
Gegenzug verlangte sie von ihrem Exmann, er solle das Landgut auf sie
übertragen. Der Graf lehnte den Vorschlag zuerst ab, nach einem langen
Hin und Her stimmte er dem Angebot aber doch zu. So gab ihm die
Perowskaja achttausend Rubel, das nach dem Tod ihrer Mutter geerbte
Geld, und zog daraufhin auf die Krim um. Nikolaj folgte ihr nach.

Der Graf war über Sofjas Verhaftung nicht informiert, da nicht allein
seine Beziehung zur Tochter auf Eis lag, sondern mittlerweile auch die
zu Wassili. Des ständigen Vorwurfs überdrüssig, er hätte die Schwester
zur Flucht angestachelt, mied der Sohn die Gesellschaft des Vaters.

Auch wenn man die zerrütteten Familienverhältnisse vor Augen
hat, ist es schwer nachzuvollziehen, dass die Mutter nicht einmal nach

Petersburg kam, um zumindest in der Nähe der Tochter zu sein. Sofja selbst konnte sich nicht an sie wenden, da den Gefangenen in Untersuchungshaft jeglicher Briefwechsel untersagt war. Aber warum verschwieg Wassili der Mutter die Festnahme der Schwester? Allem Anschein nach kam die Gräfin gerade noch über die Runden, und die mit einer solchen Reise verbundenen Kosten verkrafteten ihre Finanzen offensichtlich nicht.

Kurzum, das einundzwanzig Jahre alte Mädchen stand in diesem langen Zeitraum, dazu noch zum ersten Mal im Gefängnis, mutterseelenallein da, vollkommen sich selbst überlassen.

»Ich weiß es nicht mehr, wer als Erster auf die Idee kam, den Vater zu Hilfe zu holen. Sonja zeigte sich damit einverstanden«, berichtet Wassili. »Voller Unbehagen, in tiefer Trauer ging ich zu ihm und sagte, dass sie sich schon seit Monaten im Gefängnis befinde und dass es keine Hoffnung auf ihre baldige Entlassung gebe. Ohne nach dem Grund für den Arrest zu fragen, versicherte er mir, mit dem Gendarmeriechef Petr Schuwalow unverzüglich über Sonja zu sprechen. Natürlich hatte die Zeit das Ihre getan, und von Vaters ehemaliger Wut auf die Tochter war nach drei Jahren nicht mehr viel übrig. Mir kam es vor, als hätte ich eine Ewigkeit warten müssen, bis er endlich zurückkehrte. Er sagte, sein ehemaliger Regimentskamerad habe ihn sehr freundlich empfangen und einem Offizier befohlen, alles, was in seiner Macht stehe, für Lew Nikolajewitsch zu tun. Dieser habe den Vater gebeten, am nächsten Tag nochmals in die Dritte Abteilung zu kommen.

Auch diesmal vergingen einige Stunden, bis der Vater endlich erschien. Dann klagte er über sein ausführliches Gespräch mit den Gendarmen, über viele Erklärungen, welche diese von ihm verlangten. Von ihnen habe er auch in Erfahrung gebracht, dass Sonja bei ihrer Festnahme in einem furchtbaren Zustand gewesen sei. … Danach habe er die Schwester kurz gesehen, wobei die beiden geheult hätten. Aber Sonja habe er noch nicht mit nach Hause nehmen dürfen und sei abermals um ein wenig Geduld gebeten worden.

Zwei Tage später erschien der Offizier bei dem Vater und verkündete, er könne die Tochter abholen, dennoch nur unter der Voraussetzung, dass sie unter Hausarrest gesetzt werde. Gespannt wartete ich auf die

Schwester, bis ich sie endlich in die Arme schloss. Sonja erzählte mir, wie der Vater bitter geweint habe, weswegen auch sie die Tränen nicht zurückzuhalten vermochte.«

Dank der Kaution von fünftausend Rubel setzte die Polizei Sofja bis zum Beginn des Gerichtsprozesses auf freien Fuß, und von jetzt an lebte die junge Frau bei dem Vater. Dieser aber ging jeden Abend mit seiner Freundin zu verschiedenen Vergnügungsstätten aus, und so weilte das Mädchen bis tief in die Nacht in der leeren Wohnung allein, sehr oft auch tagsüber, weil der Graf bis ein Uhr mittags, manchmal sogar noch länger, schlief.

So blieb Sofja auch jenseits der Kerkermauern sich selbst überlassen. Die Einsamkeit, das Alleinsein konnte die junge Frau ganz schlecht ertragen – und in einer für sie vollkommen neuen Situation wie dieser erst recht nicht. Dringender als je zuvor brauchte sie einen festen Halt, eine Stütze. So dauerte es nicht lange, bis sie wieder Verbindung mit ihren Zirkelfreunden aufnahm, die entweder der Polizei entwischt waren oder aber wie sie selbst gegen Sicherheitsleistung mittlerweile entlassen worden waren. Zuerst trafen sich die jungen Leute bei Sofja. Doch bald bekam die Dritte Abteilung Wind von dem neuen konspirativen Zentrum, was die Gruppe veranlasste, nach sichereren Versammlungsorten zu suchen.

Einer von diesen war die Wohnung der Wera Figner. Dank der rechtzeitigen Warnung entkam die Feldscherin der Arrestwelle, verließ fluchtartig die Provinz und hielt sich nun in Petersburg versteckt.»Sofja Lwowna begegnete ich zum ersten Mal 1874, als sie sich unter Hausarrest befand. Alexandra Kornilowa brachte sie zu mir und bat mich, Sonja bei mir übernachten zu lassen«, berichtet die Figner.»Ihr Aussehen fiel mir sofort auf: Mit einem einfachen Hemd angezogen, ähnelte sie eher einem Bauernmädchen. Ihr Gesicht strahlte etwas Jugendliches, ja Kindliches aus, was wiederum im Widerspruch zu ihrer eisernen Willens- und Charakterstärke stand. Überhaupt prägte ihre ganze Erscheinung sowohl eine feminine Milde als auch eine maskuline Härte.«

Im Juni 1874, zur Zeit von Sofjas Entlassung, war der»Tschaikowzen«-Zirkel praktisch schon zerschlagen und daher zu groß angelegten Aktionen nicht mehr fähig, besonders nicht, nachdem sein Anführer Nikolaj Tschaikowski im gleichen Jahr die Träume von der Revolution

aufgegeben hatte und in eine religiöse Sekte in Amerika eingetreten war.
Andererseits hätte jede noch so harmlose Form von Propaganda ausgerechnet in diesem Augenblick verheerende Folgen für die in Gewahrsam
genommenen Kommunarden gehabt, während diejenigen, die sich wie
Sofja unter Hausarrest befanden, mit einer erneuten, sofortigen Festnahme rechnen mussten. Die jungen Idealisten vegetierten also vor sich
hin, und die Tatenlosigkeit machte Sofja zu schaffen. Die einzige Aufgabe der jungen Frau bestand darin, mit den inhaftierten Freunden die
Kommunikation aufrechtzuerhalten. Da diese immer noch den Status
der Häftlinge in Untersuchungshaft besaßen, waren ihnen weder Besuche noch Briefwechsel gestattet, so waren sie weiterhin von der
Außenwelt abgeschnitten. Aber ein paar Rubel, womit Sofja einen Gendarmen bestach, sorgten schließlich für einen einwandfreien Nachrich-
tenumlauf.

Die Passivität hielt Sofja auf die Dauer nicht aus, so fasste sie kurzerhand den Entschluss zum Umzug auf die Krim. »Der Vater begrüßte
herzlich Sonjas Entscheidung, weil er sich durch ihre Anwesenheit sehr
beengt fühlte.«

Etwa einen Monat später traf das Mädchen auf »Primorskoje« ein.
Dort fand sie die Mutter vor, die nur mit großer Mühe das karge Dasein
meisterte. Wegen hoher notarieller Gebühren verpachtete die Gräfin
notgedrungen das Landgut und bewohnte zusammen mit Nikolaj ein
bescheidenes gemietetes Häuschen in der Nähe des Anwesens.

Lange ertrug Sofja die provinzielle Stille der Krim nicht. Ihr Tatendrang meldete sich wieder. Obwohl die junge Frau unter Hausarrest
stand, erlaubte ihr die Mutter, ins Gouvernement Twer zu fahren, wo
sich das Mädchen dann in einer Arztpraxis als Aushilfe betätigte.

Die Nachricht über die Eröffnung von Kursen für Feldscherinnen,
organisiert vom Landkrankenhaus in Simferopol, bewog die wissbegie-
rige Sofja zur Rückkehr auf die Krim. Sie schrieb sich ein, und zusammen mit einigen Kolleginnen bezog sie eine Wohnung in der Stadt.
»Sofja lebte äußerst zurückhaltend, widmete sich ausschließlich der Arbeit in der Klinik, weshalb sie den ungeteilten Respekt der Ärzte genoss
und als deren Assistentin eingesetzt wurde, bevor sie überhaupt die Ausbildung absolvierte.

Unter ihren Patientinnen befand sich auch eine alte, an Brustkrebs dahinsiechende Frau, die Sofja einige Monate täglich zu Hause besuchte und ihr die Verbände wechselte. Das Mädchen kümmerte sich so hingebungsvoll um die Bettlägerige, dass diese kaum erwarten konnte, ihre Pflegerin wiederzusehen. Allein Sofjas Lächeln, so die Kranke, lindere ihr die Schmerzen.«

Es schien, als wäre es der jungen Frau zum ersten Mal gelungen, eine inhaltsvolle Beschäftigung zu finden, eine Beschäftigung, die sie vollkommen erfüllte, worin sie endlich einen Sinn entdeckte. Aber auch diese Erfüllung, wie übrigens jede zuvor und danach in ihrem kurzen Leben, sollte nicht von Dauer sein.

5. KAPITEL
»Lebendig begraben«

Während Sofja auf der Krim tüchtig die Schulbank drückte, saß das Gros der »Tschaikowzen« weiterhin hinter Gittern. Viele von ihnen wurden inzwischen aus der Untersuchungshaft in das in der Peter-und-Paul-Festung gelegene Gefängnis, in der Umgangssprache auch »Petropawlowka« genannt, verlegt. Schon diese Tatsache erfüllte anfangs die jungen Idealisten mit Stolz, da sie dasselbe Schicksal erleben durften wie einst die Offiziere der russischen Armee, welche 1825 in Sankt Petersburg den Eid auf den bereits gekrönten Zaren Nikolaj I., den Vater Alexanders II., verweigert und die erste Revolution in der Geschichte des Russischen Reiches gewagt hatten.

Die adeligen Aufständischen waren im siegreichen Feldzug gegen Napoleon in Berührung mit westlichen Ideen gekommen und hatten nach der Rückkehr den Sturz der Autokratie versucht. In der Literatur sind sie als Dekabristen bekannt, weil der Putschversuch im Dezember – auf Russisch »dekabr« – stattfand. Die Verschwörung war gescheitert, sowohl am Fehlen eines klaren politischen Konzepts als auch an der tief sitzenden Angst des neuen Zaren vor einem politischen Umsturz. Mit beispielloser Härte schlug der Imperator den Aufruhr nieder: Über hundert Verschwörer verbannte er auf Lebenszeit nach Sibirien und ließ die fünf Initiatoren im Hof der »Petropawlowka« hinrichten. Mit diesem Ereignis begann die berüchtigte Nikolajewsche Ära, welche die folgenden dreißig Jahre andauerte und ihrem Herrscher das Attribut des »gekrönten Gendarmen« brachte.

Auf die Frage des Vaters, welche Strafe er verhängt hätte, antwortete der damals siebenjährige Thronfolger Alexander, er hätte den Putschisten vergeben. Im Zuge seiner Krönungsamnestie begnadigte er in der Tat alle politischen Gefangenen und unter ihnen auch alle Dekabristen.

Die jungen Idealisten betrachteten sich also als Nachfolger der mittlerweile schon legendären Revolutionäre und empfanden es als eine Ehre:»Seit der Dekabristenzeit gab es in Russland nichts Ähnliches«, beteuert Nikolaj Morosow in seinen Memoiren. Der uneheliche Sohn eines Gutsbesitzer-Millionärs studierte bereits an der Petersburger Universität, als er wegen Dorfpropaganda der Verhaftungswelle zum Opfer fiel. Da er Verse schrieb, galt der zierliche, bebrillte Jüngling mit einem hohlwangigen Gesicht unter den Kommunarden als Poet, und dabei stellte er keine Ausnahme dar. Neben ihm dichtete ebenso der fiktive Bräutigam Sergej Sinegub samt vielen anderen»Tschaikowzen«. Auch in ihrer Liebe zur Poesie ließen sich die jungen Leute von den Dekabristen inspirieren. Denn unter den zum Tode verurteilten Verschwörern befand sich auch der Dichter Konradi Rylejew. Selbst der berühmte Alexander Puschkin hatte Verbindungen zu den Putschisten gepflegt.

Vielleicht liegt auch darin eine der Ursachen, warum die Gewalt als Mittel des politischen Kampfes in Sofjas späterem Mitkämpfer Nikolaj Morosow einen glühenden Verfechter fand und ihm den Spitznamen »Apostel des Terrors« bescherte.

Solange die»Tschaikowzen«von dem Dekabristenmythos zu zehren vermochten, ertrugen sie das Leben jenseits der Freiheit. Je mehr aber die Zeit verstrich, desto deutlicher spürten sie den harten Häftlingsalltag, dem die in der Obhut von Gouvernanten groß gewordenen Jugendlichen keineswegs gewachsen waren. Diejenigen, die sich wegen Platzmangels in der»Petropawlowka«noch in Untersuchungshaft befanden, konnten allerdings von Glück sprechen, da dort weit erträglichere Bedingungen herrschten als in dem über ein Jahrhundert alten Gefängnis. Zweifelsohne machte das Elend in den russischen Dörfern den jungen Idealisten nicht minder zu schaffen, doch für den»Gang ins Volk«hatten sie sich freiwillig entschieden und die Möglichkeit gehabt, jederzeit auszubrechen, was sowohl Sofja als auch die meisten der Propagandisten letztendlich auch taten. Hier aber hielten sich die»Volkstümler«zwangsweise auf, ohne zumindest eine vage Vorstellung, wann die Gefangenschaft zu Ende gehen sollte:»Ich saß eingekerkert und trauerte. Es vergingen Tage, Wochen, Monate, aber vom Gerichtsprozess immer noch keine Spur!«, klagte der ein halbes Jahr nach Sofja verhaftete Sergej Sinegub.

Ab und zu durften die jungen Idealisten die »Petropawlowka« verlassen, und zwar dann, wenn man sie zum Verhör in die Dritte Abteilung brachte. Auf diese wenigen Stunden war ihr Kontakt zur Außenwelt reduziert. Nur in solchen Fällen bekamen sie ihre Kleidungsstücke zurück, sonst trugen sie eine Uniform, die aus einem groben grünen Flanellmantel, unendlich langen Strümpfen und gelben, meistens entweder zu engen oder aber zu großen Schuhen bestand.

Als »Politische« harrten sie obendrein in Einzelhaft aus, was ihre Lage zusätzlich erschwerte und auf die Dauer unerträglich machte. »Quer betrug die Zellenbreite weniger als zehn Schritte, vielleicht fünf, maximal sechs. Die Fensterbank war, sogar auf einem Stuhl stehend, nicht erreichbar. … Durch das Fenster mit einem Außen- und Innengitter sah man lediglich ein Stückchen vom Himmel sowie die gegenüberliegende weiße Mauer, weshalb auch wenig Licht hereindrang, und es war stockdunkel rund um die Uhr. … Laufen konnte man nur in eine Richtung: vom Regal mit der Waschschüssel und dem Eimer mit Wasser bis zur Gegenecke, bis zur Fensterwand, über die andere Diagonale nicht, weil das Bett und der neben ihm stehende kleine Tisch mit einem Stuhl – alle drei unverrückbar – einem im Weg standen. Neben der Tür befand sich ein Kasten mit der Latrine. Die wurde nur einmal täglich geleert, weswegen stets ein Gestank davon herwehte, und so näherte man sich ihr nicht gerne.

Täglich um sieben Uhr früh öffnete der Wächter die Türklappe, der Gefangene reichte seinen Becher durch, der daraufhin mit kochendem Wasser gefüllt wurde. Wer keinen Tee hatte, trank eben den heißen Gänsewein. Jedem Inhaftierten standen pro Tag drei Pfund schwarzes Brot zu, zum Mittagessen einen Teller Eintopf, manchmal auch Kohlsuppe oder Buchweizenbrei mit klein geschnittenen Fleischstücken, da man außer einem Bleilöffel keine Gabeln oder Messer benutzen durfte.«

Entsprechend den Wohnumständen und der Nahrung waren auch die Hygienemaßnahmen: »Der November rückte immer näher, und ich habe mich seit dem Sommer nicht mehr gewaschen«, so die älteste »Tschaikowze« Jekaterina Breschkowskaja, die im Kijewer Gefängnis auf den Prozess wartete. »Ich wandte mich an die Gefängnisleitung und erinnerte sie daran, dass mir nach den Vorschriften alle zwei Wochen ein

Bad zustehe, trotzdem bekam ich keine Erlaubnis dazu. Wie sehr ich unter Schmutz litt, lässt sich in keine Worte fassen. … Das Trinkwasser wurde aus dem Schwengelbrunnen im Hof geschöpft. Normalerweise musste es vor dem Gebrauch abgekocht werden, aber man tat es nicht, sodass sich bei mir bald Darmparasiten entwickelten. Die Beschwerden plagten mich unablässig, da die Gendarmen aber bei der Vernehmung aus mir nichts herauskriegten, verweigerten sie mir jegliche medizinische Hilfe.«

Neben Darmerkrankungen verbreiteten sich ebenfalls Hautkrankheiten aller Art, aufgrund der schlechten Ernährung auch Skorbut. Dennoch waren diese Folgen noch harmlos im Vergleich mit denen, welche die Einzelhaft für die Psyche der Häftlinge hatte:»Täglich gingen wir eine halbe Stunde in den Hof spazieren, immer in ein und denselben Hof, immer in ein und demselben Kreis herum und immer unter Beobachtung von drei Soldaten«, berichtet Sergej Sinegub.»Dafür aber wurde in allen Kammern die Farbe vom Asphaltboden beinahe abgetragen. Man konnte ganz genau die Spuren der Verzweifelten verfolgen: Sie führten von Ecke zu Ecke.

Besonders irritierend wirkten auf mich die Glocken der Festungskathedrale. Sie läuteten jeweils zur ersten Viertelstunde einmal, dann zur zweiten zweimal und so weiter und so weiter, Stunde für Stunde, Tag für Tag. Im Sommer, wenn man die Abdichtung aus den Fenstern entfernte, waren ihre Klänge kaum auszuhalten. Anfangs machten sie mir nichts aus, doch später brachten sie in meine Seele eine merkwürdige Unruhe hinein, so saß ich da und wartete nur darauf, dass dieses verdammte Glockenspiel endlich einmal aufhörte. … Und währenddessen, mein Gott, was für Gefühle, Gedanken, Trugbilder, was für Hoffnungen, Verzweiflung, Trauer! … Nach einer Weile begann ich, an Schlafstörungen, Appetitlosigkeit, Verstopfung und extremer Reizbarkeit zu leiden. Der Gefängnisarzt verschrieb mir mal diese Pillen, mal jenes Pulver, aber all diese lateinische Quacksalberei bewirkte nichts, und ich wurde immer weniger.«

Auch Sofjas Pendant Petr Kropotkin, der wegen Propaganda unter Fabrikarbeitern 1875 hinter Gittern landete, stand ebenfalls am Rande der Verzweiflung:»Hauptsache ist, dachte ich mir, die körperliche Kraft,

die Gesundheit zu bewahren. Ich werde mich viel bewegen, Gymnastik
machen und auf Ausdauer setzen. Zehn Schritte von Ecke zu Ecke ist
schon nicht schlecht. Wenn ich die Strecke täglich hundertfünfzigmal
schaffe, dann habe ich also ein schönes Stück zurückgelegt. ... Man
muss schnell laufen, sich dennoch ganz langsam, einmal auf die linke,
einmal auf die rechte Seite umdrehen, um das Schwindelgefühl zu vermeiden. ... Wegen übermäßiger Feuchtigkeit lief die Heizung stets auf
vollen Touren. Es war heiß wie in der Hölle. Nach meiner Beschwerde
stellte man sie dann ab. Dadurch aber wurden die Wände dermaßen
nass, dass das Wasser buchstäblich herunterlief. Schon nach kurzer Zeit
verspürte ich die ersten Rheumasymptome.«

Um im »steinernen Sarg« überhaupt überleben zu können, erdach-
ten die jungen Leute verschiedene Kommunikationsarten. So benutzten
sie die »Brieftauben«, in der Sprache der Gefangenen war das die Bezeichnung für die Gendarmen, die für ein paar Rubel die heimlich ge-
schriebenen Nachrichten weiterleiteten, oder aber sie verwendeten das
von den Dekabristen erfundene, aus einem ganzen Zeichensystem bestehende »Klopfalphabet«. Obwohl das tägliche Hämmern auf Gaslei-
tungen oder Böden einerseits gegen die Gefängnisregeln verstieß, andererseits die Aufsicht in den Wahnsinn trieb, zeigten die Gendarmen
doch Mitleid mit diesen Insassen, schier noch Kindern, und hörten einfach weg.

Im Unterschied zu den Männern hätten die inhaftierten Propagan-
distinnen die sich unendlich hinausziehende Inhaftierung wesentlich
besser ertragen, behauptet Jekaterina Breschkowskaja, die mittlerweile
aus dem Kijewer ins Petersburger Untersuchungsgefängnis verlegt
wurde:»In der Frauenabteilung befanden sich siebenunddreißig ›Volks-
tümlerinnen‹, beinahe aus allen Gouvernements. Jede von uns saß in
einer Einzelzelle und wurde streng kontrolliert. Keiner der Gefängnis-
beamten konnte uns sagen, wann der Arrest zu Ende gehen sollte. ›Wir
versuchen, die Sache zu beschleunigen‹, beteuerte einer von ihnen, ›aber
es kommt immer neue Arbeit dazu, viele neue Festnahmen, neue Zeugen tauchen auf ...‹ Doch der Aufenthalt in der Untersuchungshaft war
für mich ein Segen im Verhältnis zu dem vorigen. ... Hier durften wir
Bücher und Zeitungen lesen, ich bekam sogar die Genehmigung zu nä-

hen und fertigte Puppen und Häubchen an, welche dann an Bauern-
kinder verschenkt wurden.«

Außerdem pflegten die Frauen weit engere Kontakte zueinander, teil-
ten sich Essen und Kleider auf und leisteten sich gegenseitig seelischen
Beistand, was ihnen über die Einsamkeit hinweghalf. Als Nachbarin
hatte die Breschkowskaja Sofjas Jugendfreundin aus der Zeit der Alartschinski-Kurse, Sofja Leschern von Herzfeldt.

Mit jedem neuen Tag wuchs die Sehnsucht der Jugendlichen nach
dem Leben in Freiheit, mit ihr aber zugleich auch die Zahl derjenigen,
die mit der Situation nicht fertig wurden und in den Wahnsinn flüchteten. Ein Neunzehnjähriger beging sogar Selbstmord. Mit jedem neuen
Opfer ballte sich die Wut unter den »Tschaikowzen« immer weiter zusammen, bis sie zuletzt eine dermaßen gespannte, ja elektrisierte Atmosphäre erzeugte, dass »jeder der Häftlinge durchaus fähig war, einem
beliebigen Wächter aus einem ganz belanglosen Anlass den Schädel einzuschlagen«.

»Von Zeit zu Zeit, dank den Einfällen, welche nur Gefangene ersin-
nen können, erhielten wir draußen von diesen lebendig begrabenen
Menschen Briefe, genauer gesagt irgendwelche Papierfetzen, meistens
Zigarettenpapier, auf denen sie in großer Eile aufkritzelten, wie man sie
dort schikanierte. Diese Nachrichten gingen von Hand zu Hand, von
Mund zu Mund, riefen bei allen Trauer und Empörung hervor. Die
schrecklichsten Gedanken über Blut, Hass und Rache ließen uns nicht
mehr los«, beteuert der von der Verhaftungswelle verschonte Sergej
Krawtschinski, der zweite »Tschaikowzen«-Liebling.

Auf den ersten Racheakt wartete man nicht lange. Schon im Mai 1876
ließ der jüngste »Volkstümler« Lew Dejtsch, welcher ebenfalls der Inhaftierung entwich, seinem Zorn freie Bahn, indem er zusammen mit seinem Freund Jakob Stefanowitsch, dem Sohn eines Dorfpriesters, einen
Mordversuch gegen den Polizeiagenten Nikolaj Gorinowitsch in Odessa
verübte. Dieser war im Zuge der Zerschlagung des »Tschaikowzen«-Zir-
kels verhaftet worden. Um die eigene Haut zu retten, erzählte er alles,
was er über die Propagandisten wusste, und kam daraufhin frei. »Ungefähr zwei Jahre nach seiner Entlassung aus der Haft suchte er von
neuem, sich in diese Kreise einzuschleichen«, berichtet Dejtsch. »Er

machte sich an einige unerfahrene junge Leute heran, die natürlich keine Ahnung hatten von der Rolle, die er gespielt hatte. ... Doch wurde er von uns erkannt, und wir mußten natürlich zu dem Schluß kommen, daß er einen neuen Verrat plante. Da beschloß ich mit noch einem Genossen, ihn umzubringen. ... Der Plan war, daß mein Freund auf einem abgelegenen Platz den Verräter niedermachen sollte, worauf ich, um die Leiche unkenntlich zu machen, das Gesicht mit Schwefelsäure übergießen wollte. Es kam jedoch so, daß wir den Bewußtlosen für tot hielten. Furchtbar zugerichtet blieb er am Leben und gab der Polizei Auskunft über das gegen ihn verübte Attentat. Verhaftungen und Untersuchungen folgten auf dem Fuße.« Trotzdem gelang es den beiden, diesmal zu entrinnen.

Vorerst blieb die Tat der ehemaligen Gewaltgegner eine Ausnahme, weil sich die Handvoll der noch frei herumlaufenden »Tschaikowzen« hauptsächlich mit der Überlegung beschäftigte, wie sie die ehemalige Schlagkraft wiedererlangen könnten. Eine Chance dafür sah der aus der sibirischen Verbannung bereits zurückgekehrte Mark Natanson in der Verschmelzung aller bedeutenden Kommunen Russlands. In diesem Sinne gründete er im Herbst 1876 den parteiähnlichen Verband »Semlja i wolja« (»Land und Freiheit«). Die Namenswahl symbolisierte die Fortsetzung der revolutionären Tradition, da eine gleichnamige politische Gruppierung, in deren Rahmen auch der Dichter Nikolaj Tschernyschewski wirkte, in den sechziger Jahren eine Weile existiert hatte. Zu der neu gegründeten, auf einem lockeren zentralistischen Prinzip aufgebauten Organisation mit dem Hauptsitz in Petersburg zählten neben Natanson und seiner Frau Olga unter anderem auch Wera Figner und die ebenfalls wie Sofja gegen Kaution auf freien Fuß gesetzte Alexandra Kornilowa, insgesamt etwa vierzig Mitglieder.

Die Neukonsolidierung der Propagandisten trug schon in ihrem Gründungsjahr Früchte: Es gelang ihnen, Petr Kropotkin zur Flucht zu verhelfen. Der inzwischen an Rheumatismus leidende Mann, dessen Gesundheitszustand sich zusehends verschlechterte, wurde in das Nikolaj-Militärhospital am Stadtrand verlegt. Nach kurzer Zeit ging es ihm wesentlich besser, und er schaute sich sofort nach den Fluchtmöglichkeiten um, zumal die Gefängniskrankenhäuser keiner strengen Kontrolle unterlagen: »Ich benachrichtigte die Kameraden draußen über meine Absichten, woraufhin sie einen Plan ausklügelten. Und es war so weit, ich durfte nicht länger warten, da die Aufsicht offensichtlich etwas Verdächtiges gewittert hat: Am Vorabend hatte ich gehört, wie ein Streifenoffizier den Wächter fragte, ob er genügend Munition bei sich habe«, so Kropotkin.

»An einem der kommenden Tage, am frühen Morgen, besuchte mich meine Schwägerin. Als Geschenk brachte sie mir eine Uhr mit. Bei der Rückkehr ging sie an meinem Fenster vorbei und sagte mir unauffällig: ›Mach sie auf.‹ Darin befand sich der chiffrierte Fluchtplan versteckt. ... Nachmittags, beim Spaziergang im Hof, nahm ich die Kappe herunter, womit ich meinen Freunden draußen das Zeichen gab, dass alles in Ordnung sei. Nach ein paar Minuten hörte ich Geigenmusik, was für mich das Startsignal war. Ich warf einen Blick auf die Torwache, der Aufseher schaute gerade in die Gegenrichtung, so dachte ich mir: ›Jetzt oder nie!‹ und rannte wie wild zur Straße. In dieser Sekunde rief jemand: ›Einer flieht. Haltet ihn, haltet ihn!‹ Der Wächter lief mir sofort hinterher, schoss aber nicht, weil er sich seiner sicher war. Meine Freunde befürchteten schon, ich würde es nicht schaffen, denn der Wachmann klebte mir schon an den Fersen und versuchte, mit dem Gewehrkolben auf mich einzuschlagen. Auf der Straße stieß ich dann auf eine Kutsche, in der ein Mann mit einem Revolver in der Hand saß und schrie: ›Steig ein! Schneller, schneller!‹ Er knallte mit der Peitsche, und das galoppierende Pferd machte sich davon. Voller Sorgen wartete Alexandra Kornilowa in einer Wohnung in der Nähe des Newski-Prospekt auf uns. Nachdem ich mich umgezogen und mir den Bart abrasiert hatte, ging ich mit ihr hinaus und beobachtete genüsslich eine Menge von aufgeregten Soldaten, die nach mir suchten.« Kurze Zeit danach setzte sich Kropotkin ins Ausland ab.

Auch bei dieser Aktion, wie beim Mordversuch gegen den Agenten Gorinowitsch, wich die Gruppe von dem Prinzip der Gewaltlosigkeit ab: Bei Kropotkins Befreiung trugen sie Waffen bei sich und waren offensichtlich auch dazu bereit, von ihnen Gebrauch zu machen. Das Ergreifen von Gewaltmaßnahmen resultierte aus der Tatsache, dass Natanson beim Zusammenschluss von verschiedenen Zirkeln gezwungenermaßen auch die den Terror befürwortenden Verbände in die »Land und Freiheit« eintreten ließ, solche wie »Kijewskije buntari« (»Kijewer Rebellen«), wie man die militante Gruppe aus Kijew, eigentlich eine der ehemaligen »Tschaikowzen«-Zellen, populär nannte. Den jungen Radikalen aus dem Süden, zu denen Lew Dejtsch und Jakob Stefanowitsch gehörten, setzten im Rahmen der neuen Organisation das Recht auf das Tragen sowie den Gebrauch von Waffen durch. Von nun an waren alle Mitglieder der »Land und Freiheit« berechtigt, »die Ehre und die Würde der Kameraden mit Waffen zu verteidigen und die Willkür allzu dienstfertiger Regierungsagenten mit dem Dolch zu zügeln«. Neben den »Rebellen« schlossen sich der »Land und Freiheit« ebenfalls die »Lermontowzen«, ein Petersburger Geheimbund mit Michail Lermontow, seinem Gründer, an. Die Zirkelanhänger schrieben sich die Theorie des Anarchismus auf die Fahne und planten die Gründung einer anarchistischen Partei.

Gerade aus diesem Grund weigerte sich Sofja, in die Partei einzutreten. Sie zeigte sich in den siebziger Jahren als »entschiedene Gegnerin jeglicher radikalen Ansichten«.

Nachdem nun die »Rebellen« auf der Parteiebene die Erlaubnis zum Waffenbesitz und -gebrauch erreicht hatten, erschien ihr Vertreter Michail Frolenko etwa einen Monat nach der Entstehung der »Land und Freiheit« in Petersburg. Der mittelgroße, kräftige Blonde mit einem Vollbart wie Schmetterlingsflügel verlangte von Mark Natanson das Geld zum Waffenkauf zwecks Selbstverteidigung bei Verhaftungen. Da sich die Mehrzahl aber dagegen aussprach, kehrte der Studienabbrecher unverrichteter Dinge heim. Nichtsdestotrotz trugen seitdem die rebellischen Kijewer stets »ein Messer sowie eine entsicherte Pistole am Gürtel«.

Gegen die Forderung der kämpferischen Südler stimmte auch die auf der Krim bei der Mutter weilende Sofja: »Ich kann mich sehr wohl erinnern«, so Wassili Perowski, »dass Sonja auf das Ansinnen Frolenkos mit kategorischer Ablehnung reagierte, weil sie der Meinung war, dass bei Schießereien ausschließlich Gendarmen, diejenigen, die am wenigsten die Schuld träfe, zum Opfer fallen würden, während ihre Befehlshaber ungestraft davonkämen.«

Nach der erfolgreichen Organisierung von Kropotkins Flucht begann man mit den Vorbereitungen zu einer Studentenkundgebung größeren Ausmaßes mit dem Ziel, die Nöte der inhaftierten Kameraden publik zu machen. Gleichzeitig planten sie auch den Beginn einer Kampagne, welche durch Streiks und Protestmärsche die Regierung in eine permanente Unruhe versetzen sollte. Infolgedessen zog »Land und Freiheit« ebenso die Teilnahme von Arbeitern in Erwägung.

Die Kundgebung fand am 6. Oktober statt, genau am selben Tag wie das Begräbnis eines in Untersuchungshaft verstorbenen Propagandisten. Auf dem Platz vor der Petersburger Kasan-Kathedrale versammelten sich ein paar hundert studierende Jugendliche und etwa ebenso viele Fabrikbeschäftigte. Die Demonstration eröffnete der Student des Bergbauinstituts Georgi Plechanow, ein frischgebackenes »Land und Freiheit«-Mitglied, mit der Rede über Tschernyschewskis Verbannung nach Sibirien und politische Verfolgungen von Intellektuellen. Der junge Mann mit pechschwarzen Haaren, ebensolchen dichten, zusammengewachsenen Augenbrauen und ein wenig schrägen Augen, wie die eines Tataren, besaß ein enormes rhetorisches Talent; nicht umsonst trug er den Spitznamen »Orator«.

Als die Demonstrierenden eine rote Flagge mit der Aufschrift »Land und Freiheit« entrollten, ertönten augenblicklich die Pfeifsignale der Gendarmen, und die Menschenmasse wich auseinander. »Die Polizei und ihre treuesten Helfer, die Hauswarte, schlugen auf die Demonstranten ein und nahmen fünfunddreißig von ihnen fest, die dann dem Gericht übergeben wurden. Solch ein Ende der Demonstration war für die Betroffenen und deren Freunde und Bekannte natürlich wenig tröstlich, denn die Knüppelei auf der Straße war roh, und das Gericht zeigte sich beispiellos hart; außerdem waren viele von den Angeklagten Leute, die der Sache fernstanden und der Demonstration nur als einem Schauspiel beigewohnt hatten.«

Gleichermaßen wie die Härte, mit der die Polizei auf die Protestler losging, trug die schlechte Vorbereitung der Kundgebung zu dem Misserfolg bei. Die unerfahrenen Organisatoren ließen außer Acht, dass sich die Wochenendtage zu einem Protestmarsch mit der Beteiligung von Arbeitern nicht eigneten: Die meisten in den benachbarten Dörfern lebenden Fabrikbeschäftigten blieben normalerweise samstags und sonntags zu Hause.

Die misslungene, mit so vielen Hoffnungen verbundene Demonstration, die letztendlich eine historische Bedeutung für die Partei hätte haben sollen, brachte die »Land und Freiheit«-Leute jedoch nicht dazu, die Träume von einer in ganz Russland aufflammenden Revolution aufzugeben. Im Gegenteil entschlossen sie sich, den Aufstand um jeden Preis herbeizuführen. So kamen Lew Dejtsch und Jakob Stefanowitsch auf eine ebenso kühne wie verrückte Idee, ja die verrückteste wohl in der ganzen Geschichte der revolutionären Bewegung, indem sie versuchten, die Bauern mithilfe einer List doch zum Aufruhr anzustiften.

Obwohl ihr Unterfangen sogar unter kampfwilligen »Rebellen« scharf kritisiert wurde, dachten sich die beiden einen Plan aus, indem sie den Namen des Zaren gebrauchten und den Bauern ein gefälschtes, von Stefanowitsch verfasstes »Zarenmanifest« vorwiesen. In dem »geheimen Dokument« forderte der Imperator persönlich seine Untertanen dazu auf, mit dem Kampf nicht länger zu zögern, da er selber gegen die Grundbesitzer sowie das Beamtentum machtlos sei und sich daher für die Bauernschaft weder einsetzen noch deren Wünschen nachgehen könne.

»Meine treuen Bauern! Von allen Seiten des Imperiums erreichen Uns eure Klagen über die grausame Unterdrückung seitens der euch feindlich gesinnten Adeligen«, hieß es in der »Proklamation«. »Seit Unserer Thronbesteigung bis heute hatten Wir nichts anderes im Sinn als die Besserung eurer unmenschlichen Lage. Trotz des erbitterten Widerstands aller Grundbesitzer hatten Wir mit dem Manifest vom 19. Februar 1861 euch Freiheit geschenkt und das gesamte Land sowie Wälder und Wiesen, welcher sich bis dahin ausschließlich der Adel vollkommen ungerecht bemächtigt hatte, euch zur kostenlosen und uneingeschränkten Verfügung gestellt. Deshalb sollten die geheimen Kampftruppen in Unserem Auftrag Unseren Willen geschehen lassen. Bewahrt die Stärke und Eintracht in dieser Mission. Schenkt keinen Glauben weder den Popen noch den Gutsherren. Zwecks Schwächung eurer Macht werden diese mit ihren trügerischen Versprechungen sowie allen anderen Mitteln probieren, einen Keil in eure Reihen zu treiben. Wir beschwören euch, die geheimen Kampftruppen, im Falle Unseres Todes oder eines anderen unvorhersehbaren Unglücks eure große Obliegenheit nicht aufzugeben. Kämpft unablässig mit dem Schwert in der Hand gegen den ewigen Feind eurer Freiheit, eures Wohlstandes.«

Dazu noch arbeiteten die zwei Freunde auch das Statut der Kampftruppen aus, in dem die Struktur der Organisation sowie die Rechte und Pflichten ihrer Mitglieder genau definiert wurden. Dazu gehörte ebenso die »Zeremonie des heiligen Treueides«, die folgendermaßen zu vollziehen war: »Vor der Ikone Jesu Christi und über den zwei unter ihr liegenden, ineinander gekreuzten Dolchen wird eine Kerze angezündet. Die zu vereidigende Person wird zur Ikone geführt, woraufhin sie in die Knie geht. Sie erhebt den zweiten und den dritten Finger der rechten Hand, legt die linke Hand auf die Brust und spricht die ihr vorgelesenen Worte des Eides nach.«

Mit frisch gedruckten Exemplaren der »Zarenausrufung« brachen die beiden im Februar 1877 zu den Dörfern des Kreises Tschirigin auf. Diese Gegend schien ihnen besonders dazu passend, »weil dort seit einer Reihe von Jahren eine Bewegung wegen Grund- und Bodenbesitz stattfand. Die Regierung unterdrückte dieselbe mit aller Macht, durch sehr grausame Strafen, welche die Bauern zwar mit Stillschweigen ertrugen, welche sie aber um so mehr gegen ihre Verfolger erbitterten. Ihre ganze Hoffnung setzten sie auf den Zaren, von dem sie glaubten, er würde ihnen gewiß zu Hilfe kommen, wenn er von ihren Leiden und den Verfolgungen seitens der Mächtigen hören würde. Damit rechneten wir und glaubten daher an die Werbekraft des von uns verfaßten Manifestes«, erzählt Lew Dejtsch.

Dort angekommen, gaben sich die beiden als Zarenkommissare aus. »Außer der öffentlichen Bekanntmachung des obengenannten Manifestes gehörte noch die Bildung von Kampftruppen sowie die Versorgung der Bauern mit Waffen zu unserer Aufgabe«, so Dejtsch weiter. »Unsere persönliche Anteilnahme bei Zusammenstößen mit dem Militär war selbstverständlich. Jedoch niemand von uns starb mit der Waffe in der Hand, wie es sich viele von uns aufrichtig vorgenommen hatten.«

Obschon es anfangs aussah, als wäre die eingeschlagene Taktik diesmal ein Volltreffer, und es binnen einiger Monate den »Zarenunter-

händlern« gelang, eine etwa tausend Mann starke Armee zu mobilisie-
ren, die nur auf ihren Befehl wartete, um loszulegen, endete natürlich
auch dieser Putschversuch, wie übrigens jeder bisherige, mit dem Einschreiten der Polizei:»Hauptsächlich aber der Umstand, daß die Mehrzahl von uns die Unzulänglichkeit des Planes eingesehen hatte, veran-
laßte uns, denselben aufzugeben, und im Herbst beschlossen wir, unsere
Gruppe aufzulösen und alle Mitglieder von gegenseitigen Verpflichtun-
gen zu befreien. Bald darauf zerstreuten sich die meisten in alle Winde«,
erörtert Dejtsch das Scheitern der Aktion, welche die Verhaftung von
Hunderten von Bauern zur Folge hatte. Die wegen des Mordversuchs
gegen den Agenten Gorinowitsch zusätzlich belasteten Dejtsch und
Stefanowitsch wurden zur Fahndung ausgeschrieben.

Das Handeln auf eigene Faust der »Kommissare« zog noch eine für
die »Land und Freiheit« äußerst negative, ja verheerende Konsequenz
nach sich: Im Mai wurde Mark Natanson erneut verhaftet. Das Verschwinden seiner starken Figur wirkte sich vor allem auf die Einheit der
Partei nachteilig aus, da der Gegensatz hinsichtlich der nach wie vor bestehenden Meinungsunterschiede zwischen »Lawrowisten«, den friedlichen Propagandisten aus dem Norden, sowie den »Bakuninisten«, den
Befürwortern der »Wilhelm-Tell-Methode« aus dem Süden, noch größer wurde, wobei die zweiten langsam, aber sicher die Oberhand gewan-
nen. Das Jahr 1877 stellt somit für die »Land und Freiheit« einen Wende-
punkt dar, und dieser schlug sich vor allem im Koordinationsmangel
zwischen den beiden Fraktionen beziehungsweise in steigender Gewaltbereitschaft nieder.

Die Behauptung, dass die immer stärker in den Vordergrund tre-
tenden emotionalen Beweggründe die jungen Leute zu einer dermaßen
fanatischen Haltung zur Revolution veranlasst hätten, dass das Ergreifen
von Gewaltmaßnahmen nur eine logische Reaktion auf die brutalen
Verfolgungen ihrer utopistisch-sozialistischen Propaganda durch die
Regierung darstellte, wäre lediglich die halbe Wahrheit.

Die Spur der Begeisterung der Jugendlichen für die Idee des Anarchismus führt zu den im westlichen Exil lebenden russischen Intellektuellen, vor allem zu dem schon erwähnten Michail Bakunin, dem
einflussreichsten Theoretiker der Anarchobewegung. Der glühende

Widersacher jeglicher Staatsform oder Herrschaft veröffentlichte 1869, im zweiten Jahr der Studentenunruhen, den *Katechisis rewoljuzionera (Katechismus eines Revolutionärs)*, worin er mit dem für ihn so typischen Pathos schrieb:»Der Revolutionär verachtet und haßt die heutige Sozialmoral in allen ihren Erscheinungsformen. ... Für ihn ist moralisch, was der Revolution zum Siege verhilft. ... Alle weichen und schwächelnden Gefühle der Freundschaft, Verwandtschaft, Liebe, Dankbarkeit und sogar Ehre müssen in ihm durch eine kalte Leidenschaft für die revolutionäre Sache erstickt werden. Der Revolutionär muß allerdings dem Jammer der Verdammten gleichgültig gegenüber stehen und darf sich auf keinen Kompromiß einlassen. ... Tag und Nacht darf er nur einen Gedanken, ein Ziel haben – gnadenlose Zerstörung. Wir erkennen keine andere Aktivität an als die Arbeit der Ausrottung, räumen allerdings ein, daß diese Aktivität sich äußerst unterschiedlicher Mittel bedienen wird – Gift, Messer, Strick usw. Bei diesem Kampf heiligt die Revolution alles in gleichem Maße. ... Die russische Erde werde durch Schwert und Feuer gereinigt.«

Genauso wie die jungen Idealisten sowohl Bakunins als auch Lawrows inbrünstige Rufe zum»Gang ins Volk« für bare Münze nahmen, taten sie es auch mit dem leidenschaftlichen Lob des Terrors. Die Bakunin'sche Passion für»gnadenlose Zerstörung« ließ eine neue Doktrin entstehen, nämlich die der Philosophie der Tat. Diese wiederum schuf eine neue revolutionäre Mentalität, die»in den folgenden dreißig Jahren den Anstoß zu so vielen anarchistischen Aktionen« geben sollte.

Zu dem Plädoyer für die Destruktionslust inspirierte Bakunin seine Freundschaft zu dem Studenten Sergej Netschajew, einem krankhaft dünnen Mann, um dessen abgezehrtes, von Pockennarben gezeichnetes Gesicht eine lange Mähne hing. Die Begeisterung des Anarchodenkers kannte keine Grenzen, als er»diesen großartigen Fanatiker, diesen gottlosen Gläubigen, diesen Helden ohne große Worte« kennen lernte. Besonders fasziniert war Bakunin von der bedingungslosen, durch nichts zu erschütternden Revolutionsbesessenheit Netschajews sowie seinem ultraradikalen Fanatismus:»Ohne Rücksicht auf Menschenleben, vor keiner Bedrohung, Furcht oder Gefahr zögernd, müssen wir uns mit einer Kette von persönlichen Akten und Opfern, die einander nach ge-

nau festgelegtem Plan folgen, mit einer Serie von kühnen, um nicht zu
sagen waghalsigen Unternehmungen in das Leben des Volkes stürzen,
ihm Vertrauen zu sich selbst und uns machen ..., es aufrütteln, vereini-
gen und zum Sieg der Sache drängen ... Wir haben einen einmaligen negativen Plan, an dem niemand etwas ändern kann: totale Zerstörung«,
fasste Netschajew sein politisches Programm stichwortartig zusammen,
und die darin postulierten theoretischen Prinzipien setzte er gleichermaßen fanatisch in die Praxis um, wobei er weder vor Betrug noch vor
Erpressung, nicht einmal vor Mord zurückschreckte: Zusammen mit
vier anderen Komplizen ermordete der damals zweiundzwanzigjährige
Jüngling im November 1869 den Kommilitonen Iwan Iwanow, weil dieser Netschajews Meinung nicht teilte. Da ihm die Polizei aber schnell auf
die Schliche kam, flüchtete er in die Schweiz, wo er dann mit Bakunin in
Kontakt trat.

Vor der Flucht hielt er sich eine kurze Zeit in Petersburg auf, wo er
sich rasch zum radikalen Führer der protestierenden Studenten profilierte und sich mit Natansons damaliger Wulfer Kommune zwecks einer
eventuellen Zusammenarbeit in Verbindung setzte. Netschajew war damals mit dem Aufbau der konspirativen Organisation »Narodnaja ras-
prawa« (»Volksrache«) beschäftigt. Diese sollte eine Nachfolgerin des
Geheimbundes »Ad« (»Hölle«) sein und das Werk des Zarenattentäters
Dmitri Karakosow vollenden. Da die Kommunarden die Gewaltanwendung jeglicher Art entschieden ablehnten, machte sich der schillernde
Revolutionseiferer auf die Suche nach geeigneteren Verbündeten.

Während der Verhandlungen mit Natanson hatte Sofja auch die Gelegenheit gehabt, Netschajew zu begegnen. Der ultraradikale Fanatiker
wirkte auf die junge Frau eher abstoßend als faszinierend. Laut Alexandra Kornilowa seien bei der eingefleischten Gewaltgegnerin sowohl die
politische Strategie Netschajews bar jeglicher Skrupel als auch die Jesui-
tenregeln der »Volksrache«, die blinde Unterwerfung unter ein Macht-
zentrum, auf ihren starken Widerwillen gestoßen.

Neben Bakunin beeinflusste Sergej Netschajew gleichermaßen Petr
Tkatschew, ebenfalls einer der führenden russischen Revolutionstheore-
tiker im Schweizer Exil. Der entschiedene Gegner Bakunins befürwor-
tete eine rigoros zentralistisch organisierte revolutionäre Berufselite und

maß dabei der Rolle des Individuums einen besonderen Stellenwert bei: »Der Revolutionär ist ein vom Schicksal verurteilter Mensch. Er hat keine persönlichen Interessen, keine geschäftlichen Beziehungen, keine Gefühle, keine seelischen Bindungen, keinen Besitz und keinen Namen. Alles in ihm wird von dem einzigen Gedanken an die Revolution und von der einzigen Leidenschaft für sie völlig in Anspruch genommen.« Tschernyschewskis ursprüngliche Skizze des Berufsrevolutionärs ergänzten nun Bakunin und Tkatschew zu einem vollständigen utopistischen (Vor-)Bild, dem die »Tschaikowzen« als erste Generation der russischen Intellektuellen zum Opfer fielen. Seit vier Jahren saßen sie bereits landesweit in den Kerkern und warteten immer noch auf den Prozess. Obwohl voller Wut und Zorn, begehrten die jungen Leute nicht auf, als hätten sie sich mit ihrem Schicksal als ewige Gefangene inzwischen schon abgefunden. Doch ein Vorfall in dem Petersburger Untersuchungsgefängnis, in den ein »Tschaikowzer« namens Bogoljubow verwickelt war, sorgte nicht nur für Ausschreitungen unter Häftlingen, sondern entfesselte eine ganze Reihe von Gewalttaten in ganz Russland.

Der Auslöser war der Besuch des Stadthauptmanns, des Generals Fedor Trepow, bei den Inhaftierten am 13. Juli 1877. »Als der General in Begleitung eines Offiziers den Hof betrat, machten wir gerade unseren Rundgang ...«, erzählt Sergej Sinegub, den man aus der »Petropawlowka« mittlerweile in das Untersuchungsgefängnis verlegt hatte. »Als Trepow an uns vorbeiging, nahmen wir alle unsere Mützen herunter, Bogoljubow ebenso. Trepow lief weiter, und sein Begleiter erklärte ihm etwas, vielleicht wer wir seien. Vielleicht erwähnte er nebenbei, dass der abseitsstehende Bogoljubow schon zur Zwangsarbeit verurteilt würde. ... Während er redete, zeigte der Offizier die ganze Zeit auf unseren Kameraden, der inzwischen seine Kappe wieder aufhatte. Gerade dann drehte sich Trepow um, kehrte zu Bogoljubow zurück und schrie ihn an: ›Wie wagst du es, mit der Mütze auf dem Kopf vor mir zu stehen?!‹ Dem überraschten Mann gelang es nicht einmal zu begreifen, warum man ihn anbrüllte, als Trepow mit der Hand über seinen Kopf fuhr, in der Absicht, ihm die Kappe herunterzuschlagen. Ob er Bogoljubow wirklich schlug oder dieser instinktiv zurückwich, wie auch immer, die Mütze flog jedenfalls herunter.

Den Kameraden, welche die Szene von den Fenstern beobachteten, schien es, als hätte der General Bogoljubow geohrfeigt. Wie auf ein Kommando erschallten Schreie von allen Seiten: ›Henker! Trepow, du Schuft! Raus, du Schweinehund!‹ Andere, die in diesem Moment in ihren Zellen saßen und die Rufe hörten, sprangen sofort zu den Fenstern, um zu erfahren, was da geschehen war, und sich dann sofort dem Protest anzuschließen. Es ertönte das Gebrüll von hunderten Gefangenen, der Lärm der Schläge des Metallgeschirrs gegen die Fenstergitter – unglaublich!

Trepow stand machtlos auf dem Hof und musterte mit seinem boshaften Blick alle sechs Etagen des Gebäudes. Nachdem sich die wutschäumende Masse ein wenig beruhigt hatte, drehte er sich zu dem Offizier und zeigte auf Bogoljubow: ›Abführen und auspeitschen!‹ Daraufhin packten zwei Wächter den Mann und brachten ihn weg. Der General mit seinem Begleiter folgte ihnen nach. Im Gefängnis war die Hölle los. Alle Häftlinge hämmerten wie wild gegen die Fenstergitter und die Türen.

Etwa eine halbe Stunde später tauchte der Offizier wieder auf dem Hof auf und teilte uns mit, Bogoljubow sei ausgepeitscht worden. Tatsächlich bekam er dreizehn Rutenschläge.

Nach dieser Nachricht erhob sich die nächste Welle der Raserei. Die Gefangenen schrien, hauten mit den Bleischüsseln gegen die Gitter und die Türen, wer genug Kraft besaß, zertrümmerte alles, was in den Zellen zu zertrümmern war. Dann schickte Trepow einen Polizeitrupp zu uns. Die Beamten steckten die Schilder mit ihren Dienstnummern in die Manteltaschen ein und verteilten sich auf die Etagen. In die Kammern, von denen der Krach herkam, platzte dann eine Meute hinein und prügelte auf die Häftlinge ein. So brutal zusammengeschlagen, schleppte man sie daraufhin in den Karzer. Einige von ihnen trugen schwere Verletzungen davon, einer bekam die Schläge mit dem schweren Schlüsselbund gegen den Kopf.

Ein Arbeiter, der auch mit uns saß, wurde ebenso heftig traktiert, dennoch gelang es ihm doch, irgendwie zum Fenster zu kommen. Das Gitter festhaltend, rief er: ›Brüder! Sie prügeln!‹ Da er sich mit beiden Händen daran klammerte, fassten ihn die Polizisten an den Beinen und zerrten ihn herunter. Nach einer Weile gab seine Kraft nach, so ließ er plötzlich das Gitter los, fiel herunter, prallte dabei zuerst mit dem Gesicht gegen das Waschbecken und sackte dann auf dem Boden zusammen. Obwohl er schon verletzt war, droschen sie mit derselben Wucht auf ihn ein, dass er danach über eine Woche im Lazarett verbringen musste.

Ein ähnliches Schicksal machte ein kranker Kamerad durch, der schon seit geraumer Zeit an Kopfschmerzen litt. Zu den Beschwerden kam noch die Taubheit hinzu. Mit ihm konnte man weder sprechen noch sich mittels der Klopfzeichen verständigen. Aufgrund seiner Leiden wurde ihm eine Kammer in der vierten Etage zugeteilt. Sie bewohnten diejenigen Häftlinge, bei denen die Ärzte eine ernsthafte Krankheit diagnostiziert hatten. Dass er sich nicht im Gefängniskrankenhaus befand, lag wohl daran, dass dort alle Einzelzellen schon besetzt waren.

Kurz vor dem Besuch Trepows verschlechterte sich sein Zustand rapid, und an dem besagten Tag hörte er gar nichts. Er hielt sich in seiner Kammer auf und las, als er aus welchen Gründen auch immer nach dem Wächter klingelte. In U-Haft darf man das nur ein Mal tun. Wenn die Aufsicht darauf nicht reagierte, haute man dann mit dem Fuß gegen die Tür. So war es auch diesmal. Nachdem er geklingelt hatte und der Wachmann nicht kam, wartete er noch ein paar Minuten und fing an, gegen die Tür zu hämmern. Ausgerechnet zu diesem Zeitpunkt gingen die Polizisten, geführt von dem stellvertretenden Gefängnisdirektor, an seiner Zelle vorbei. Als sie den Radau hörten, stürmten sie dort hinein, ohne Rücksicht darauf, dass der Inhaftierte den Status eines Kranken hatte, was dem Stellvertreter jedenfalls bekannt sein musste. Den verblüfften Mann, der von all dem, was da um ihn herum geschah, keine Ahnung hatte, packten die Polizisten an den Armen und schleiften ihn in den Karzer. Unterwegs prügelten sie weiterhin mit Fäusten auf ihn ein. Später erzählte er mir: ›Die Schurken schlugen und schlugen, immerfort, gegen den Kopf, als wäre das ein leerer Eimer und nicht ein Körperteil.‹«

Unter den Jugendlichen, sowohl Gefangenen als auch ihren Freunden jenseits der Kerkermauern, brodelte es, es gärte, und »alles sprach von Rache«.

6. KAPITEL
Auf der Anklagebank – der »Prozess der 193«

Die wachsende Revolte ihrer inhaftierten Kameraden verfolgte Sofja aus der Ferne, weil sie seit drei Jahren auf der Krim lebte. Denkt man an die Intensität von Sofjas Gefühlen für ihre »Familie«, fragt man sich zwangsläufig, warum sie nicht schon längst in den Norden gereist war. Die Tatsache, dass die junge Frau bis zu Beginn des Gerichtsprozesses unter Hausarrest auszuharren hatte, stellte sicherlich kein Hindernis dar, zumindest nicht für Sofja. Hätte sie sich für eine Rückkehr zu ihren Freunden entschieden, hätte niemand und nichts sie davon abhalten können. Nach wie vor fühlte das Mädchen mit ihren Mitstreitern mit, zurück zu ihnen wollte es jedoch nicht. Ihre Probleme, die Missstände in den Kerkern erschienen ihr aus der räumlichen Distanz als harmlos im Vergleich mit dem Leiden ihrer Patienten im Simferopoler Krankenhaus. Sofjas Überzeugung, sie würde mehr auf der Krim gebraucht als in Petersburg, untermauerte noch fester der Ausbruch des zweijährigen Russisch-Türkischen Krieges. Drei Monate vor dem Zwischenfall mit dem General Trepow im Untersuchungsgefängnis, im April 1877, war das Zarenreich gegen seinen südlichen Nachbarn zu Felde gezogen, um die slawischen Balkanvölker bei ihren Befreiungskämpfen von der Herrschaft des Osmanischen Reiches zu unterstützen. Zur Stationierung und Betreuung der verwundeten Soldaten hatte das Rote Kreuz in Simferopol ein Lazarett eingerichtet und den angehenden Feldscherinnen seine Leitung überlassen. Sofja hatte dabei die Zuständigkeit für zwei Baracken zugeteilt bekommen. Vor den Augen der jungen Frau starben nun die Menschen wie die Fliegen. Die zum Alltag gewordene Auseinandersetzung mit dem Tod bekräftigte sie endgültig in dem Glauben, ihr Platz sei in Simferopol.

Doch schweren Herzens musste sich Sofja schon im August auf den

Weg nach Petersburg machen. Denn endlich war es so weit: Die lang erwartete Gerichtsverhandlung, bis dahin die größte in der Geschichte
Russlands, wurde am 18. Oktober eröffnet. Der ehrgeizige Staatsanwalt
Schelichowski sammelte akribisch vier Jahre lang Beweismaterial, in der
Absicht, der Öffentlichkeit die Angeklagten als Mitglieder ein und derselben Organisation vorzustellen. Somit konnte er die Propaganda der
jungen Idealisten als eine ganz Russland bedrohende Gefahr präsentieren und folglich für härtere Strafen plädieren. In der Tat gehörten alle
Inhaftierten dem »Tschaikowzen«-Zellennetz an, aber viele von ihnen
hatten sich aus eigener Initiative heraus am »Gang ins Volk« beteiligt
und waren erstmals im Gefängnis einander begegnet.

Schelichowski sowie seinem Kollegen Schicharew gegenüber standen
fünfunddreißig Juristen, die Anwaltselite des Zarenreiches schlechthin. Sie
übernahmen aus eigenem Willen die Verteidigung der jungen Agitatoren.

Alle Häftlinge verlegte man inzwischen in die Petersburger Untersuchungshaft. »Am ersten Verhandlungstag versammelten wir uns in einem großen Flur«, erzählt die älteste Propagandistin Jekaterina Breschkowskaja. »Dann kam der Befehl, uns in zwei Kolonnen aufzuteilen: die
Männer links, wir Frauen rechts, wobei jede der Reihen von Gendarmen
mit entblößten Säbeln flankiert war. Der Konvoi-Leiter verlas uns die
Ordnungsanweisungen und betonte ausdrücklich, bei ihrer Missachtung sei man berechtigt, Gebrauch von der Waffe zu machen. Nach Beendung dieser Formalität begaben wir uns durch einen im Untergeschoss liegenden dunklen Korridor zum Gerichtssaal.«

Im Nu war die enge Kammer mit den Angeklagten und ihren Fürsprechern vollkommen überfüllt, sodass nur ganz wenige Plätze für das
Publikum übrig blieben. Aber bis auf ein paar Familienangehörige der
Beklagten sowie einige Polizeiagenten gab es sonst so gut wie keine Zuschauer. Ein Drittel des Raumes belegte das Gerichtspersonal. Ganz
vorne saßen die Richter, hinter ihnen der Protokollführer samt den Standesvertretern. Ihnen gegenüber, auf den Zuschauerbänken, saßen zusammengequetscht etwa hundert Leute. In der Mitte standen die Tische
für Verteidigung, Staatsanwalt und Zeugen. Links von den Richtern befand sich die mit einer Brüstung von dem restlichen Saal getrennte Anklagebank, auf der sich die Beklagten drängten.

Angeklagt waren etwa dreihundert Personen, aber lediglich 193 waren anwesend. Was geschah mit den anderen? Sie starben an Krankheiten oder flüchteten in den Wahnsinn. Und die jungen Leute im Saal? Wie sahen sie aus? »Totenbleiche und grünlich-gelbe Gesichter, einige aufgedunsen, andere abgemagert. Einige liefen auf Krücken, andere husteten heftig«, so die Breschkowskaja weiter. »Unter ihnen befand sich auch Sofja Perowskaja. In ihrer Redlichkeit und Gefasstheit kam sie einer Figur aus den klassischen griechischen Dramen gleich. Ihr jugendlich frisches Gesicht strahlte innere Ruhe aus, der wiederum Weisheit und Übelegenheit ihrer Umgebung gegenüber innewohnte. Sogar ihrem Lächeln haftete etwas Ernstes an, wie bei einem erwachsenen Menschen. Alle Details ihrer Erscheinung prägten sich stark in meine Erinnerung ein. Gekleidet war sie mit einer blauen Bluse mit Stickereien, die bekam sie von den Schwestern Kornilow geschenkt. Sie war kleinwüchsig und zierlich, hatte ein klares Antlitz, rote Wangen und feine Gesichtszüge. Die ungewöhnlich hohe Stirn fiel dabei sofort auf. Die Perowskaja hatte sich schon als geschickte Untergrundkämpferin und fähige Propagandistin profiliert. Von ihr erwartete man viel. ... Obwohl sie schon vierundzwanzig war, mutete sie im kurzen Rock und Blüschen wie ein Schulmädchen an.

Bald stellte sich heraus, dass der Saal zu eng war, um allein unseren Konvoi aufnehmen zu können. Aus diesem Grunde standen einige von uns in den Durchgängen, einige im Eingangsbereich.«

Im Namen aller Beschuldigten bat der Verteidiger Spassowitsch den Vorsitzenden Richter Peters, die Sitzung in einen dafür geeigneten Raum zu verlegen, da sie sonst hinter geschlossener Tür, lediglich in Anwesenheit des Gerichtssenats, verlaufen würde, was wiederum gegen das Gesetz über Öffentlichkeit und Mündlichkeit des Gerichtsverfahrens verstoße, und beantragte bis dahin die Verhandlungsvertagung. Spassowitschs Kollege Wladimir Gerhard fügte hinzu, der Ausschluss der Öffentlichkeit verletze die Würde des Senats und untergrabe zugleich den Glauben an seine Gerechtigkeit. Die Abwesenheit des Publikums nahm den Wind aus den Segeln der Verteidigung. Diese betrachtete den Prozess nicht ausschließlich als eine juristische Angelegenheit, sondern sehr wohl als eine politische Bühne, auf der die Willkür und die massiven

Verstöße gegen gesetzliche Vorschriften der russischen Gefängnisbe-
amten vor allem gegenüber der Presse authentisch dargestellt werden
sollten, mit dem Ziel, das Mitleid sowie die Sympathie für die jungen
Revolutionäre bei der Bevölkerung zu wecken, was wiederum einer
schleichenden politisch-ideologischen Propaganda gleichzusetzen wäre.

Die Richter hatten die Strategie der Rechtsanwälte natürlich durch-
schaut und lehnten daher ihre Forderungen kategorisch ab: Der Vorsitzende replizierte kurz, die Sitzung sei sehr wohl öffentlich, und wies
dabei auf die wenigen Zuschauer.

Das taktische Manöver der Verteidiger war natürlich nur ein Versuch und mehr nicht. Ihnen war zweifelsohne bekannt, dass seit über
einem Jahrzehnt allein dem Richtersenat das Recht oblag, den Prozess-
charakter zu bestimmen. Auf die uneingeschränkten richterlichen Be-
fugnisse fiel wiederum der lange Schatten Dmitri Karakosows. Nach den
repressiven Maßnahmen, die sie im Bildungswesen schon zu spüren
bekommen hatten, setzten sich die angeklagten Jugendlichen diesmal
zwangsläufig ebenso mit denen auseinander, welche der Zar nach dem
Attentatsversuch auch in der Justiz ergriff.

Im Zuge der Modernisierung in den 60er Jahren reformierte Alexander II. auch das russische Rechtssystem. Die dritte seiner Reformen,
»gestützt auf die Prinzipien der westeuropäischen liberalen Prozessord-
nungen«, war zugleich auch die gelungenste: Sie bescherte Russland
zum ersten Mal in seiner Geschichte Öffentlichkeit sowie Mündlichkeit
der Verfahren, Einsatz von unabhängigen Untersuchungsrichtern und
Staatsanwälten, Stärkung von Verteidigung sowie Einführung von
Schwurgerichten.

Aber nach dem fatalen Schuss und besonders 1872 nach dem Prozess
gegen den Revolutionsfanatiker Sergej Netschajew, den die Schweizer
Behörden wegen Ermordung des Studenten Iwanow schon im Jahr seiner Flucht an Russland auslieferten, setzte die Regierung zunehmend
diese Gesetze außer Kraft: So wurden beispielsweise Gerichtsverhand-
lungen von einem Beobachtungsstab der Dritten Abteilung, von den in
Breschkowskajas Zitat bereits erwähnten Agenten der Geheimpolizei,
observiert, das Verfahren gegen Staatsverbrecher durfte nur noch vor
einer besonderen Versammlung im Senat unter Öffentlichkeitsaus-

schluss verhandelt werden. Die seitens des Zaren ernannten Senatoren waren insofern keine unabhängigen Richter. »So wussten wir schon von Anfang an nicht nur, dass der Prozess hinter verschlossenen Türen stattfinden sollte, sondern dass sie uns sogar unter diesen Umständen weder erlauben werden, unsere Beweggründe vorzutragen, die uns zum ›Gang ins Volk‹ zwangen, noch die Misshandlungen, die Ungerechtigkeit, die wir während all der Gefängnisjahre erdulden mussten«, klagt die Breschkowskaja. »Nachdem die Zeugenliste verlesen worden war, erhob sich einer der Beklagten und verkündete, er erkenne kein die Öffentlichkeit ausschließendes Gericht an, worauf der Vorsitzende Peters seine Entfernung aus dem Saal anordnete. Daraufhin stand die Mehrzahl von uns auf und schrie: ›Dann werft uns alle raus! Das ist auch unsere Meinung!‹ Wir begaben uns zum Ausgang, aber die Gendarmen versperrten uns den Weg, und Peters teilte mit: ›Ich erkläre die Sitzung für geschlossen. Gendarmen, räumen Sie den Saal!‹«

Am folgenden Tag verweigerten die Angeklagten die Beteiligung am weiteren Prozessverlauf, so wurden sie zwangsweise in den Gerichtssaal gebracht, einige von ihnen schleifte man buchstäblich durch den Flur. Demnach blieb auch die Atmosphäre gleich: Immer wieder versuchte der Vorsitzende, Ordnung und Ruhe herzustellen, seine Glocke klingelte ununterbrochen, dennoch vergeblich: »Jeder suchte in der Masse ihm bekannte Gesichter, rief dabei möglichst laut zu, um andere Stimmen zu übertönen, oder aber man ließ sich ins Gespräch mit benachbarten Unbekannten ein, fragte sie, wer sie seien und weswegen sie auf der Anklagebank säßen.« Die Situation änderte sich auch nicht, als die Anklageschrift verlesen wurde. Die jungen Leute führten unbeirrt die rege Unterhaltung miteinander fort. »Ab und zu fiel einer dem Staatsanwalt ins Wort: ›Verleumdung!‹ oder ›Lüge!‹, aber richtig zugehört, hat niemand.«

Danach verkündete der Vorsitzende, aufgrund der Raumenge sei es undurchführbar, die Verhandlung in Anwesenheit aller Beschuldigten fortzusetzen, so würden sie in siebzehn Gruppen aufgeteilt. Die Richterentscheidung brachte die jungen Leute wieder auf. Die Verteidiger mit einigen Angeklagten wollten Einspruch einlegen, doch Peters erklärte kurz und bündig, der Beschluss sei endgültig. Dann erhob sich Ippolit Myschkin, ein spindeldürrer, schwarzhaariger junger Mann mit ausgemergeltem, beinahe dreieckigem Gesicht:»›Das Licht der Wahrheit fürchten nur Menschen mit schlechtem Gewissen, diejenigen, denen jedes Mittel recht ist, wenn es um Vertuschung ihrer schmutzigen und niederträchtigen Taten geht. Obwohl diese Untaten hinter den Gefängnismauern geschehen, sind sie trotzdem jedem sehr wohl bekannt. Da wir aber von der Aufrichtigkeit unserer Sache, für die wir schon genug gelitten haben und noch genug leiden werden, tief überzeugt sind, verlangen wir Öffentlichkeit und Mündigkeit von diesem Gericht.‹

Obwohl Peters seine Rede öfters unterbrach, redete Myschkin unbeirrt weiter, und als er sagte: ›Dieses Gericht ist eine Komödie, vielleicht sogar etwas noch Schlimmeres und Widerwärtigeres, vielleicht sogar eine Schande‹, schrie der Vorsitzende, man solle ihn aus dem Saal verweisen, woraufhin ein Offizier auf den Redner zuging, doch zwei Angeklagte stellten sich vor ihn. Nach kurzem Gerangel schob der Offizier die Männer von sich, packte mit einer Hand Myschkin unter den Arm, und mit der anderen versuchte er, ihm den Mund zuzuhalten. Aber dieser fuhr noch lauter fort: ›Ja, dieses Gericht ist eine Schande, schlimmer als ein Bordell, weil Frauen dort aus Not mit ihren Körpern handeln, während hier die Richter von der Gier nach noch höheren Posten, nach noch mehr Geld getrieben werden, hier macht man Geschäfte mit all den Werten, die der Menschheit heilig sind.‹

Daraufhin sprangen noch zwei Gendarmen dem Offizier zu Hilfe und übermannten Myschkin. In gleicher Sekunde rief einer der Beklagten: ›Das ist kein Gericht, ihr Schufte! Ich verachte euch, ihr Knechte!‹ Ein Gendarm griff ihm an die Brust und schlug auf ihn ein. Bald verwandelte sich der Raum in ein Schlachtfeld und die Verhandlung in ein Chaos: Schreie der Empörung, Beschimpfungen, Flüche vermischten sich mit hysterischen Stimmen, manche Frauen fielen in Ohnmacht. Die Staatsanwälte und der Protokollführer schauten verblüfft zu, während Peters mit den anderen Richtern die Sitzung verließ, ohne sie offiziell zu schließen, was in seinem Namen der Polizeihauptmann tat.«

Am zweiten Verhandlungstag stand die erste Gruppe der Angeklagten vor Gericht. Unter ihnen befand sich auch Sofja. Sie wurde als Erste zur Aussage aufgefordert, doch das Mädchen schwieg beharrlich zu allen gestellten Fragen. Als einer der jungen Leute das Gericht beschuldigte, es

sei lediglich eine Marionette der Regierung, befahl der neue Vorsitzende
Richter Rennenkampf, dem Peters wegen des gestrigen Skandals seinen
Platz überlassen musste, den Mann von der Sitzung auszuschließen,
worauf Sofja zusammen mit anderen Beschuldigten ebenfalls den Saal
verließ. Es ist natürlich überflüssig zu betonen, dass sich die junge Frau
von Anfang an auf die Seite der Protestler stellte und Schulter an Schulter mit ihnen den Prozess boykottierte.

Nach jeder Verhandlung versammelten sich die gegen Kaution auf
freien Fuß gesetzten Kameraden in Sofjas Wohnung. An einer dieser
Treffen nahm auch Jelisaweta Kowalskaja teil. Sofjas enge Vertraute, die
mit sieben Jahren ihrer fronpflichtigen Mutter die Freiheit erkämpft
hatte, blieb von der Verhaftungswelle verschont, traf im Oktober in
Petersburg ein und kam zu ihrer Freundin zu Besuch:»In dem Zimmer,
vollgestopft mit Menschen, liefen lebhafte Gespräche, heftige Diskussionen, verschiedene Episoden aus dem Prozess wurden erzählt, wobei
ein Hagel von bissigen Bemerkungen sowie höhnischen Scherzen an die
Adresse derjenigen herniederprasselte, die sich von dem Protest fern-
hielten. Die Unduldsamkeit spürte man buchstäblich in der Luft. Die
Perowskaja verhielt sich den Abtrünnigen gegenüber neutral: Sie verteidigte sie nicht, aber sie verurteilte sie auch nicht, sondern lächelte nur
gutmütig, wenn man irgendeinen boshaften, übelwollenden Kommentar abgab.

Einige Tage später, vor der Abreise, wollte ich mich von meinem guten
Bekannten, einem Technologiestudenten, verabschieden. Er stand ebenfalls auf der Angeklagtenliste. Als ein kerngesunder junger Mann war er
verhaftet worden. Vier Jahre verbrachte er hinter Gittern, wo er an Tuberkulose erkrankte. Gegen Sicherheitsleistung wurde er anschließend
entlassen und lag nun da im Sterben. Während der Vernehmung sowie
des Gerichtsprozesses benahm er sich tadellos, beteiligte sich aber an
dem Boykott nicht, weil er glaubte, die Anwesenheit der Beschuldigten,
die falschen Zeugenaussagen, die Reden der Richter sowie der Staatsanwälte sprächen schon Bände.

Aus Angst, ihn zu wecken, öffnete ich ganz leise die Tür, und auf den
Zehenspitzen betrat ich das Zimmer, in dem er auf einem Eisenbett
ruhte. ... Durch die unheilverkündende Röte in seinem schönen Gesicht

kamen die großen, weit geöffneten, vor Fieber unnatürlich glänzenden dunklen Augen noch stärker zum Ausdruck. Neben ihm, an einem kleinen Tisch, saß die Perowskaja. Mit einem Blick voller Milde, voller Mitgefühl beobachtete sie besorgt den Kranken, bemüht, ihm zu helfen. Von jener ›Nonne‹, die ich damals in der Wladimir-Straße kennen gelernt hatte, war nichts mehr übrig. Als sie meine Anwesenheit bemerkte, richtete sie sich sofort auf, und ihre Miene erstarrte in gleicher Sekunde zu einer Maske. Keineswegs durfte ich Zeugin ihrer Anteilnahme werden.«

Während sich Sofja um den kranken Kameraden kümmerte, ging der Kampf der jungen Idealisten mit der Justiz in die nächste Runde. Sobald es definitiv klar wurde, dass der Gerichtssenat den Angeklagten keine Gelegenheit lassen würde, sich direkt an die Öffentlichkeit zu wenden, organisierten die »Land und Freiheit«-Leute in der Sapernyj-Gasse eine zweite Druckerei, nachdem die Polizei bei der Zerschlagung der Bewegung »Gang ins Volk« die von den »Tschaikowzen« errichtete ausgehoben hatte. Mithilfe der Schmugglerbanden beförderte die Partei die notwendige Einrichtung aus der Schweiz nach Petersburg und zahlte dafür viertausend Rubel. Offiziell hatte sie schon am 1. Oktober mit der Arbeit begonnen.

Von hier aus berichtete man ständig über den »Großen Prozess«, veröffentlichte die Rede Ippolit Myschkins beziehungsweise die Willenskundgebung des »Orators« Georgi Plechanow an den Justizminister und startete zugleich die regelmäßige Herausgabe der Parteizeitung *Semlja i wolja (Land und Freiheit)*. Die Redakteursstellen übernahmen der gegen Kaution auf freien Fuß gesetzte »Apostel des Terrors« Nikolaj Morosow sowie der zweite »Tschaikowzen«-Liebling Sergej Krawtschinski.

Am 23. Oktober kam es endlich zur Urteilsverkündung. Obschon man aufgrund des entstandenen Desasters von der Regierung eine entsprechend harte Reaktion hätte erwarten können, fielen die Urteile für die damaligen Verhältnisse erstaunlich mild aus: Gegen achtundzwanzig Beschuldigte verhängte das Gericht eine auf der sibirischen Halbinsel Kara zu verbüßende Zwangsarbeitsstrafe, fünfundsiebzig wurden mit Verbannung nach Sibirien bestraft, neunzig, unter ihnen auch Sofja, sprach man frei.

Darüber hinaus räumte das Gericht allen Verurteilten die Möglichkeit ein, eine Strafmilderung zu erbitten. Ausgenommen davon war allerdings der mit zehnjähriger Zwangsarbeit bestrafte Ippolit Myschkin, weil er bei seinem misslungenen Versuch, Nikolaj Tschernyschewski, den Autor des Romans *Tschto delat? (Was tun?)*, aus dem sibirischen Gefängnis zu befreien, einen Gendarmen schwer verletzt hatte. Der Justizminister Graf Konstantin Pahlen sowie der Chef der Dritten Abteilung, Nikolaj Mesenzew, empört über den richterlichen Beschluss, ließen lediglich die Gesamtstrafe der Schuldiggesprochenen unter Anrechnung der in Untersuchungshaft verbrachten Jahre berechnen.

Die langjährige Gefangenschaft sowie der Gerichtsprozess brachten den jungen Leuten neben lauter Nachteilen auch einen Vorteil. Es kam zu einer Neuorganisierung und Venetzung der Gruppierungen, so könnte man geradezu behaupten, nach der »Tschaikowzen«- entstand nun eine »Prozess der 193«-Familie: »Die Jugend triumphierte, alte und neue Freunde begrüßten die Freigelassenen, als wären sie aus dem Jenseits wiedergekommen. ... Ihre Wohnungen waren von früh bis spät von Menschen überfüllt; es war ein regelrechter revolutionärer Klub, wo neunzig bis hundert Menschen täglich aus- und eingingen. Bekannte brachten Unbekannte mit, die denen die Hand zu drücken wünschten, die man lebendig begraben geglaubt hatte.«

Trotz der Euphorie dachten die Propagandisten ebenso an die Kameraden, die jenseits der Kerkermauern blieben. Zusammen mit der ebenfalls freigesprochenen Alexandra Kornilowa gründete Sofja, die »ein unermessliches Mitgefühl für alle ›Erniedrigten und Beleidigten‹ hegte«, eine Hilfsorganisation. Die Mädchen versorgten die Sibirienkandidaten mit Wäsche, Lebensmitteln und Büchern. »Man sah Sofjas winzige Figur in ständiger Bewegung. Auf leichten Sohlen flitzte sie unermüdlich hin und her, so schaffte sie alles, was sie sich vornahm.« Dabei vergaß sie auch keinen Namens- oder Geburtstag, sorgte dafür, dass jeder der gefangenen Freunde zu diesem Anlass Blumen sowie Pralinen geschenkt bekam.

Da lediglich Familienangehörigen Besuche gestattet waren, gaben sich die jungen Frauen als Schwestern, Ehefrauen, Cousinen oder Bräute aus. So stellte sich Sofja als Verlobte ihres engsten Vertrauten Lew Ticho-

mirow vor. Der schmächtige, bebrillte junge Mann mit einem Tsche-
chow-Bärtchen hatte wegen seines ausgeprägten literarischen Talents
als »Tschaikowzen«-Pressesprecher fungiert. Die langjährige Gefangenschaft wirkte sich auf die nicht widerstandsfähige Gesundheit des jungen Mannes verheerend aus, sodass der Vierundzwanzigjährige viel älter
aussah, was ihm wiederum den Spitznamen »Vetterchen« bescherte. Als
Sofjas »Verlobung« ihrer Mutter zu Ohren kam, freute sich diese unendlich und gratulierte der Tochter ganz herzlich.

»Die Frauen, die uns regelmäßig besuchten, überschütteten uns mit
Aufmerksamkeit, weil sie sich dessen bewusst waren, dass sie in Freiheit
lebten, während man uns eingesperrt hielt«, so eine Verurteilte. »Die
Fleißigste unter ihnen war ohne Zweifel Sofja Perowskaja. Ich kann mich
besonders an den Besuch erinnern, als wir uns über unsere zur Zwangsarbeit verurteilten Kameraden unterhielten. … Ich sah, wie Perowskajas
Mundwinkel sowie das Kinn zuckten, wie sie bemüht war, ihre Tränen
zu verbergen. Doch sie riss sich schnell zusammen und wechselte rasch
zu einem anderen Gesprächsthema.«

Aber mit jedem Tag verringerte sich die Zahl derjenigen, um welche
sich die Mädchen kümmerten: Allmählich wurden die jungen Leute
einer nach dem anderen nach Sibirien deportiert. Bevor die Häftlinge
ihre lange Reise antraten, wurden sie einem speziellen Vorbereitungs-
prozedere unterzogen: »Hier wurden mir Haare und Bart auf der rechten Seite abrasiert, während man die linke Seite kurz abschor. Ich hatte
schon früher in den Gefängnissen Leute gesehen, die man in dieser
Weise zugerichtet hatte, und der Anblick hatte auf mich stets tiefen Eindruck gemacht, wie auf jeden, mit dem ich darüber sprach. Als ich aber
jetzt mich selbst im Spiegel sah, fühlte ich, wie es mir kalt über den Rücken rieselte; es war das Gefühl der Herabsetzung menschlicher Würde
durch die barbarische Prozedur, mit der man mein Antlitz verunglimpft
hatte«, berichtet ein Verbannter. »Ich wurde auf einen Schemel gesetzt
und mußte die Füße auf einen Amboß stellen. Der Schmied legte eiserne
Reife um meine Knöchel und schmiedete sie zusammen. Jeder Zusam-
menschlag krampfte mir das Herz zusammen; er bedeutete, daß jetzt ein
neues Dasein für mich beginnt, daß ich ein – Sträfling sei … Die Fesseln
verursachten mir anfangs unerträgliche Pein beim Gehen und störten

meinen Schlaf. Auch erfordert es gewisse Übung, bis man imstande ist, sich der Kleider zu entledigen, wenn man gefesselt ist. Die schweren Fesseln, gegen zwölf Pfund, hindern nicht nur am Gehen, sondern sie verursachen auch große Schmerzen, indem sie die Haut an den Knöcheln aufreiben, wogegen die Unterlagen aus Leder bei Ungeübten nur wenig schützen. Besondere Marter aber verursacht das Klirren der Ketten bei jeder Bewegung. Es reizt die Nerven in unsäglicher Weise und erinnert den Gefangenen jeden Augenblick daran, daß er ein Paria unter den Menschen, daß er ›aller Rechte bar‹ ist.

Die Umgestaltung des Sträflings wird ergänzt durch die Tracht, in die man ihn einkleidet. Außer der Leibwäsche aus grober Leinwand besteht diese Tracht aus einem grauen Kittel, der aus einem speziellen Stoff hergestellt wird, und einer Hose. Auf den Kittel wird den zu Zwangsarbeit Verurteilten ein Viereck aus gelbem Zeug aufgenäht. Die Füße stecken in Fußlappen und ledernen Pantoffeln, die man ›Katzen‹ nennt. Alle diese Kleidungsstücke sind äußerst unbequem, schwer und unproportioniert. ... Für jeden einzelnen Sträfling wurde ein ›Begleitschein‹ ausgestellt. Es war darin der Name verzeichnet und der Verbannungsort, wohin der Mann bestimmt war, dann ein Verzeichnis der Regiesachen [Habseligkeiten – L. K.], die er mit sich führte. Dem ›Begleitschein‹ der Politischen war noch eine Photographie beigeheftet.«

Mit solchen grausamen Entstellungsritualen konfrontiert, entschloss sich Sofja kurzerhand, die Befreiung Ippolit Myschkins zu organisieren. Sie hatte den jungen Mann erst im Laufe der Gerichtsverhandlung kennen gelernt, und »seitdem betete sie den schlagfertigen Propagandisten beinahe an«, war von seiner Rede dermaßen beeindruckt, dass »der Gedanke, ihn zu befreien, zu ihrer fixen Idee« wurde. Schnell tüftelte sie mit anderen »Land und Freiheit«-Mitgliedern einen Plan aus, nach dem die Myschkin begleitenden Gendarmen während der Zugfahrt überfallen werden sollten. Nach der persönlichen Zarenverordnung hatte der mutige Protestler die Wartezeit bis zur Deportation im Zentralgefängnis von Charkow zu verbringen. In diesem »Haus des Grauens« saßen nur Kriminelle oder politische Häftlinge, die als besonders gefährlich galten. Obwohl die jungen Leute alle Passagierzüge rund um die Uhr überwachten, überlistete die Polizei Sofjas Trupp, indem sie Myschkin mit einem Güterzug nach Charkow beförderte und unmittelbar danach nach Sibirien abschob.

Natürlich behielt die Dritte Abteilung auch nach dem Gerichtsprozess die Freigesprochenen im Auge und überredete obendrein noch einige von ihnen zur Kooperation. Darüber hinaus wimmelte es von Agenten in den Städten, insbesondere in Petersburg. »Ein ganzer Schwarm von Spionen tummelte sich auf den Straßen. Sie hielten eine Weile inne, dann liefen sie wieder hin und her, es war ganz leicht, sie zu erkennen. Einem erfahrenen Beobachter fielen sofort sowohl ihre stets angespannte Körperhaltung auf als auch die verängstigten raschen Blicke, die sie jedem Passanten zuwarfen. Aber diese Lauscher könnte man sogar als Profis bezeichnen. Weit komischer sahen die sogenannten Aushilfsspitzel aus. Es waren einfach verkleidete Soldaten, angezogen mit lustigen Kleidern: Sie alle trugen gleiche Mützen, Mäntel und Hosen. Einige von ihnen setzten sogar eine große graue Brille auf die Nase, in der Hoffnung, man würde sie für Studenten halten.«

Ob die Agenten die Befreiung Myschkins in der Tat vereitelten, blieb im Dunkeln, jedenfalls war die junge Frau untröstlich: »Man findet keine Worte, um beschreiben zu können, wie Sofja auf den Misserfolg reagierte. Als sie den Erfinder des Plans traf, beschimpfte sie ihn aufs Übelste – ganz ungerecht! –, und den ganzen Tag lief sie böse, erzböse herum.«

Sofort fasste die impulsive Sofja einen neuen Plan, diesmal zur Befreiung von fünf anderen Sibirienkandidaten aus dem Charkower Gefängnis. Einer von ihnen war ihr »Ehemann« Dmitri Rogatschew, der mit einer zehnjährigen Zwangsarbeit belegt wurde. Für ein solches Unterfangen brauchte man genug Leute, vor allem aber genug Waffen. Deswegen setzte sich die Gewaltgegnerin Sofja in Verbindung mit den »Troglodyten« oder »Höhlenmenschen«, wie sich die kleine Petersburger Gruppierung der ultraradikalen Bakuninisten nannte. Zwar hatte sich der Zirkel im vorigen Jahr Natansons »Land und Freiheit« angeschlossen, behielt jedoch im Rahmen der Partei eine gewisse Autonomie. Die Taktik der »Troglodyten« bestand darin, sowohl die richtigen Namen als auch die genauen Adressen ihrer Mitglieder geheim zu halten, sodass ihre wahre Identität niemandem bekannt war. An der Spitze

des Geheimbundes stand der einundzwanzig Jahre alte, aus einer kleinadeligen Familie stammende Alexander Michailow, der die Konspira-
tion zur Wissenschaft machte. Die Petersburger Innenstadt kannte dieser kräftige, beleibte, ewig lächelnde Blonde mit schönen meerblauen
Augen wie seine Westentasche. Er besaß eine Liste aller durchgängigen
Häuser und Höfe, insgesamt dreihundert an der Zahl, die sich bei der
Flucht aus einer observierten Wohnung schon etliche Male mehr als
nützlich erwiesen hatte. Der Student des Technischen Instituts wusste
sie alle auswendig, deswegen nannte man ihn den »Hausmeister«. Unablässig wachte er über die Sicherheit der Gruppe, beschattete öfters
selbst seine »Troglodyten«, um sich dadurch ihrer Achtsamkeit zu vergewissern. Ebenso entlarvte er zahlreiche Spione, indem er eine Wohnung gegenüber der des Geheimpolizeichefs anmietete und tagelang
beobachtete, wer da aus- und einging.

Sofja mochte den Kreis Michailows nicht, so hatte sie bis dahin jeglichen Kontakt zu dem Zirkel gemieden. In diesem Falle aber hatte
sie keine andere Wahl und bat den »Hausmeister« um Hilfe. Michailow willigte sofort ein, und die vorbereitenden Maßnahmen begannen.

Wie man sich die Waffen für die Befreiungsaktion besorgte, berichtet
der »Apostel des Terrors« Nikolaj Morosow, der im Prozess freigesprochen wurde und danach »teilweise aus persönlicher Neigung zur Gewalt,
teilweise aus Sensationslust« die Nähe der militanten »Troglodyten«
suchte: »›Seid ihr wegen der Revolver gekommen, die ich euch verspro-
chen habe?‹, wandte sich Dr. Wejmer an Michailow und mich. ›Ich schi-
cke sofort den Diener ins Depot und sage ihm, er solle die neuesten
westlichen Modelle holen.‹ Tatsächlich brachte dieser einen vollen
Korb. … Nach langem Überlegen entschieden wir uns schließlich für
eine große sowie zwei kleinere Pistolen, bezahlten dem Arzt die Rechnung und verließen die Praxis. … Nun blieb uns nur noch eines übrig,
ein Militärfernglas und ein paar Landkarten der Charkower Gegend zu
beschaffen.«

Ende 1877 machten sich Sofja, Michailow und Morosow mit den Waffen im Koffer auf den Weg nach Charkow. Kurz nach ihrer Abreise erschien in Petersburg Walerian Ossinski, der Anführer der »Kijewer

Rebellen«, ein leidenschaftlicher Terrorist, in der Absicht, den für das Auspeitschen des Häftlings Bogoljubow verantwortlichen General Trepow zu töten. Genauer gesagt kam er zwecks Attentatsvorbereitung als Vorhut der radikalen Südler. Nach ihm sollte dann eine sechsköpfige Gruppe nachrücken. Der hochintelligente, enorm charmante Aristokrat mit einem Zwicker und kurzem, gepflegtem Vollbart hatte schon Anfang des Jahres einen Spion ermordet. So schickte sich der vierundzwanzigjährige Student des Petersburger Technischen Instituts nun an, mit dem Stadthauptmann abzurechnen.

Walerian Ossinski und seine »Rebellen« waren keineswegs die Ersten, die auf Rache an Trepow sannen, die »Troglodyten« spielten schon seit dem besagten Vorfall ebenfalls mit demselben Gedanken, zögerten aber zu handeln. Vielleicht deswegen, weil sich »Land und Freiheit« ursprünglich vorgenommen hatte, sich zuerst an Schelichowski und Schicharew, an den Staatsanwälten des »Großen Prozesses«, zu rächen. Besonders der Erste zog den Hass der jungen Leute auf sich, als er verkündete, »deren Kampagne gegen die Zivilisation sei auf die erbärmlichste Weise zusammengebrochen«. Wer oder was die Parteimitstreiter an dem geplanten Vergeltungsakt hinderte, konnte nicht ermittelt werden.

Auch der Anschlag auf Trepow musste auf einen späteren Zeitpunkt verschoben werden, weil Ossinski zwecks Beteiligung an der Befreiungsaktion der »Zarenkommissare« Lew Dejtsch und Jakob Stefanowitsch nach Kijew verreiste. Die beiden waren inzwischen verhaftet und ihre Tat jeweils mit einer sechzehnjährigen, in Sibirien zu verbüßenden Zwangsarbeit geahndet worden. Neben dem Mordversuch gegen den Agenten Gorinowitsch sowie der Fälschung des »Zarenmanifests« legte das Gericht ihnen obendrein noch Fahnenflucht zur Last, da sie sich zu Beginn des Russisch-Türkischen Krieges, anfangs 1877, als Freiwillige gemeldet hatten und kurz darauf desertiert waren.

Ossinski wurde just zu diesem Zeitpunkt nach Kijew gerufen, da ein Gefängniswärter seinen Dienst bereits gekündigt hatte und der immer kampfbereite »Rebell« Michail Frolenko – mit falschen Papieren, versteht sich – als sein Nachfolger angestellt wurde. Für die Rolle des Aufsehers passte Frolenko mit seiner Selbstbeherrschung, Energie und Ausdauer wie kaum ein Zweiter. Tatsächlich gelang es den radikalen Südlern, die beiden freizubekommen, die sich daraufhin mithilfe der Schmuggler in die Schweiz absetzten.

Parallel zu dem Kijewer Unterfangen versuchten die Revolutionäre auch der ältesten Propagandistin, der zu fünfjähriger Zwangsarbeit verurteilten Jekaterina Breschkowskaja, zur Flucht aus dem Petersburger Gefängnis zu verhelfen. Der Versuch misslang, da einer der Organisatoren aus Sicherheitsgründen die Ausführung auf den kommenden Tag verlegte, die Frau aber schon am frühen Morgen in einen anderen Kerker gebracht worden war, woraufhin auch ihre unverzügliche Deportation nach Sibirien erfolgte.

Auch in der dritten Stadt des Zarenreiches, nämlich in Charkow, bereitete Sofja mit dem »Hausmeister« Michailow und dem »Apostel des Terrors« Morosow das Terrain zur Befreiung der fünf Kameraden vor, indem sie dort zwei Wohnungen anmieteten. Die erste bewohnten die jungen Leute, zugleich sollte sie auch den befreiten Mitstreitern als Unterschlupf zur Verfügung gestellt werden. In der zweiten lagerte man Waffen sowie andere notwendige Utensilien und benutzte sie als Treffpunkt für Besprechungen beziehungsweise zum Auswerten von gesammelten Informationen. Neben der Haushaltsführung kundschaftete Sofja als »Ehefrau« eines der inhaftierten Kameraden gleichzeitig den Tagesablauf des Zentralgefängnisses aus.

Wie sich das Mädchen zuerst an der harmlosen Verteilung von Flugblättern beteiligte, dann am Schmuggeln von illegalen Büchern, dann am »Gang ins Volk«, so ging Sofja diesmal noch weiter: Die leidenschaftliche Gewaltgegnerin kam nun in Berührung mit dem Terror.

Die Behauptung, Sofja sei trotz allem in ihrem tiefsten Inneren eine überzeugte »Volkstümlerin« geblieben, klingt nur auf den ersten Blick paradox. Die Gewalt betrachtete die junge Frau nicht als politisches Instrument, sondern als ein ausschließlich in den Befreiungsoperationen anzuwendendes Hilfsmittel, an dem der gegenwärtigen Situation kein Weg vorbeiging. Sie handelte nicht als Politikerin, sondern als Freundin. Sofjas Reaktionen und Entscheidungen – wie übrigens bei den meisten ihrer Mitstreiter – waren in dieser Phase immer noch emotional motiviert und gesteuert. Zweifel, kritische Auseinandersetzung mit den Aktivitäten ihrer Kameraden gab es zu diesem Zeitpunkt nicht und konnte es nicht geben. Die aktuellen Geschehnisse bekräftigten mit jedem neuen Tag Sofjas ohnehin schon felsenfestes Festhalten am Kameradschaftsmythos. Die unter den jungen Idealisten herrschende Verbundenheit grenzte fast ans Fantastische, Unglaubliche, und das war das Einzige, was für das Mädchen zählte.»Oh, Freundschaft! Groß ist deine Kraft!«, schrieb einer der Poeten der»Familie 193«.

Dass sich eine solche soziale Dynamik unter den Jugendlichen entwickelte, war allerdings eine zu erwartende Folge der Tatsache, dass die Mehrzahl von ihnen schon so früh ohne jegliche familiäre Unterstützung blieb und sie im Leben allein dastanden. Von einigen der jungen Idealisten sagten sich die Eltern nach der Verhaftungswelle los, wie beispielsweise der Vater des»Apostels des Terrors« Nikolaj Morosow. Einige, wie Sofja, hatten inzwischen keine Familie mehr, andere flohen vor familiären Missständen, indem sie alle Brücken hinter sich abbrachen. Die jungen Weltverbesserer waren also nur aufeinander angewiesen, und das Gefühl der Einsamkeit, des Verlassenseins schweißte sie so fest zusammen. Die aus geordneten Familienverhältnissen stammenden Propagandisten, wie Alexandra Kornilowa oder der»Hausmeister« Michailow, stellten seltene Ausnahmen dar.

Abgesehen von dem emotionalen Faktor, zweifelsohne ausschlaggebend für die Gewaltbereitschaft der russischen Jugendlichen, gibt es neben den schon erwähnten Theorien der russischen Exildenker, wie Bakunin oder Lawrow, noch einige weitere Aspekte, die zur Entstehung des russischen Terrorismus gleichermaßen beigetragen haben. Dabei führt die Spur nach Frankreich, zur Epoche der Französischen Revolution, denn sie»hat mindestens drei Mythen hinterlassen, die die revolutionären Lehren des 19. Jahrhunderts beeinflussen sollten und in die Überzeugungen der Anarchisten eingegangen sind. Erstens den Mythos der erfolgreichen Revolution; fortan war die gewaltsame Revolution möglich. Zweitens den Glaubenssatz, daß die nächste Revolution eine wahrhaft soziale sein und nicht nur eine herrschende Klasse durch eine andere ersetzen würde. ... Schließlich die These, daß die Revolution erst verwirklicht werden könne, wenn eine Verschwörung opferbereiter Revolutionäre die bestehende Gesellschaft unterminiert habe. ... Von jetzt an sollten Revolutionen gleichermaßen auf der Straße und in den Studierzimmern der Philosophen gemacht werden.«

Darüber hinaus werden terroristische Bewegungen gewöhnlich von Jugendlichen initiiert und praktiziert, nicht aus eigenem Interesse, sondern immer gegen den Status quo der bestehenden politischen Ordnung. »Politische Ziele sind jedoch nicht unbedingt altruistisch: Idealismus und Eigennutz können übereinstimmen, auch persönliche Ambitionen fehlen nicht. Terroristen sind von Ungeduld und einer Art Machismo ... angetrieben worden.«

Nicht zuletzt sollte man die Eitelkeit der jungen Idealisten nicht unterschätzen. Nicht allein Sofja, sondern allen Angehörigen der »Familie 193« schmeichelte es ungemein, dass die Augen des ganzen Imperiums auf sie gerichtet waren, dass sie einem der mächtigsten Herrscher Europas Paroli boten, während die Reformverfechter des Landes den »Aposteln einer glücklichen Zukunft« Beifall klatschten und sie dadurch weiter befeuerten.

7. KAPITEL
Im Strudel der Gewalt

Die Sprechstunden des Stadthauptmanns Fedor Trepow fanden täglich ab neun Uhr früh in seinem Amtssitz statt. So war es auch am 24. Januar 1878. Im Audienzraum wartete zusammen mit zehn anderen Bittstellern auch ein schlankes, bleiches Mädchen, bis auf das Gesicht in einen großen schwarzen Schal gewickelt. Nach einer Weile erschien der General, begleitet von seinem Gefolge, und ging auf die versammelten Leute zu. Die junge Frau, die als Erste in der Reihe stand, übergab Trepow ihre Bittschrift um die Ausstellung eines Führungszeugnisses. Als er sich zu ihrer Nachbarin drehte, zog sie einen Revolver hervor und gab einen Schuss auf den General ab. Einige Sekunden herrschte Totenstille. Das Mädchen warf die Pistole zur Erde, woraufhin es selbst von den Begleitern des Generals zu Boden geworfen wurde. Bei der Vernehmung erklärte die Bittstellerin, sie wollte die Demütigung ihres Kameraden Bogoljubow rächen, den Trepow neulich auspeitschen ließ. Der General überlebte den Anschlag leicht verletzt, die Kugel traf ihn in die linke Seite des Beckens.

Bald stellte sich heraus, dass es sich bei der Attentäterin um die sechsundzwanzig Jahre alte Wera Sassulitsch, die Tochter eines Kleinadeligen sowie exmatrikulierte Studentin der Odessaer Universität, handelte. Die Mitstreiterin der radikalen»Kijewer Rebellen« saß ebenfalls auf der Anklagebank im»Großen Prozess« und wurde freigelassen. Später sprach es sich herum, dass sie mit einer Freundin durch das Los bestimmt hatte, welche von den beiden den Mann ermorden sollte.

Da es dem Zaren darum ging, den Fall Sassulitsch möglichst schnell ad acta zu legen, eröffnete man die Verhandlung schon am 31. März, und der Prozess vor einem Geschworenengericht simulierte nach außen hin den Schein einer funktionierenden Rechtsprechung. Die Staatsanwaltschaft stritt der Straftat ihren eindeutig politischen Charakter ab und präsentierte sie der Öffentlichkeit als ein kriminelles Delikt.

Das Interesse an dem Prozess war enorm, und es geschah etwas, was keiner erwartet oder überhaupt für möglich gehalten hätte: Die Sassulitsch wurde freigesprochen. Ihren Freispruch verdankte sie vor allem dem Vorsitzenden Anatoli Koni. Der ehrgeizige Richter trachtete danach, ein Gerichtswesen im Zarenreich nach westeuropäischem Vorbild aufzubauen. In gleichem Maße trug auch der Verteidiger Petr Alexandrow zum Erfolg bei; er, »einer der glänzendsten Juristen Rußlands«, war ebenfalls an dem »Mammutprozess« beteiligt gewesen. Nicht zuletzt machten auch die Geschworenen keinen Hehl daraus, wem ihre Sympathien galten.

Unmittelbar nach der Urteilsverkündung ereignete sich ein zweites Wunder: Der General trat zurück. Da sich der reaktionäre Beamte keiner großen Beliebtheit erfreute – was das Urteil ohnehin unter Beweis stellte –, witterten seine Gegner in der Angelegenheit die einmalige Chance, ihn für immer loszuwerden. Die Presse nahm sein Vermögen unter die Lupe, brisante Enthüllungen kamen ans Tageslicht. Trepow, unter den Druck der Öffentlichkeit gesetzt, reichte seinen Rücktritt ein und setzte damit der Hetzkampagne ein Ende.

Sowohl das Urteil als auch die Amtsniederlegung des Stadthauptmanns wurden von den Propagandisten wie auch von den liberalen Reformbefürwortern frenetisch begrüßt.

Wenig Begeisterung dagegen verspürte man in den Regierungskreisen: »Die Kleinmütigen haben sich beeilt, dem Zaren den fatalen Rat zu geben, er solle sich mit der Amtsaufgabe Trepows einverstanden erklären. Gerade das hatte die Umstürzler in ihren Überzeugungen unvergleichlich mehr gestärkt als der Freispruch selbst. ... Der Imperator Alexander II. war ein gutmütiger, feinfühliger Mensch, sodass er sich durch die Ansichten und die Eindrücke von anderen leicht beeinflussen ließ«, behauptet der Zarendiplomat Fürst Wladimir Meschtscherski. »Dem Herrscher jedoch zum Ergreifen von härteren Maßnahmen nicht nur gegen die Rebellen, sondern genauso gegen die unzuverlässigen Beamten direkt zu raten, wagte niemand.«

Der Monarch befand sich also nach wie vor zwischen Hammer und

Amboss: Die Revolutionäre betrachteten seine Politik als brutal und repressiv, die Staatsmänner dagegen als nachgiebig und nicht energisch genug.

Wie auch immer, der zweite errungene Sieg ermutigte jedenfalls die Propagandisten so sehr, dass das Attentat der Wera Sassulitsch zu einem Vorbild wurde, ihre Kugel zu einem Fanal, das die erste Ära des Terrors in der Geschichte Russlands einläutete. Die Büchse der Pandora, um welche die Jugendlichen bis dahin zaghaft einen Bogen gemacht hatten, wurde nun geöffnet!

Doch vor dem spektakulären Freispruch erschienen schon im Februar in Kijew Plakate mit Todesurteilen und Kampferklärungen an die lokale Polizei. Den Drohungen folgten umgehend die Taten: Auf offener Straße feuerte der Aristokrat und Charmeur Walerian Ossinski einen Schuss auf den Vizestaatsanwalt Kotljarewski ab, als dieser von einem Theaterbesuch heimkehrte. Dank seinem dicken Pelzmantel wurde der Mann nur leicht verletzt, dem Attentäter gelang die Flucht. Kotljarewski war ein ganz unauffälliger Beamter, der sich gegenüber den Propagandisten in keinerlei Weise schuldig gemacht hatte. Sein Opfer wählte der »unverbesserliche Romantiker« ganz spontan, per Zufall aus. Der ruhmsüchtige Edelmann konnte der mittlerweile umjubelten Sassulitsch nicht verzeihen, dass sie nicht nur »sein« Attentat selbst verübt, sondern ihn obendrein noch ausgetrickst hatte: Die junge Frau war diejenige gewesen, die Ossinski Ende des vorigen Jahres überredet hatte, Petersburg zu verlassen, da seine Anwesenheit bei der Befreiung von den zwei »Zarenkommissaren« in Kijew unverzichtbar wäre. Zur Rechtfertigung des Anschlags setzte der Jüngling das Gerücht in Umlauf, Kotljarewski habe zwei Studentinnen sexuell genötigt.

Wieder in Kijew, etwa einen Monat nach Sassulitschs Prozess, im Mai, wieder auf offener Straße, erdolchte Grigori Popko, ebenfalls einer aus der Reihe der kampflustigen »Kijewer Rebellen«, den Gendarmerieoffizier Baron Heyking, der zwei Tage später an seinen Verletzungen starb. Auch diesmal konnte der Täter entkommen.

Einige Tage danach, in Petersburg, wurde nach dem Arrest Mark Natansons sein Denunziant, der Arbeiter Scharaschkin, getötet. Die Rolle des Racheengels übernahm Andrej Presnjakow, der ehemalige Student des Petersburger Pädagogischen Instituts, der sein Studium aufgab und sich im Rahmen des »Gangs ins Volk« als Schlosser betätigte. Der großwüchsige Blonde mit einem schnurdünnen rötlichen Schnauzbärtchen, besser bekannt als »Spionenschreck«, gelobte eine gnadenlose Ausrottung aller Verräter.

Im nächsten Monat, im Juni, versuchte Sofja mit ihren Leuten die Befreiung der inhaftierten Kameraden aus dem Charkower Zentralgefängnis. Seit sieben Monaten arbeitete die Gruppe an deren Organisierung, und alle notwendigen Vorbereitungsmaßnahmen waren schon getroffen: Sofja hatte das Tagesregime der Häftlinge ausgekundschaftet, der »Hausmeister« Michailow sowie der »Apostel des Terrors« Morosow die Stadtgegend. Verstärkung bekamen die beiden »Troglodyten« von einem weiteren namens Alexander Barannikow. Der kraftstrotzende Schönling, der eher einem Spanier als einem Russen ähnelte, war für seine Abenteuerlust berühmt und dafür, der Gefahr direkt in die Augen schauen zu wollen. Neben den erwähnten Petersburger Radikalen beteiligten sich an der Aktion ebenso der »Kijewer Rebell« Michail Frolenko sowie Alexander Kwjatkowski, eines der militantesten Mitglieder der »Familie 193«. Der Student des Technischen Instituts mit seinem bis zur Brust reichenden Vollbart machte immer einen schläfrigen Eindruck, weil er seine Augen immer halb geschlossen hielt.

In einem Vierspänner begaben sich die Männer zu einem Charkower Vorortbahnhof. Wie im Falle des Redners Myschkin plante man auch diesmal einen Überfall auf die begleitenden Gendarmen. »Am Kutscherplatz saß der ›Rebell‹ Frolenko, neben ihm der als Offizier verkleidete Barannikow, hinter ihnen Michailow, Kwjatkowski und ich mit einem Koffer voller Dolche, Revolver sowie einer größeren Menge Munition«, liest man in Morosows Memoiren. »Es regnete in Strömen, und wir waren pitschnass. Mehrere Stunden verstrichen, von unseren Kameraden aber keine Spur. Dann begriffen wir, dass etwas schiefgelaufen sein musste, und kehrten nach Charkow zurück.« Dort erfuhren die jungen Leute, dass die Polizei sie abermals überlistete, indem sie vier von fünf Gefangenen mit Fuhrwerken transportierte.

Im Gefängnis befand sich lediglich der zu einer zehnjährigen Zwangsarbeit verurteilte Porfiri Wojnaralski, der mutige Protestler, den Sofja

seit dem »Mammutprozess« kannte. So bestand noch die letzte Hoffnung, zumindest den »Tschaikowzen«-Veteranen sowie einen der Initiatoren des »Gangs ins Volk« freizubekommen. Die gleiche Gruppe über-
fiel die Gefängniskutsche während der Fahrt zum Bahnhof. »Als vor
unseren Augen der Dreispänner erschien, fuhren wir ihm hinterher«,
so Morosow weiter. »Nachdem wir den Wagen überholt hatten, hielten
wir an. Der ›Offizier‹ Barannikow stellte sich in die Fahrbahnmitte und
befahl den Gendarmen, stehen zu bleiben: ›Wo fahrt ihr hin?‹ ›Nach
Nowoborisoglebsk‹, antwortete einer salutierend. In diesem Augenblick
schoss Frolenko auf ihn und verfehlte. ›Was soll das? Was geht da vor
sich?‹, schrie der gegenüber von Wojnaralski sitzende Gendarm in Panik. Ich zog die Pistole, drückte ab, und er sackte zusammen.

Die durch die Schüsse erschreckten Pferde legten los, als wären sie
vom Teufel geritten. Vollkommen verwirrt, wie gelähmt, standen wir da.
Einige Sekunden später sprangen wir in unseren Wagen und nahmen
die Verfolgung auf. Frolenko, der es nicht schaffte einzusteigen, rannte
zu Fuß hinter uns her, ballerte noch zwei Schüsse ab, jedoch vergeblich.
Als wir die Kutsche einholten, feuerte Kwjatkowski sechs Kugeln auf die
Tiere ab, diese, lediglich verwundet, nicht tödlich getroffen, begannen
noch wilder zu galoppieren. Die Leute auf der Straße wichen verängstigt
zur Seite, die an die Sensen angelehnten Schnitter schauten erstaunt der
Hetzjagd zu. Die ganze Zeit hofften wir, Wojnaralski würde heraus-
springen, aber er tat es nicht. Wie wir später in Erfahrung brachten, war
es ihm auch nicht möglich, da man seine Fußfesseln an den Boden fest-
genagelt hatte. Wir sahen bald ein, dass es sinnlos war, der Kalesche
nachzufahren, weil wir uns kurz vor einer Ortschaft befanden, so gaben
wir den Plan auf.«

Obwohl die fünf alles taten, was in ihrer Macht stand, war die zielstrebige Sofja sehr wütend. Sie stürzte sich mit harten Vorwürfen auf die
Freunde, wiederholte ständig dabei, das Misslingen sei eine Schande
und bringe die ganze Revolution in Verruf. Auch von den Erklärungs-
versuchen der Männer wollte die junge Frau nichts hören. Sie konnte
ihnen schlicht und einfach nicht verzeihen, dass sie nicht besser gezielt
und bei der Verfolgung nicht mehr Ausdauer gezeigt hätten, weil sie sich
durch »eine extreme Strenge auszeichnete, sodass sie imstande war, we-

gen eines belanglosen Fehlers den Menschen auf Selbstmordgedanken zu bringen«.

Natürlich versuchten alle in großer Eile, die Stadt zu verlassen. Sofja, wie immer voller Mut und Kühnheit, als wollte sie damit das Schicksal herausfordern, blieb in Charkow zurück.

Als Michailow und seine »Troglodyten« in Petersburg eintrafen, erfuhren sie aus der Presse, dass der verwundete Gendarm gestorben sei und zwei seiner Pferde krepiert. Gleichzeitig lasen sie die Berichte über den Hungerstreik der in der »Petropawlowka« sitzenden Sibirienkandidaten. Die Revolte kam zustande aus Solidarität mit dem im Mai letzten Jahres festgenommenen Mark Natanson sowie einigen weiteren »Land und Freiheit«-Mitgliedern, die schon dreizehn Monate auf den Prozess warteten.

Natanson und die Gruppe hatten die rigorosen, für die Häftlinge in Untersuchungshaft geltenden Regeln satt und beanspruchten für sich die Privilegien der schon verurteilten Kameraden. Sie informierten die Gefängnisleitung darüber, doch diese wies ihre Forderungen entschieden zurück. Dann verlangten sie die Verlegung in das Gebäude des Untersuchungsgefängnisses, wo sie zumindest nicht das Gefühl hätten, lebendig begraben zu sein, andernfalls drohten sie mit einem Hungerstreik, den sie nach einer erneuten Absage auch anfingen. »Um sie zu unterstützen, begannen wir ebenfalls die Nahrung zu verweigern«, berichtet der zu neun Jahren Zwangsarbeit verurteilte Sibirienkandidat Sergej Sinegub. »Die Entscheidung begründeten wir damit, dass es uns nicht möglich sei zu essen, während unsere Mitstreiter hungerten. Sobald sie mit dem Boykott aufhören würden, würden wir ihnen folgen.

Unsere Familienangehörigen und Freunde machten sich große Sorgen um uns. Mütter, Väter, Schwestern, Brüder belagerten tagaus, tagein die Dritte Abteilung. Sie flehten den Gendarmenchef Nikolaj Mesenzew an, er möchte uns zur Vernunft bringen, uns nicht verhungern lassen. ...

Drei Tage haben wir nichts gegessen und ausschließlich Leitungswasser zu uns genommen. Ich band mir mein Halstuch um den Bauch, lag auf dem Bett und reduzierte die Bewegung auf ein Minimum. Im Nachhinein scheint es mir, dass ich genau das Richtige tat, weil ich keinen Hunger mehr verspürte.

Obwohl Mesenzew einigen besorgten Eltern verkündete, er habe für ihre Kinder schon Särge bestellen lassen, schickte er am vierten Tag seinen Adjutanten, den Generalmajor Batschmanow, der die Ursache für unseren Hungerstreik ergründen sollte. Der Gefängnisleiter brachte ihn ausgerechnet zu mir.«

Nach dem Gespräch mit Sinegub versicherte der Generalmajor, man werde die Forderungen der Gruppe um Natanson erfüllen.

»Als Batschmanow weg war, klopfte ich Hals über Kopf einige Kameraden an und berichtete über den Besuch sowie die Versprechen. Zugleich bat ich sie, die Streikenden umgehend darüber in Kenntnis zu setzen.

Gespannt lauschten wir jedem Ton draußen, so hörten wir plötzlich Schritte im Flur, rastende Schlösser sowie Kutschenräder, wie sie auf dem Kopfsteinpflaster ratterten. Wir wollten uns trotzdem vergewissern, dass es sich hier wirklich um unsere Kameraden handelte, so klopften wir sie an, aber aus ihren Kammern kamen keine Antworten zurück. Sie befanden sich also nicht mehr da. So verbuchten wir noch einen Sieg!«

Die Freude der jungen Revolutionäre währte jedoch nicht lange. Schon nach einer Weile sprach sich herum, die Inhaftierten seien lediglich in einen anderen Trakt der »Petropawlowka« gebracht worden und hätten dort den Hungerstreik fortgesetzt.

Für den Betrug musste der Gendarmeriechef Nikolaj Mesenzew büßen. Dass sich die Wut der Revolutionäre vor allem gegen die Beamten der Dritten Abteilung richtete, ist durch den Sonderstatus dieser Institution zu erklären: »Seit der Ära Nikolajs I. fungierte das ›Haus an der Kettenbrücke‹ als ein Staat im Staat, … wobei der Gendarmeriechef mehr Furcht erregte als der Imperator selbst. … Zur Herrschaftszeit Alexanders II. war die Dritte Abteilung allmächtig. Verhaftungen ohne jegliche rechtliche Grundlage erfolgten willkürlich, die Länge von Gefängnis- oder Verbannungsstrafen wurde nach dem persönlichen Ermessen eines beliebigen Generals oder Obersts bestimmt. Die Unterschrift des Innenministers stellte dabei eine reine Formalität dar, weil die Arbeit der Gendarmerie keiner Kontrolle unterzogen wurde.«

»Morgen wird Mesenzew umgebracht!«, verkündete sofort der zweite »Tschaikowzen«-Liebling Sergej Krawtschinski. Der einstige glühende

Propagandist, ja einer der Ersten, die »ins Volk« gingen, entpuppte sich als einer der radikalsten Terrorbefürworter. Sein Vorhaben stieß auf heftige Kritik und Ablehnung.

Sergej Sinegub, nach wie vor ein eingefleischter Gewaltgegner, führte Krawtschinski in einer Petition seine Gegenargumente auf und verlangte von ihm gleichzeitig, den Mordplan umgehend zu verwerfen. Das Schreiben unterzeichneten auch viele andere Mitkämpfer, unter ihnen auch Sofja, die sich nach der misslungenen Befreiungsaktion des »Veteranen« Porfiri Wojnaralski weiterhin in Charkow aufhielt: »Nachdem sie meinen Brief gelesen hatte, ließ mir Sonja Perowskaja ausrichten, sie unterschreibe ihn, und zwar mit beiden Händen. ... Soweit ich weiß, teilte sie damals, im Jahre 1878, immer noch meine Ansicht bezüglich des Terrors.«

Doch der ehemalige Artillerieoffizier und jetzige Forstwirtschaftsstudent Krawtschinski blieb bei seiner Absicht, dies besonders nach den zwei darauf folgenden Ereignissen. Am 24. Juli fand eine Demonstration in Odessa statt, wobei die Polizei einen Arbeiter erschoss. Vier Tage später wurde der »Kijewer Rebell« Iwan Kowalski von der Kugel eines Gendarmen tödlich getroffen, als er bei seiner Festnahme bewaffneten Widerstand leistete. Damit war der Tod Mesenzews definitiv besiegelt.

Zusammen mit dem »Hausmeister« Michailow beauftragte Krawtschinski ein paar Leute, den General zu beschatten. Nach kurzer Zeit fand die Observierungsgruppe heraus, dass Mesenzew jeden Morgen zur gleichen Uhrzeit in Begleitung seines Adjutanten in die benachbarte Kapelle beten ging. Am 4. August 1878 gegen neun Uhr früh, an der Ecke zwischen dem Michailow-Platz und der Italienischen Straße, stellte sich Krawtschinski vor den Gendarmeriechef, stieß ihm wortlos den Dolch in den Bauch und drehte diesen vorsichtshalber noch einmal herum. Mesenzews Adjutant, der keine Waffe bei sich trug, schlug mit seinem Regenschirm auf den Attentäter ein und versuchte, ihn festzuhalten, jedoch erfolglos. Just in diesem Moment erschien der »Troglodyt« Alexander Barannikow in einer Kutsche und beschoss Mesenzews Begleiter. Dieser ließ von Krawtschinski ab, woraufhin der Angreifer in den Wagen sprang, und die beiden verschwanden aus dem Blickfeld der entsetzten Passanten. Ein paar Stunden später erlag Mesenzew seinen Verletzungen. Die Terrorgegner innerhalb der Partei warfen Krawtschinski vor, es sei nicht besonders ritterlich, einen wesentlich älteren und dazu noch unbewaffneten Mann zu erdolchen. Er habe, konterte der Jüngling, den General nicht hinterrücks, sondern frontal angegriffen und ihm dabei in die Augen geschaut!

Schon an demselben Tag wandte er sich mit dem Pamphlet *Smert dlja smert (Tod für Tod)* an die Regierung: »Ihr könnt uns nicht leicht erschrecken. ... Merkt euch gut, wir besitzen noch grausamere Methoden als diese, die ihr bereits kennen gelernt habt. Da sie aber so grausam sind, verzichteten wir bis jetzt darauf. Zwingt uns also nicht zum Äußersten und denkt immer daran, wir drohen nie umsonst.«

Der Schock und die Empörung der Staatsmänner saß natürlich tief: »Es wurde allen klar, wenn der Gendarmenchef ermordet werden konnte, und zwar im Herzen der Stadt während eines Spaziergangs, dass das nur eines heißt: Niemand in der Geheimpolizei hatte die leiseste Ahnung von den Anschlagsplänen der Untergrundkämpfer. Wenn obendrein der Täter nach dem Verbrechen sogar noch so einfach abtauchte, dann bedeutet dies nur eins: Die Polizei verfügte über keinerlei Maßnahmen, die sie den Umstürzlern wirksam entgegenzusetzen vermochte. Darüber hinaus gab es innerhalb der Regierung gravierende Meinungsverschiedenheiten im Hinblick auf die effektive Terrorbekämpfung, weswegen jeder der Vorschläge schon im Vorfeld scheiterte. Es stimmt nicht, dass die Verschwörer so mächtig waren. Die Wahrheit ist, der Staatsapparat mit dem Imperator an der Spitze war dermaßen machtlos«, schreibt der Zarendiplomat Fürst Meschtscherski.

Noch eine weitere schwerwiegende Ursache übte eine genauso lähmende Wirkung auf eine effiziente Terrorbekämpfung aus. Die Sicherheitsbehörde im Russischen Reich bestand nämlich aus dem Gendarmenkorps sowie der Polizei des Innenministeriums, aus zwei parallel existierenden und voneinander unabhängigen, nicht selten miteinander konkurrierenden Institutionen, was den Informationsaustausch erheblich erschwerte und die Zusammenarbeit ins Stocken brachte.

Der Zar »empfand Mesenzews Ermordung wie einen Angriff auf seine eigene Person«. In diesem Falle ging es nicht nur um einen seiner Beamten, sondern vielmehr um einen Freund. Der Gendarmenchef

stand dem Imperator sehr nahe und genoss dessen großes Vertrauen.
Der zornige Monarch schlug mit gleicher Härte zurück: Umgehend be-
rief er die Sitzung des Ministerkabinetts ein, und dieses verabschiedete
ein Dekret, nach dem jeder Gendarm oder Polizist die Befugnis bekam,
Arreste, Durchsuchungen und Vernehmungen ohne richterliche Genehmigung durchzuführen. Des Weiteren oblag zukünftig ausschließlich dem Militärgericht das Recht zur Verhandlung von Delikten mit
politischem Hintergrund. Einen »Politischen« durfte man im Laufe von
vierundzwanzig Stunden verhaften, verurteilen und hinrichten.

Im *Prawitelstwennyj westnik (Der Regierungsbote)* erschien ein Artikel,
in dem Alexander II. in seinem eigenen sowie im Namen der Regierung
das Volk und vor allem die Jugendlichen um Unterstützung im Kampf
gegen den Terror bat. Aber »die Nation antwortete auf den Appell mit
Gleichgültigkeit«.

Etwa zwei Wochen nach der Mordtat traf Sofja in Petersburg ein. Unterkunft fand sie in der Wohnung der Malerin Alexandra Malinowskaja,
dem konspirativen Zentrum der »Land und Freiheit«. Zusammen mit
der Künstlerin wohnte dort auch Olga Ljubatowitsch, die sich seit einigen Tagen auf der Flucht befand. »Die burschikose junge Frau mit
rundlichem Gesicht, unglaublich blauen Augen und dem dunklen
Teint« war bereits aus dem sibirischen Gefängnis ausgebrochen. Sie gehörte den sogenannten »Moskauer Amazonen«, einer Kommune der
jungen Dorfagitatorinnen, an. Im »Prozess der fünfzig«, zwei Jahre davor, hatte man sie zu Zwangsarbeit verurteilt. Die erste Begegnung mit
Sofja schildert die »Amazone« Ljubatowitsch in ihren Memoiren: »Etwa
gegen die Mittagszeit tauchte plötzlich ein ganz bescheiden gekleidetes
Mädchen auf. Sein winziges rundes Antlitz mit einer auffallend hohen
Stirn, wie die eines Kindes, hob sich von dem schlichten schwarzen
Kleid mit einem großen abnehmbaren weißen Kragen ab. Es strahlte
Jugend und Leben aus. Die junge Frau stellte sich vor und ließ sich ins
Gespräch mit mir ein, als hätten wir uns schon ewig gekannt. Das war
Sofja Perowskaja. Damals 1878, als ich sie kennen lernte, war sie eine lei-
denschaftliche Verfechterin der Dorfpropaganda. Sie war über etwas
äußerst aufgeregt und keuchte ununterbrochen. Dabei konnte man
nicht übersehen, dass sie sich unterwegs sehr beeilt hatte. Wir umring-

ten sie, und die Perowskaja erzählte, wie sie in der letzten Nacht den Gendarmen entflohen war.«

Nach der fehlgeschlagenen Befreiung Wojnaralskis hielt es die verzweifelte Sofja, die sich mit Misserfolgen allzu schwer abzufinden vermochte, in Charkow nicht länger aus und fuhr zur Mutter auf die Krim. »Aber kaum war Sonja da, erschien schon am kommenden Tag der Polizeihauptmann bei uns und nahm sie aufs Präsidium mit«, berichtet Wassili Perowski. »Dort verkündete ihr der Kapitän Hangardt, er habe eine Anordnung bekommen, sie auf dem ›administrativen Wege‹ und in Begleitung von zwei Gendarmen nach Powenez, ins Gouvernement Olonez zu deportieren.«

Sofjas Verbannung stellte keinen Einzelfall dar. Sie kam als Reaktion der Regierung auf die Gewalttaten der Revolutionäre nach dem »Mammutprozess«: Von neunzig Freigesprochenen verurteilte man nachträglich achtzig zur Zwangsaussiedlung, unter ihnen auch Sofja.

»Ungewollt zitterte ich am ganzen Leib, während Sonja uns ihre Flucht schilderte«, so die »Amazone« weiter. »Unterwegs zum Verbannungsort sollten die drei im Städtchen Nowgorod in einem dafür vorgesehenen Zimmer im lokalen Bahnhof übernachten. Sie legte sich sofort hin, drehte sich zur Wand und tat so, als würde sie schlafen. Die Gendarmen schliefen ebenfalls bald ein, dennoch zuckten sie bei jedem Geräusch und schauten nach ihr. Nach einer Weile hörte Sonja das gleichmäßige Atmen der Männer. Nachdem sie sich vergewissert hatte, dass ihr von den beiden keine Gefahr mehr drohte, stand sie auf, nahm die Schuhe in die Hand, und geräuschlos wie ein Schatten schlich sie sich hinaus. Unbemerkt lief sie zum Bahnsteig, von dort rannte sie über den Bürgersteig zu einem Gebüsch, wo sie dann versteckt eine ganze Stunde auf den nächsten Zug warten musste. Ach, was für eine Stunde, ihr kam jede Minute einem Jahr gleich: Das leiseste Geraschel, das Bellen der Hunde, das Rauschen der Blätter, alles ließ Sonja erschaudern. Endlich sah sie die so sehnsüchtig erwartete Bahn: Sie war gerettet! Jetzt, von ihren Freunden umringt, vergaß sie alles Schlimme und atmete endlich auf, froh und frei.«

Unter Sofjas Zuhörern befand sich ebenfalls ihre Freundin aus der Zeit der Alartschinski-Kurse, die im »Großen Prozess« freigesprochene

Sofja Leschern von Herzfeldt, sowie der bereits aus Kijew angereiste Walerian Ossinski. Die beiden unterhielten seit kurzem eine Liebesbeziehung. Der »Apollo der russischen Revolution« war zwar verheiratet, stürzte sich aber dennoch in unzählige Affären. Der attraktive Don Juan machte auf Sofja keinen Eindruck. Solche Typen wie Ossinski konnte sie nicht ausstehen. Sie war imstande, »Männern alles zu verzeihen, alles, bis auf eine Sache, wobei sie erbarmungslos blieb: ›Schürzenjäger!‹, flippte Sonja aus, als wir einmal über jemanden redeten. Die Art und Weise, wie sie dieses Wort sagte, ohne ihre momentane Beschäftigung zu unterbrechen, hat sich für immer in mein Bewusstsein eingebrannt«, behauptet Petr Kropotkin.

»Die Nachricht von Sofjas Flucht verbreitete sich rasch unter unseren Kameraden, so dauerte es nicht lange, bis Sergej Krawtschinski in Malinowskajas Wohnung eintraf«, fährt die »Amazone« Ljubatowitsch fort. »Es fiel sofort auf, dass er diese Kindfrau außergewöhnlich schätzte, ja anbetete. ›Das ist eine bemerkenswerte Frau, die vom Schicksal bestimmt ist, etwas Großes zu vollbringen‹, sagte mir Krawtschinski später. Er las Sofja den Bericht eines Häftlings aus dem Charkower Zentralgefängnis mit dem Titel *Sa schiwo pogrebennyje (Lebendig begraben)* vor. Ihr Gesicht, das noch vor ein paar Minuten so fröhlich strahlte, verdüsterte sich plötzlich … Krawtschinski erinnerte Sonja daran, dass das Leiden der Kameraden nicht ungestraft geblieben sei, dass Mesenzew dafür schon bezahlt habe, aber sie war untröstlich. Ungeachtet unserer Bitten, nichts zu überstürzen, wollte sie schon am gleichen Tag nach Charkow verreisen und dort die Befreiungsaktion aller Gefangenen starten.« »Denn das, was sich Sofja einmal in den Kopf gesetzt hatte, konnte man nicht mal mit einem Skalpell herauskratzen«.

Von der sofortigen Reise hielt das Mädchen jedoch der Wunsch ab, der »Land und Freiheit« aus ihrer seit Natansons Arrest andauernden Krise herauszuhelfen. Das Fehlen der beeindruckenden Figur ihres Anführers schlug sich vor allem in einem gravierenden Personalmangel nieder. Obwohl sie der Partei offiziell nicht angehörte, setzte die junge Frau ihren Einfluss ein, bemühte sich fieberhaft, wenigstens die »Aussteiger« zur Rückkehr zu überreden. Einer von denen war auch ihr »Verlobter« Lew Tichomirow. Vor geraumer Zeit sagte er sich von jeglicher politischen Aktivität los und ruhte sich im Süden Russlands aus. Doch auf Sofjas Drängen kehrte das »Vetterchen« nach Petersburg zurück und trat die Redakteursstelle in der Zeitungsredaktion an.

Nun stand Sofjas Fahrt nach Charkow nichts mehr im Wege. Zum Abschied wollte Krawtschinski seiner Freundin etwas Besonderes schenken, als hätte er geahnt, dass sie sich nie mehr sehen würden: Im November des gleichen Jahres setzte sich Sofjas engster Vertrauter nach England ab und kam nicht mehr nach Russland zurück. »Krawtschinski reservierte eine Loge in der Oper und lud uns alle ein«, so Olga Ljubatowitsch. »Normalerweise machten die Revolutionäre aus Sicherheitsgründen keine Theaterbesuche, aber er fand schon immer viel Spaß daran, mit dem Feuer zu spielen. In diesem Moment blendeten wir einfach den Gedanken aus, dass die Polizei nach uns fahndete, weil der Parteikern von den Arresten immerhin verschont blieb, so folgten wir leichtfertig Krawtschinskis Abenteuer. Vorsichtshalber gingen wir in kleinen Gruppen hin. Jetzt saßen wir zu elft da, unter anderem: Alexander Michailow, Nikolaj Morosow, Sergej Krawtschinski, Sofja Perowskaja, Alexander Barannikow und Olga Natanson. In den Bann der Musik gezogen, verbrachten wir dort den ganzen Abend, genossen das Gefühl der Gefahr, das in der Jugend eine so unbeschreibliche Schönheit besitzt. In den Pausen scherzten wir, lachten darüber, was die Regierung für eine so einmalige Gelegenheit geben würde, das ganze ›Verbrechernest‹ auf einen Schlag auszuheben. Dieser Ort war aber der letzte, wo sie uns vermutete. Den Fakt, dass über unseren Köpfen das Damoklesschwert hing, verdrängten wir einfach aus dem Bewusstsein.«

Im September verließ Sofja Petersburg und schrammte gerade noch an einer Verhaftung vorbei: Kurz nach ihrer Abreise flog die konspirative Wohnung der Alexandra Malinowskaja auf, in der das Mädchen die ganze Zeit wohnte. Seit dem Mord an Mesenzew begriffen die Staatsmänner, dass sie es nicht mehr, wie sie bis dahin glaubten, mit einer Kindermeute zu tun hätten, die durch drakonische Strafen einzuschüchtern sei, sondern mit Terroristen. Die Dritte Abteilung verschärfte die Kontrollen und Durchsuchungen, und so erfuhr sie bald von der Wohnung der Malerin und stellte sie vorerst lediglich unter Beobachtung. Die jungen Leute führten sofort eine »Quarantäne« ein, was in ihrem Jargon hieß, dieser Treffpunkt werde auf Weiteres gemieden. Da sich aber nach einer Weile kein Polizist blicken ließ, dachten sie, sie hätten sich alles nur eingebildet. Nachdem sie erleichtert aufgeatmet hatten, klopften doch die Gendarmen an Malinowskajas Tür. Zu diesem Zeitpunkt war die Künstlerin allein mit einer nach Sofja angekommenen Mitbewohnerin. Die Malerin, die sich um Fälschungen von Pässen kümmerte, fing sofort mit der Beseitigung des kompromittierenden Materials an. Um ihr Zeit dafür zu geben, schoss das andere Mädchen auf die ungebetenen Gäste, dennoch wurden die beiden schnell überwältigt und verhaftet.

In der Wohnung legte man eine Falle, indem einige Gendarmen in Erwartung der ahnungslosen Besucher zurückblieben. Es war ihre beliebte und reichlich benutzte Taktik, sie war aber den Revolutionären schon längst bekannt. Um sich davor zu schützen, stand immer ein Damenschirm im Fenster. Gab es ihn nicht, bedeutete dies:»Vorsicht, Hinterhalt!« Dank der Observierung wusste die Polizei schon Bescheid: Schafften es die jungen Leute, den Schirm aus dem Fenster zu entfernen, stellten ihn die Gendarmen auf seinen vorigen Platz zurück und warteten. So war es auch diesmal:»Land und Freiheit« verlor auf Anhieb sieben Mitglieder, unter ihnen auch ihren großen Helfer Dr. Orest Wejmer.

Als die schlimme Nachricht Sofja in Charkow erreichte, beschäftigte sie sich bereits mit der Organisierung einer Gruppe, welche die Befreiung aller Häftlinge aus dem Zentralgefängnis bewerkstelligen sollte. Wie sie auf die überraschende Meldung reagierte, schildert eine gute Bekannte der jungen Frau:»Es ist schwer zu beschreiben, wie sehr Sonja darunter litt. Als ein extrem verschlossener Mensch zeigte sie so gut wie nie, wie ihr zumute war, sondern mimte Ruhe und Gefasstheit. Dafür aber brach nachts, als sie glaubte, ich würde schlafen und es gebe keine Zeugen, die Trauer aus ihr heraus. Ich erinnere mich immer noch sehr gut daran, wie die Perowskaja die drei ersten Nächte danach verbrachte. Was für Nächte! … Ich musste mir die größte Mühe geben, so zu tun, als würde ich nichts mitbekommen, und mein Herz blutete, während ich ihr Schluchzen hörte.

Von ihrem Befreiungsplan wusste ich damals noch nichts. Deshalb dachte ich mir, sie traure um ihre Freunde so bitter. Im Nachhinein habe ich verstanden, dass mit dem Arrest auch die Verwirklichung ihres Unterfangens in weite Ferne rückte. Sich davon zu trennen war für sie unvorstellbar.« Kaum hatte Sofja die erste Hiobsbotschaft verkraftet, als am 24. Januar 1879 die nächste kam: In Kijew wurden Walerian Ossinski und seine Geliebte Sofja Leschern von Herzfeldt zusammen mit noch ein paar weiteren »Rebellen« festgenommen, wobei Ossinski bewaffneten Widerstand leistete. Die beiden landeten vor dem Militärgericht, das nach dem Dekret vom August letzten Jahres nun für alle politischen Delikte zuständig war. Im Mai verurteilte man Ossinski zum Tode und richtete ihn unmittelbar nach der Urteilsverkündung hin, während die Polizei mit Sofjas Freundin ein perfides Spiel veranstaltete, indem sie das Mädchen zum Galgen brachte, ihm die Schlinge um den Hals legte und daraufhin mitteilte, das Todesurteil werde in lebenslängliche Haft abgemildert.

Obwohl sie der Verlust hart traf, ließ sich Sofja dadurch nicht beeinflussen, der Kummer spornte sie sogar an, und sie machte noch verbissener weiter, da ihrer Person sowohl »eine enorme Fähigkeit der Selbstbeherrschung als auch eine für eine Frau vollkommen untypische Kraft« innewohnte. Es war natürlich nicht einfach, genug zuverlässige, mutige und vor allem willige Leute zu finden. Auf der Suche nach den passenden Personen schrieb sie sich – dank Vorlage eines gefälschten Passes – bei den Kursen für Hebammen ein und knüpfte bald Kontakte mit ihren neuen Kommilitoninnen. Zugleich observierte das Mädchen täglich das Gefängnis, setzte sich in Verbindung mit den Inhaftierten und versorgte sie mithilfe der bestochenen Wächter mit Lebensmitteln, Büchern und Kleidungsstücken.

Wie sehr sie in ihrem tiefsten Inneren von dem Gelingen der Befreiung überzeugt war, zeigt die Episode des Wiedersehens mit Jelisaweta Kowalskaja, die sich von Sofja am Bett des an Tuberkulose sterbenden Kameraden neulich verabschiedet hatte und sich zurzeit zu Hause in Charkow aufhielt:»Eines Abends besuchte mich die Perowskaja und fragte direkt:

›Ist es wahr, dass du einen Bauernhof im Belogoroder Landkreis hast?‹

›Ja, das stimmt.‹

›Wir planen eine Befreiungsaktion unserer Kameraden aus dem Zentralgefängnis. Könnten sie sich dort eine Weile verstecken?‹

›Selbstverständlich.‹

Ich erklärte ihr, wo sich das Anwesen befinde, dann stellte sie aber fest, wegen ungünstiger Lage eigne es sich nicht als Unterschlupf. …

Meine Mutter, die sonst an allen meinen Freunden etwas auszusetzen hatte, kam diesmal zu mir mit einem Lächeln: ›Das ist die erste deiner Freundinnen, die mir gefällt. So ein klares, liebes Gesicht. Man muss es sofort ins Herz schließen.‹«

Allen Bemühungen zum Trotz bewegte sich Sofjas Unternehmen nicht einen einzigen Schritt vorwärts. Die Parteizentrale verweigerte ihr die weitere Unterstützung, da diese schon von Anfang an ihren Plänen skeptisch gegenüberstand, nach den letzten Personalverlusten sogar noch skeptischer. Aber Sofja ließ sich nach wie vor nicht entmutigen. Im Gegenteil setzte sie alle ihre Kräfte ein und baute einen revolutionären Zirkel auf, dem sich bald einige herausragende Revolutionäre anschlossen. Einer von ihnen war Grigori Goldenberg, der Sohn eines jüdischen Kleinhändlers, ein glühender Terrorbefürworter. Als dieser baumlange Bursche, dünn wie ein Hering, Sofja begegnete, hatte er als Mitglied der »Kijewer Rebellen« schon einige Untergrunderfahrungen sammeln können. Vor einem Jahr war der 22-Jährige verhaftet und nach Sibirien verbannt worden, kurze Zeit danach flüchtete er aus dem Arbeitslager. Er verliebte sich auf den ersten Blick in Sofja, betete sie an, aber Goldenbergs Aufschneiderei ging dem Mädchen offensichtlich auf die Nerven.

Vielleicht wollte Goldenberg, der sich durch »halsbrecherischen Mut auszeichnete«, Sofja imponieren, als er noch im gleichen Jahr den Entschluss fasste, den Charkower Generalgouverneur, den Fürsten Dmitri Kropotkin, einen Cousin von Petr Kropotkin, zu töten. Dazu veranlasste ihn ein in der Stadt kursierendes Gerücht, im Zentralgefängnis würden einige gefangene Studenten durch körperliche Züchtigung bestraft. Am 9. Februar legte sich der junge Mann in einem Park, ein paar hundert Meter von dem Wohnhaus Kropotkins, auf die Lauer. Als die Kutsche des Gouverneurs erschien, worin dieser mit Frau und Tochter saß, rannte Goldenberg auf sie zu und feuerte durch das Fenster mehrere Schüsse ab. Einige Stunden später erlag der Fürst seinen Verletzungen.

Durch den Erfolg ermutigt, verreiste Goldenberg daraufhin nach Petersburg, wo er dem »Hausmeister« Michailow verkündete, er wolle nun den Zaren ermorden. Aber der »Troglodyten«-Anführer bat den hastigen Verschwörer um ein wenig Geduld, denn er organisierte bereits das Attentat auf den Nachfolger Mesenzews, den Baron Alexander Drentel, übrigens ein Regimentskamerad des Grafen Perowski und einer seiner engsten Freunde. Der neue Gendarmeriechef brüstete sich mit einem von ihm persönlich entworfenen umfangreichen Maßnahmenprogramm zur »Säuberung« der Hauptstadt von den Umstürzlern.

Am 13. März ritt Leon Mirski, ein »Land und Freiheit«-Mitglied, an der Equipage Drentels vorbei und gab dabei einen Schuss ab, wobei er den Baron nur leicht verletzte. Obwohl sich das durch den Knall erschreckte Pferd aufbäumte und den Reiter abwarf, gelang diesem die Flucht. Nach seinem etwa vier Monate später erfolgten Arrest führte der bebrillte Medizinstudent mit einem spärlichen Vollbart als Tatmotiv den Wunsch an, die Gunst seiner Freundin zurückzuerobern, die nach der Ermordung Mesenzews Krawtschinski als idealen Revolutionär anhimmelte. Anlässlich dieses Vorfalls notierte Alexander II. kurz in seinem Tagebuch: »Er handelte unter dem Einfluss von Weibern und Literaten«. Mit Rücksicht auf seine Jugend – der Adelige war damals zwanzig – hatte das Gericht die Todesstrafe in lebenslängliche Freiheitsstrafe umgewandelt.

Goldenberg, mit seinem Attentatswunsch auf später vertröstet, fuhr nach Charkow zurück, wo er die Arbeit in Sofjas Zirkel wieder aufnahm. Die junge Frau gewann inzwischen noch einen beachtenswerten Mann für ihre Gruppe: den »Volkstümler« Andrej Scheljabow. Die beiden begegneten einander schon während des »Mammutprozesses«, doch damals machte der junge Mann auf Sofja keinen besonderen Eindruck, ja sie nahm ihn so gut wie überhaupt nicht wahr. Der Provinzler aus dem Süden Russlands befand sich zwar in der Reihe der »Protestler«, blieb jedoch nur eine marginale Erscheinung, trat also aus dem Schatten Myschkins nicht heraus. Sofja aber interessierte sich ausschließlich für herausragende Persönlichkeiten, nicht für Randfiguren.

Als sich ihre Wege in Charkow abermals kreuzten, stieß das Mädchen diesmal auf einen souveränen, überzeugten Revolutionär, von dessen

Sorte es nicht viele gab:»Allein durch sein Äußeres hob er sich von anderen ab, schon bei dem ersten Blick lenkte er die Aufmerksamkeit auf sich.« Nicht nur das, dieser Bauer sprach mit ihr – Sofja! – sogar auf Augenhöhe und ließ sich durch ihre aristokratische Herkunft nicht im Geringsten beeindrucken.

Obendrein musste Scheljabows Biografie auf die junge Frau schier exotisch wirken, wenn man die Tatsache berücksichtigt, dass der revolutionäre Kreis beinahe ausschließlich aus den wohlbetuchten adeligen Sprösslingen mit einer mehr oder weniger identischen Laufbahn bestand. Mit dem mittelgroßen, stämmigen Kerl mit dunkler, kräftiger Mähne und ebensolchem Vollbart erlebte Sofja die erste Ausnahme. Er erblickte 1850, elf Jahre vor der Abschaffung des feudalen Systems, in einer Familie der Leibeigenen das Licht der Welt. Die Devise»Als Knecht geboren, als Knecht gestorben« sollte auch sein Schicksal sein, aber bei ihm kam alles anders. Sein Großvater mütterlicherseits, Gawrilla Frolow, ebenfalls ein Fronpflichtiger, legte großen Wert auf gute Ausbildung, und so brachte er seinem Enkel Lesen und Schreiben bei. Die überdurchschnittliche Lernfähigkeit des Kindes erkannte der Grundherr der Scheljabows, Nelidow, und ermöglichte dem Jungen weitere Bildung. Als zweitbester Schüler absolvierte dieser das Gymnasium und fing sogar ein Jurastudium in Odessa an. Eine Geschichte, die einen Hauch von Rasumowskis Märchen besaß.

Jedoch verlief seine Karriere nicht dermaßen schwindelerregend, wie es bei dem Vorfahren Sofjas der Fall gewesen war, da der junge Mann schon kurz nach dem Studienbeginn wegen der Teilnahme an den schon erwähnten Studentenunruhen Ende der 1860er Jahre, wo er als einer der Rädelsführer auftrat, exmatrikuliert und aus der Stadt verwiesen wurde.

Der Abschied von der Universität bedeutete gleichzeitig den Beginn von Scheljabows Politisierung. Von Tschernyschewskis Buch *Tschto delat? (Was tun?)* beeinflusst, ging er»ins Volk«, und dank Jekaterina Breschkowskaja knüpfte er Kontakt zu der»Tschaikowzen«-Kommune, ohne der Gruppe jemals formell beizutreten. Als er sich an der Arbeit von Sofjas Zirkel beteiligte, betrieb er immer noch die Dorfpropaganda auf der Krim, und zwar in seinem Geburtsort Nikolajewka, wo er mit seiner Frau Olga und dem Sohn Andrej auch wohnte.

Die völlig untypische Vergangenheit des Provinzlers sowie sein über-
legenes Auftreten überraschten Sofja ohne Zweifel. Vielmehr aber reizte
das sich in der Anbetung seiner Kameraden regelrecht sonnende Mädchen die selbstgefällige, ihr gegenüber gleichgültige Haltung Scheljabows. Einen Mann, der Sofja nicht sofort aus der Hand fraß, gab es bis
dahin nicht. Der überhebliche Bauer forderte also Sofja direkt heraus:
Sie musste ihn kleinkriegen, ihn sich unterordnen. Die Männerdomi-
nanz duldete sie nicht. Sie ging sogar keine fiktive Ehe ein, weil sie be-
fürchtete, diese würde ihre Unabhängigkeit einschränken. Diejenigen
Kameraden, für die Sofja ernsthafte Achtung hegte, die sie gleichberech-
tigt behandelte, konnten an den Fingern einer Hand abgezählt werden.
Die Abneigung gegen den Vater übertrug die junge Frau auf alle Männer
und »war von deren geistiger Fähigkeit sowie Zuverlässigkeit sehr wenig
überzeugt«.

Dass die Selbstgefälligkeit Scheljabows neben der Provokation zugleich auch Bewunderung bei Sofja auslöste, ließ sich nicht übersehen:
»Freunde, welche der Perowskaja am nächsten standen, waren die Menschen, die sich durch ihre ganz besonderen geistigen Eigenschaften aus-
zeichneten, die sich aber voneinander sehr unterschieden, wie zum
Beispiel Scheljabow und Frolenko: der eine mit einer charismatischen
Ausstrahlung, der andere das absolute Gegenteil davon«, so Wera
Figner. »Sie erzählte mir von den beiden und lobte ihre Charaktere, aber
dabei war eines nicht zu übersehen, wie sehr sie auch immer Frolenko
schätzte, war sie von Scheljabow regelrecht entzückt.«

Sogar das Aussehen Sofjas änderte sich unter dem Einfluss der neuen
Bekanntschaft: »Ihr ehemals irgendwie verstohlener Blick war vollkommen verschwunden, stattdessen strahlte er nun offen und sanft. Auch
der Gesichtsausdruck hatte seine einstige Strenge verloren und zeigte
sich weicher, angenehmer, ja irgendwie femininer.«

»Ich bin einzig und allein dafür geeignet. Ich muss das tun. Das ist meine Sache! Alexander gehört mir, und ich werde ihn niemandem überlassen«, verkündete Alexander Solowew, ein athletischer, dunkelhaariger Kerl mit buschigem Schnauzbart sowie einer breiten Nase, als er im März 1879 in St. Petersburg auftauchte. Einer aus der Reihe der enttäuschten Propagandisten schickte sich an, den Zaren zu töten. Der Beamtensohn Solowew war der festen Überzeugung, das Schicksal habe ausgerechnet ihn dafür vorbestimmt, weil Jesus in seinem Alter am Kreuz starb, somit komme nur er als Attentäter in Frage. Damit spielte der tiefgläubige Mystiker auf die zwei anderen Anwärter auf einen Anschlag an, die ihm zuvorkamen. Schon im letzten Jahr, kurz nacheinander, hatten Sofjas Verehrer Grigori Goldenberg, der rastlose, hastige »Kijewer Rebell«, sowie Ludwig Kobilianski, ebenfalls einer aus der Reihe der demoralisierten »Volkstümler«, dem »Hausmeister« Alexander Michailow gegenüber denselben Wunsch geäußert. Die beiden waren aber damals auf später vertröstet worden, da Michailow den gewählten Moment für ungünstig gehalten hatte.

Bis zur Ankunft Solowews in Petersburg verübten die Anarchisten insgesamt sieben Attentate, davon drei mit Todesfolge. Die Leichtigkeit, mit der die Anschläge gelangen − keiner der Täter wurde gefasst, abgesehen von Ossinski, dem »Apollo der russischen Revolution«, dem man aber die Tat nicht nachweisen konnte −, pflasterte unausweichlich den Weg zum Winterpalast. Nun sollte der Zar sterben.

Als jetzt der ehemalige Jurastudent Solowew, der sich nach dem abgebrochenen Studium im Rahmen des »Gangs ins Volk« als Geschichtslehrer betätigte und der »Land und Freiheit« seinen Mordplan offenlegte, boten ihm einige Terrorverfechter sofort ihre Unterstützung an. »Die

Gewalt ist eine schreckliche Sache, aber noch schrecklicher ist es, sie widerstandslos zu ertragen«, rechtfertigten sie ihr Handeln. Der »Orator« Georgi Plechanow und seine Gleichgesinnten dagegen, die an der Lawrow'schen Idee der friedlichen Dorfpropaganda weiterhin festhielten, lehnten jeglichen Einsatz bei dem potenziellen Attentat kategorisch ab. Sie bezeichneten Solowew als wahnsinnig und verlangten, man solle den jungen Mann fesseln und unter Aufsicht nach Hause zurückschicken. »Ich werde den Verräter unserer Idee persönlich töten, wenn es keine andere Möglichkeit gibt, ihn zur Vernunft zu bringen!«, drohte einer aus dem Lager Plechanows.

Die nach der Verhaftung des Mark Natanson immer weiter eskalierende Meinungsverschiedenheit hinsichtlich der zukünftigen Strategie der »Land und Freiheit« offenbarte sich dank einer so brisanten Angelegenheit nun in ihrer ganzen Schärfe, dies umso mehr, als die »Bakuninisten« mit dem »Hausmeister« Michailow an der Spitze hinter dem Rücken der restlichen Kameraden inzwischen den Geheimbund »Swoboda ili smert« (»Freiheit oder Tod«), eine Partei in der Partei, gründeten. Zu ihren Mitgliedern zählten der »Apostel des Terrors« Nikolaj Morosow, der abenteuerlustige Schönling Alexander Barannikow, der militante Alexander Kwjatkowski sowie die seit eh und je kampfbereiten »Kijewer Rebellen«: Grigori Goldenberg und Michail Frolenko, also alle überzeugten Terrorbefürworter. Immer lauter und direkter pochten sie auf die Änderung des Parteiprogramms zugunsten der Anwendung von Gewalt als eines Instruments des politischen Kampfes. Solowews Angebot kam den Radikalen deshalb wie gerufen, so stellten sie ihr Anliegen nochmals zur Diskussion.

Ein heftiger Streit entbrannte. Die Kontrahenten rieben sich an der Frage, wie weit sich »Land und Freiheit« an dem Attentat beteiligen sollte, sowie an dem Dilemma, wer im Falle eines – wenn auch ganz geringen – Einsatzes die Verantwortung dafür zu übernehmen hätte. Da der Flügel Plechanows in der Mehrzahl war, beschloss man nach einem Monat zäher Verhandlungen, Solowew keine Hilfe zu leisten. Dann aber boten Michailow und der militante Alexander Kwjatkowski persönlich, nicht als Parteimitglieder, dem jungen Mann ihre Unterstützung an. Sie überreichten dem Mystiker einen Revolver samt einer Zy-

ankaliampulle, damit er der Polizei nicht lebend in die Hände fallen
würde.

Am 2. April, »früh am Morgen, machte der Zar seinen üblichen Spaziergang. Beim Verlassen der Millionenstraße sah er einen Mann mit
einer Beamtenschirmmütze in merkwürdiger Haltung auf ihn zukom-
men«, berichtet der Zarendiplomat Fürst Meschtscherski. »Kaltblütig
zog dieser eine Pistole aus der Manteltasche, und aus der Entfernung von
ein paar Schritten schoss er auf den Imperator, der in gleicher Sekunde
reagierte und scharf links auswich. Der Täter zielte dann links, der Zar
wich wiederum scharf rechts aus. Es fielen noch zwei Schüsse, und beide
Male behütete Gott auf eine wunderbare Art und Weise seinen unseligen
Gesalbten.«

Nicht drei, sondern fünf Kugeln feuerte der junge Fatalist auf den Monarchen ab, und jede verfehlte das Ziel, lediglich ein Zipfel des herrschaft-
lichen Mantels wurde gestreift. Seine Kenntnisse aus der Militärzeit, die
Alexander II. im Rang eines Generalmajors absolviert hatte, retteten ihm
das Leben. Er wusste, dass man unter Feuerbeschuss zickzack laufen muss.

Bevor dem Attentäter der nächste Schuss gelang, erreichte ihn der
Korporal des Gendarmenkorps Koch, der bis dahin wie versteinert da-
stand, und schlug ihn mit dem Degen zu Boden. Der junge Mann stopfte
die Ampulle in den Mund, zerbiss sie, aber es geschah nichts: Das Gift
war zu alt und zeigte deshalb keine Wirkung. In einem Schnellverfahren
wurde Solowew zum Tode verurteilt und öffentlich hingerichtet, ohne
dass die Polizei ein einziges Wort aus ihm herausbekommen hätte.

Abends fasste Alexander II. das Geschehnis stichwortartig zusammen, wie er es normalerweise zu tun pflegte: »Ich bin spazieren gegangen. In der Nähe der Admiralität hat ein Unbekannter fünf Mal auf mich
geschossen. Gott hat mich beschützt. Die ganze Familie ist zusammen-
gekommen. Ein Gespräch mit dem Gendarmenchef Drentel, der Mörder ist verhaftet worden. Ich bete zu Gott und danke Ihm. Viele Damen
und Herren sind zu Besuch gekommen. Alle Offiziere schrien: ›Hurra!‹«

Nach dem Anschlag hörte der Zar mit den täglichen Spaziergängen
am frühen Morgen auf, und die Residenzmauern verließ er nie mehr
ohne Konvoibegleitung. »Ich habe Seine Majestät getroffen«, vermerkte
der Vorsitzende des Ministerkomitees, der Graf Petr Walujew. »Er sieht

Nach dem misslungenen Attentat überzog die Angst das Leben der Zarenfamilie: Alexander II., die Zarin Marja Alexandrowna und die Kinder; hinten, Zweiter v.r.: der Thronfolger Alexander (Alexander III.).

erschöpft aus und spricht offen über die Gereiztheit seiner Nerven, stets bemüht, diese doch zu verbergen. … Unsere Epoche braucht Kraft, aber damit kann im Augenblick offensichtlich nicht gerechnet werden.«

Der Monarch fürchtete nicht allein um sich, sondern in gleichem Maße um seine Kinder. Besonders besorgt war er um den Thronfolger Alexander: »Heute bin ich zum ersten Mal von einem Geleitschutz begleitet. Papá, Gott sei Dank, nahm auch einen Unteroffizier zu Pferd und noch zwei Kosaken mit sich«, schrieb der vierunddreißigjährige Zarewitsch* einen Tag nach dem Anschlag in sein Tagebuch. Aber nicht minder bangte der Imperator um Wladimir, Alexej, Sergej und Pawel, seine anderen Söhne, sowie um die Tochter Marja.

Die Ereignisse belasteten insbesondere die an Tuberkulose leidende Zarin. Seit dem Tod ihres ersten Kindes, der Tochter Alexandra, die noch im Kindesalter starb, reagierte Marja Alexandrowna mit häufigen

---

* der Zarewitsch – Sohn eines Zaren

Erkrankungen. Doch der Tod des erstgeborenen Sohnes, des zweiund-
zwanzigjährigen Nikolaj, versetzte der Monarchin einen Schlag, von dem
sie sich nie mehr erholte. Obwohl Alexander II. verordnete, der Kranken
nichts von dem Attentat zu erzählen, ließ sich die Nachricht nicht vor
ihr verheimlichen. Weinend sagte sie zu einer Hofdame:»Ich frage mich,
wie soll ich nur damit leben. Solche Sachen richten mich langsam zugrunde. Heute hat ihn der Mörder gejagt, als wäre er ein Hase. Das ist
ein Wunder, Wunder, dass er überhaupt überlebte.« In der Tat war kaum
ein Monarch in Europa einer solchen Demütigung ausgesetzt: Vor Dut-
zenden von schaulustigen Untertanen, die sich tagtäglich um den Winterpalast scharten, rannte ihr Herrscher verzweifelt um sein Leben.

Solowews Attentat überlagerte nicht nur den Alltag der Romanows
mit Angst, in der ganzen Stadt breitete sich Panik aus:»In Petersburg
kursieren die unglaublichsten Gerüchte«, berichtet ein Zeitgenosse.
»Die Nihilisten würden die Revolution ausrufen und uns alle nieder-
metzeln. Die Soldaten halten jedenfalls die Waffen schon parat!!! … Das
heißt, fortab werden wir in den vier Wänden ausharren müssen wie in
einem Kerker! O Gott, was uns bloß heimgesucht hat!«

Obendrein war dieser Anschlag schon der vierte auf den russischen
Monarchen. Nach Dmitri Karakosow wollte der Pole Anton Berezowski
1867 den Zaren bei dessen Staatsbesuch in Paris ermorden. Vier Jahre
zuvor organisierten die um ihre Unabhängigkeit kämpfenden Polen
einen Aufstand, den Alexander II. blutig niederschlagen ließ. Seit etwa
einem Jahrhundert existierte kein souveräner polnischer Staat mehr, er
wurde unter Russland, Preußen und der Habsburgermonarchie aufgeteilt. Im Herbst 1878 planten dann einige Mitstreiter der »Land und Freiheit« – aus eigener Initiative heraus – ein Minenattentat in der Hafen-
stadt Nikolajew auf der Krim. Dieser Ort war eine Zwischenstation des
Zaren auf der Fahrt von seiner Sommerresidenz in Liwadia nach Petersburg. Durch die Festnahme zweier Hauptorganisatoren wurde die Aktion jedoch vereitelt. Ihr folgte nun der Versuch Solowews.

Die Gewalteskalation »von unten« provozierte die Gewalteskalation
»von oben«: Der wütende Imperator zahlte den Verschwörern mit gleicher Münze heim, und zwar mit der Einführung einer Militärdiktatur.
Per Gesetz vom 5. April stattete Alexander II. sieben von ihm persönlich

auserwählte Generalgouverneure mit diktatorischen Vollmachten aus.
Der Monarch war die einzige Instanz, vor der sich die Generäle zu verantworten hatten. Sie wurden in den von den Gewalttaten besonders betroffenen Gouvernements eingesetzt und starteten sogleich eine radikale Säuberung des Landes. Für ihre Politik entstand in der Bevölkerung
die Bezeichnung »der weiße Terror«.

Der furiose Auftritt des Militärs bereitete den Revolutionären keine
Sorgen, sie fühlten sich sicher, da sie seit Januar 1879 in der Dritten Abteilung ihren Verbindungsmann hatten. »Dieser unschätzbare Schutzgeist« war der kränkelnde, unscheinbare Nikolaj Kletotschnikow. Als er,
aus Pensa kommend, auf der Suche nach Arbeit in Petersburg eintraf,
begegnete ihm zufälligerweise der »Hausmeister« Michailow und überredete den fünfunddreißig Jahre alten introvertierten Beamten mit gelb-
lichem Gesicht und Halbglatze, in die »Land und Freiheit« einzutreten.
Auf Michailows Vorschlag bewarb er sich anschließend um eine Stelle
bei der Dritten Abteilung. So warnte er die Partei vor bevorstehenden
Razzien oder Fahndungen, lieferte ihnen die Listen mit Spitzelnamen,
mit anderen Worten waren die Revolutionäre über die Arbeit des »Hauses an der Kettenbrücke« bestens informiert.

Zugleich blieben die Sorgen der Verschwörer im Schatten des enormen Echos, das Solowews Tat im Zarenreich hervorrief. Der Erfolg ließ
auch die Spannungen innerhalb der »Land und Freiheit« nicht abklin-
gen. Im Gegenteil verschärften sich diese immer weiter, da sich die Radikalen in ihren Forderungen jetzt bestätigt fühlten und deshalb noch
vehementer auf die Statutenänderung drängten.

Die Anhänger der Gewaltmaßnahmen, angeführt von Michailow, be-
standen darauf, dass sich die Partei zum Anschlag sowohl bekenne als
auch ihn unbedingt zu Ende bringe. Der Zarenmord hätte lediglich zum
Ziel, »das verschlafene Russland wachzurütteln«, argumentierte Michailow. Der sterile Idealismus, die Tatenlosigkeit der Propagandisten würden der Revolution mehr Schaden zufügen als die Arbeit der Geheimpolizei. Allein der Terror könne die Regierung in die Knie zwingen.

Die Gruppe um Georgi Plechanow, die sogenannten »Dörfler«, be-
harrte aber auf ihrer bisherigen Position: Die Aufklärungsarbeit dürfe und
müsse die einzige Aufgabe der Revolutionäre sein, replizierte der »Ora-

tor«. Die Erneuerung Russlands habe von russischen Menschen, vom russischen Volk, von russischen Bauern auszugehen. Die einzige reale demokratische Wende würde nur durch eine Agrarrevolution erreicht.

Natürlich ging es im Duell zwischen den beiden nicht ausschließlich um das Parteiprogramm, vielmehr buhlten die jungen Männer um den unbesetzten Parteivorsitz, weil jeder von den beiden die Rolle des Nachfolgers Natansons für sich beanspruchte. Besonders für Michailow stellte sich der Konkurrenzkampf als Hamlet'sche Frage:»Sein oder nicht sein« dar. Denn der»Hausmeister« widmete»sein ganzes Leben restlos der Revolution. Sie, ausschließlich sie bestimmte das ganze Wesen Michailows«.

Der Streit über die künftige Parteistrategie ging ohne Unterbrechung weiter, ein Kompromiss schien nicht in Sicht zu sein. Die Aufspaltung der Organisation in zwei Kernzellen zeichnete sich somit unvermeidlich ab. Schließlich verloren die liberalen»Dörfler« die Geduld und fassten den Beschluss, mit den Verfechtern des»neuen Kurses« ein für alle Mal abzurechnen.»Anfang Juni bekamen wir [die Terroranhänger – L. K.] einen drohenden Brief von Plechanow, in dem er behauptete, alle Mitglieder der ›Land und Freiheit‹ würden eine Einberufung der Vollversammlung in irgendeiner der Städte Zentralrusslands fordern«, berichtet der immer kampfbereite»Rebell« Michail Frolenko.»Die ›Volkstümler‹ strebten an, uns ›Terroristen‹ zu verurteilen und aus der Partei auszuschließen als Leute, deren Überzeugungen mit der Idee der Dorfpropaganda im Widerspruch standen.«

Die beiden Fraktionen einigten sich letztendlich darauf, einen Kongress abzuhalten, auf dem die umstrittene Programmfrage definitiv geklärt und die Zukunft der»Land und Freiheit« entschieden werden sollte. Da die Organisation verboten war und die meisten ihrer Mitglieder in der Illegalität lebten, wählte man zum Tagungsort Woronesch, einen südlich von Moskau gelegenen Kurort. In einer anderen Stadt hätte eine größere Menschengruppe sofort das Aufsehen der Spione erregt, hier dagegen tummelten sich tagaus, tagein neben zahlreichen Kurgästen auch viele zu einem Kloster pilgernde Gläubige, und der malerischen Naturschönheiten wegen wimmelte es in der näheren Umgebung nur so von Ausflüglern.

Während ihre Freunde in Petersburg heftig debattierten, hielt sich Sofja in Charkow auf. Seit zwei Jahren arbeitete sie unermüdlich und unbeirrt an der Realisierung ihres Traums von der Befreiung aller Häftlinge aus dem Zentralgefängnis. Angesichts der räumlichen Distanz war sie nur ungenügend in die Konflikte innerhalb der Partei involviert. Sie konnte daher nicht einmal ahnen, wie weit der Prozess der Spaltung mittlerweile voranschritt. Hätte sie es gewusst, wäre sie mit Sicherheit nicht tatenlos in der Provinz geblieben. Da die junge Frau mit dem »Orator« Plechanow eine enge Freundschaft verband, fragt man sich sofort, warum er Sofjas enormen Einfluss nicht nutzte und sie nach Petersburg zurückholte, zumal Sofjas Unterfangen von vornherein nicht einmal eine theoretische Chance auf Verwirklichung hatte. Anscheinend gab es dafür keinen Grund. Erstens waren die »Liberalen« zahlreicher, zweitens wünschte sich der selbstsichere, eitle Plechanow, auf den Parteivorsitz schielend, die »Terroristen« allein zu besiegen, was sich bald als fataler Fehler erweisen sollte.

Die Leute Michailows dagegen hielten Sofja vom Brennpunkt der Ereignisse ganz bewusst fern. Die »Politiker« – wie man die Terrorbefürworter auch nannte – machten sich nichts vor: Würde sich die eingefleischte »Volkstümlerin« an dem Disput beteiligen, wäre ihre Niederlage so gut wie besiegelt. Eine negative Äußerung dieser zierlichen Frau mit der nachdenklichen, immer ernsten Miene über die Gewaltanwendung hätte sogar die hartnäckigsten »Terroristen« ins Wanken gebracht. »Selbst Alexander Michailow traute sich nicht, Sonja zu kritisieren, sogar dann, wenn sie sich einer direkt von ihm kommenden Anordnung nicht fügen wollte.«

Deshalb verschwieg Michail Frolenko Sofja, als er die junge Frau im Spätfrühling 1879 in Charkow besuchte, dass die »Politiker« eine Präliminarsitzung und damit eine gründliche Ausarbeitung der Strategie ihres Flügels planten. Der »Kijewer Rebell« war unterwegs, um die überzeugten Radikalen zur Teilnahme an dem Geheimtreffen der »Terroristen« zu überreden, das unmittelbar vor dem Beginn des offiziellen Kongresses in Lipezk, einem kleinen, unweit von Woronesch liegenden Städtchen, abgehalten werden sollte.

»Über die Lipezker Konferenz wussten nur eingeweihte Leute Bescheid. Wir sorgten sehr wohl dafür, dass nur linientreue, überprüfte Anhänger des terroristischen Kampfes angesprochen wurden, um zu vermeiden, dass die Gleichgesinnten Plechanows sofort darüber herumposaunen und unnötige Unruhe hervorrufen würden«, so Frolenko. »Außerdem erwies sich die Perowskaja in allen unseren Gesprächen als eine leidenschaftliche Propagandistin … Nicht nur einmal debattierte sie erbittert mit mir über dieses Thema und blieb dabei halsstarrig, unnachgiebig bei ihrer Meinung. … Hätte sie sich den Parteidirektiven nicht beugen müssen, wäre sie schon längst durch die Dörfer gezogen. Darüber hinaus wusste jeder, dass sie die ›Troglodyten‹, warum auch immer, nicht leiden konnte. Dieses Unbehagen setzte sich bei ihr auch dann fort, als diese in die ›Land und Freiheit‹ eintraten. Da die ›Troglodyten‹ aber die Lipezker Tagung organisierten, lud ich die Perowskaja selbstverständlich dazu nicht ein.«

Frolenko machte einen Abstecher zu Sofja nach dem Treffen mit Andrej Scheljabow in Odessa. Dem »Rebellen« lag sehr daran, den Bauern für sein Lager zu gewinnen. Denn dieser besaß neben einem »außergewöhnlichen, mächtigen Charisma«, das selbst Sofja ins Schwärmen brachte, ein ebenso glänzendes rhetorisches Talent. Mit seinen Reden »elektrisierte er die Zuhörer, ließ sie zu einer untrennbaren Einheit verschmelzen«. Wie kaum ein zweiter Propagandist war Scheljabow obendrein ein Mensch der Tat, und zwar im Bakunin'schen Sinne des Wortes. »Sein Wirkungsfeld war die Straße, die Menschenmasse, und er wusste es. Scheljabow wusste, welchen Einfluss er auf seine Zuhörer ausübte, und diese Gewissheit wiederum diente der Befriedigung seiner enorm ausgeprägten Eitelkeit.«

Den wortgewandten Scheljabow wollten die Terrorverfechter als eine Geheimwaffe in Woronesch einsetzen, wie einen fünften Trumpf vor den ahnungslosen »Dörflern« aus dem Ärmel ziehen. Dabei hatten sie den machtsüchtigen Provinzler jedoch gewaltig unterschätzt. Scheljabow kannte seinen Preis sehr wohl und dachte nicht im Traum daran, nur als Mittel zum Zweck zu dienen. Er wusste, dass mit der Ausrichtung zum Terror seine Stunde schlug, und trachtete nach mehr, viel mehr. Dies gab er seinen Mitkämpfern schon von Anfang an unmissverständlich zur Kenntnis.

Sofjas erste und letzte
Liebe: Andrej Scheljabow,
der Anarchist

Am 17. Juni, streng inkognito, eröffneten neun »Terroristen« ihre Sitzung. Als Scheljabow in einer flammenden Rede von Arresten, Inhaftierungen, Verbannungen, von Repressionsmaßnahmen der Regierung berichtete und allein den Zaren dafür verantwortlich machte, zog er alle Anwesenden endgültig in seinen Bann. »Bevor das Treffen zu Ende ging, profilierte er sich zum Anführer der terroristischen Bewegung«, und von diesem Zeitpunkt an gab er das Ruder nie mehr aus der Hand. Der bis gestern noch glühende »Volkstümler« Scheljabow begrüßte prompt nicht nur den Strategiewechsel zugunsten der Gewaltmaßnahmen, sondern zeigte sich darüber hinaus bereit, das Attentat auf den Zaren persönlich zu organisieren, wobei er – das betonte er ausdrücklich! – der »Land und Freiheit« nur für diesen einen Terrorakt zur Verfügung stehe, danach werde er zur Propagandaarbeit zurückkehren. »Niemand, der Scheljabows einstige leidenschaftliche Verteidigung der Aufklärung unter Bauern gehört hatte, hätte sich jemals vorstellen können, dass er sich bald als der Radikalste unter den Radikalen entpuppen würde.«

Mit seinem Auftritt ebnete Scheljabow dem »Hausmeister« Michailow den Weg. Dieser stellte zusammen mit dem militanten Alexander Kwjatkowski das neue Programm vor, in dem man sich »den Sturz des herrschenden Systems und die Schaffung der politischen Freiheiten mittels des bewaffneten Kampfes zum Ziel setzte«. Den Entwurf verfassten kurz davor der »Apostel des Terrors« Nikolaj Morosow sowie Sofjas »Verlobter«, das »Vetterchen« Lew Tichomirow. Die Abstimmung am kommenden Tag war eine reine Formalität, weil das neue Statut einstimmig angenommen wurde.

Zum Schluss verlas der »Hausmeister« eine lange Klageschrift gegen den Zaren. Es war zu erwarten, dass auf seine Frage, ob man dem Imperator das Übel verzeihen solle, das er bis jetzt angerichtet habe und in der Zukunft noch anrichten werde, alle Anwesenden ohne eine einzige Gegenstimme mit Nein antworteten. »Es war eine der fesselndsten Reden, die ich je in meinem Leben gehört habe«, behauptet Morosow. Mit der Verurteilung Alexanders II. zum Tode wurde die Lipezker Tagung für beendet erklärt, und die »Politiker« machten sich auf den Weg nach Woronesch.

Als Picknickgesellschaft getarnt versammelten sich neunzehn »Land und Freiheit«-Mitglieder am 21. Juni auf einer Wiese im Botanischen Garten am Rande der Stadt. Die Initiative übernahmen die Radikalen. Während sie über die Lipezker Entscheidungen berichteten, platzte Sofja der Kragen. Mit einer Flut von Beschimpfungen unterbrach sie ihre Kameraden und vergaß dabei alle Regeln des guten Benehmens. Sie sei zu streitsüchtig, zu hart gewesen, beschwerte sich der »Rebell« Michail Frolenko, der ihre Wut zu spüren bekam. Am meisten verletzte das Mädchen allerdings der Umstand, dass sich ausgerechnet ihr »Verlobter« Tichomirow nicht nur auf die Seite der »Politiker« geschlagen, sondern obendrein sie, Sofja, seine engste Freundin, auf eine solche Art und Weise hintergangen hatte. Doch mit dem entschiedenen Vorbehalt der jungen Frau hatten die »Terroristen« schon gerechnet, daher verfehlte er die erwartete Wirkung.

Um ihre Reihen zu verstärken, beantragten die »Politiker« die Aufnahme in die »Land und Freiheit« für weitere ihrer Gesinnungsgenossen. Zuerst wurde Andrej Scheljabow aufgenommen, welcher bis dato zu keinem der existierenden revolutionären Zirkel gehörte, nach ihm dann der »Kijewer Rebell« Nikolaj Kolotkewitsch, ein »schweigsamer Melancholiker mit eisernem Willen«, dessen Gesicht hinter einem kräftigen pechschwarzen Vollbart beinahe verschwand. Da sich die »Zarenkommissare«, Lew Dejtsch und Jakob Stefanowitsch, zusammen mit Trepows Attentäterin Wera Sassulitsch zurzeit im Ausland aufhielten, fand die Prozedur in ihrer Abwesenheit statt. Was die Terroranhänger aber nicht wussten: Die drei sagten sich in der Zwischenzeit von der Gewalt los, und nach der Rückkehr nach Russland schlossen sie sich den »Liberalen« an. Die Fraktion der Radikalen vollzog somit unbeirrt ihren zweiten taktischen Zug.

In der folgenden Sitzungsetappe las der »Apostel des Terrors« Morosow den Brief, eine Art von politischem Testament, des im Mai hingerichteten Walerian Ossinski vor, in dem er die »Terroristen« beschwor, sein Werk fortzusetzen: »›Unsere Idee kann nie untergehen. Gerade dieser Glaube verleiht uns die Kraft, und gerade seinetwegen schauen wir mit einer solchen Verachtung dem Tod in die Augen.‹ Das Schreiben Ossinskis machte sehr großen Eindruck auf alle Anwesenden. Das Gefühl des Zorns und des Hasses breitete sich spürbar aus, was sich letztendlich auf die Polemiken um den Terror entscheidend auswirkte.«

Dann ergriffen die Fraktionsführer das Wort. Hier stieß Scheljabow, der »Liebhaber der theatralischen Effekte und der Pose«, auf Georgi Plechanow, einen temperamentvollen, nicht minder charismatischen und in intellektueller Hinsicht ihm weit überlegenen Kontrahenten. Da sich »unter den anwesenden Leuten nur sieben überzeugte Terrorverfechter befanden«, zögerte der siegessichere »Orator« nicht lange und startete augenblicklich eine Gegenoffensive. Als Scheljabow den »Dörflern« vorwarf: »Das ganze Volk wird untergehen, bis ihr Liberalen eure Ideologie in die Tat umsetzt. … Die Geschichte bewegt sich zu langsam, deswegen muss man ihr Tempo beschleunigen, und genau das haben die Radikalen vor«, erwiderte Plechanow: »Ich will Ihnen das Bild Russlands nach der Zarenermordung schildern. Das Imperium regiert nicht mehr Alexander II., sondern Alexander III. Statt wie bisher mit zwei geht die Polizei nun mit drei Knüppeln auf uns los. Diese, meine Damen und Herren, nur diese und keine andere ›Reform‹ werden wir durch dieses

Attentat erzielen!«–»Obwohl Scheljabow sehr schön, überzeugend und flüssig sprach, hatte seine Rede auf viele von uns nicht die gewünschte und erwartete Wirkung, weil Plechanow jedes seiner Argumente spielend leicht widerlegte«, resümierte einer der Teilnehmer die erste Runde des Wortgefechts.

Durch den hoffnungslosen Zwiespalt völlig überrumpelt, verhielten sich sowohl die sonst resolute Sofja als auch Wera Figner zunächst neutral, in der Hoffnung, die Einheit der Partei vor dem Zerfall bewahren zu können. Dennoch deutete alles darauf hin, dass »Land und Freiheit« ihre erste Zerreißprobe nicht überstehen würde. Deswegen verhandelte Sofja zwischen den Sitzungen unentwegt mit Plechanow, um ihn zu einer Verständigung mit dem gegnerischen Flügel zu bewegen. Jedoch vergeblich, der »Orator« ließ sich nicht umstimmen.

Für den Chef der Liberalen gab es dazu auch keinen Anlass. Zurzeit standen sich die Kräfte noch gleich stark gegenüber: Der Brief Ossinskis beeinflusste zwar maßgeblich die Stimmung der Teilnehmer, aber Plechanow beeindruckte sie auf rhetorischer Ebene. Die »Politiker« wechselten die Taktik. Von jetzt an sollte Scheljabow Diskurse mit Plechanow meiden und in den Pausen, in Einzelgesprächen, die namhaftesten »Volkstümler« zur Mitarbeit mit den »Terroristen« überreden.

Besonders gelegen war Scheljabow an einer Zusammenarbeit mit Sofja, deren Einfluss die Radikalen mehr als gut hätten gebrauchen können. So setzte er bei der Unterhaltung mit der jungen Frau neben der schon sprichwörtlich gewordenen Eloquenz gleichzeitig seine ebenso enorme Anziehungskraft ein. Kraft dieser wurden Frauen in Scheljabows Händen üblicherweise zu Wachs. Doch bei diesem Mädchen biss der Provinzler auf Granit! Stundenlang erklärte er Sofja die Notwendigkeit der Gewaltanwendung, ohne einen einzigen nennenswerten Fortschritt dabei zu erzielen. Stur, unnachgiebig verteidigte sie ihren Standpunkt mit unveränderter Beständigkeit: Ein Staatsstreich nach der Methode der »Terroristen« führe zu keiner Umwälzung der Gesellschaftsordnung. Im besten Falle würde anstatt einer absolutistischen Monarchie ein liberalisiertes Russland entstehen, mit verheerenden Folgen für die russischen Bauern. Ein politischer Umsturz würde das Land in die Hände der Bankiers und Industriellen spielen, was die Vernachlässigung des Bauerntums zur direkten Folge haben würde, lauteten Sofjas Wort für Wort von Plechanow übernommenen Gegenargumente. Auf die Einwände der jungen Frau konterte Scheljabow sarkastisch, da er selbst Bauer sei, brauche ihn eine Gräfin über das russische Dorf nicht zu belehren. Am Rande der Verzweiflung winkte er schließlich ab: »Mit diesem Weib lässt sich nichts anfangen!«

Am nächsten Tag setzte Plechanow die offensive Vorgehensweise fort und bat den »Apostel des Terrors« Morosow, seinen in dem Parteiorgan *Listok »Semli i Woli« (Blatt der »Land und Freiheit«)* gedruckten Artikel, eigentlich ein Plädoyer für den Zarenmord, vorzulesen. Unter gegenwärtigen Bedingungen, stand darin, sei der bewaffnete Kampf das einzige Instrument der Selbstverteidigung und eines der besten Propagandamittel, das einen Schlag in das innerste Zentrum (den Zarenmord) ermöglichen und das ganze Imperium zum Erzittern bringen werde. »Nun haben Sie es gehört«, sagte Plechanow. »Sollte das unser Statut in der Zukunft sein?« Selbstredend erwartete er ein heftiges Dementi, stattdessen folgten Minuten erdrückenden Schweigens. Sowohl das romantische Pathos des Schreibens als auch Scheljabows permanente »Agitation« in den Tagungspausen verfehlten offensichtlich ihr Ziel nicht. Plechanow schwieg auch: Die Haltung seiner Gesinnungsgenossen verschlug ihm die Sprache. Als er wieder zu sich kam, wiederholte er die Frage. Auch diesmal herrschte Totenstille, die einen aus dem »Politiker«-Lager ermutigte. Er sprang plötzlich auf und schrie, genau so solle ihr Programm aussehen, genau so! Und es gab niemanden, der ihm widersprach. »Plechanows Gesicht wurde kreideweiß: ›In diesem Falle, meine Damen und Herren‹, sagte er mit dumpfer, trauriger Stimme, ›habe ich hier nichts mehr verloren. Leben Sie wohl!‹ Langsam drehte er sich um und ging tiefer in den Wald. Es schien, als mache er sich die größte Mühe, sich aufrecht zu halten.« Der Theoretiker Plechanow trat ab, und der Aktivist Scheljabow nahm seinen Platz auf der politischen Bühne ein.

Dass Sofja dem »Orator«, ihrem engen Vertrauten, keine Unterstützung leistete, lag wohl daran, dass ihr in diesem Moment der Erhalt der Parteieinheit am wichtigsten erschien, weshalb sie auf die Konfrontation verzichtete. Dauernd wies sie auf den Schaden im Falle eines Auseinanderfallens der »Land und Freiheit« hin, sie »bat eher, als dass sie argumentierte, die Auflösung um jeden Preis zu vermeiden«.

Mit dem Weggang ihres Anführers schwand die Dominanz der Liberalen rasant. Scheljabow, der nun festen Boden unter den Füßen spürte, sah sofort eine günstige Gelegenheit, seine sich in aller Deutlichkeit abzeichnende Position des Parteiführers zu festigen. Da stieß er aber auf den »Hausmeister« Michailow, der nach dem Ausscheiden seines einzigen ernst zu nehmenden Rivalen den Parteivorsitz eigentlich für sich beanspruchte und aus dem Unmut dem neuen Konkurrenten gegenüber keinen Hehl machte: »In den heftigen Diskussionen mit Scheljabow verwendete Alexander Michailow einen zu barschen Ton, Frolenko schritt als Schlichter stets zwischen den beiden ein.«

In den folgenden Tagen strengte sich Scheljabow weiterhin mit unverminderter Vehemenz an, Sofja auf seine Seite zu ziehen. Aber warum bemühte sich der Bauer aus dem Süden mit einer derartigen Hartnäckigkeit ausgerechnet um das dickschädlige Mädchen, wenn sein politischer Flügel schon einen sicheren Sieg in der Tasche hatte? Durch ihre Sturheit rührte die junge Frau, absichtlich oder intuitiv, an die beinahe krankhafte Eitelkeit Scheljabows. Er handelte nicht mehr als Politiker, sondern als Mann. Einer Frau, die seinem Charme nicht sofort unterlag, die er sich nicht unterordnen konnte, begegnete er bis dahin nicht. Je unnachgiebiger Sofja reagierte, desto mehr wuchs bei Scheljabow der Wunsch, ihren Widerstand zu brechen.

Doch der dominante Provinzler war dem Mädchen keineswegs gleichgültig. Schon in Charkow hatte es sich in den »hartnäckigen, kompromisslosen Mann klarer Ansichten« verguckt. Aber die Verliebtheit offen zu zeigen, hinderte die junge Frau einerseits das Bewusstsein, im Leben eines Revolutionärs gäbe es keinen Platz für Emotionen, andererseits ihr schon seit der Kindheit bestehendes Misstrauen, ja Unbehagen den Männern gegenüber. Dieser Unwille beruhte wiederum auf Sofjas Angst, sie würde von ihnen gedemütigt, so wie die Mutter, sie würde von ihnen im Stich gelassen, wiederum so wie die Mutter. So unterdrückte sie mit allen Kräften die Sympathie für den »Politiker«, und dank ihrer schon bekannten Kunst der Selbstbeherrschung funktionierte das Versteckspiel tadellos.

Möglicherweise setzte sie auf die Zeit, rechnete mit einer Abkühlung der Gefühle, hoffte, sie würden verschwinden, wie sie gekommen waren. Obendrein wurde das introvertierte, in seinem tiefsten Inneren überaus unsichere Mädchen von einem völlig neuen, ihm bis dahin unbekannten Zustand überwältigt, und dieser verlangte vorerst, verarbeitet zu werden. Zur Zurückhaltung der jungen Frau dürften gleichermaßen die sich um Scheljabows Person rankenden Gerüchte über die zahlreichen Liebesaffären beigetragen haben. So hatte er angeblich eine Affäre mit der Ehefrau eines Propagandisten, seines engen Freundes, während dieser im Gefängnis saß.

Bald stellte sich aber heraus, dass Scheljabow auch hier, in dieser halb privaten Schlacht, die richtige Strategie anzuwenden vermochte. Ob sie auch so schnell Früchte getragen hätte, wenn Plechanow in Woronesch geblieben wäre, bleibt jedoch offen. Wie auch immer, Sofjas ursprüngliche Standhaftigkeit bröckelte allmählich. Da es der jungen Frau nach wie vor hauptsächlich um die Einheit der Partei ging, versuchte sie einen taktischen Spagat. Die Meinungsverschiedenheiten würden eher auf Missverständnissen beruhen und ließen sich mittels des Dialogs ohnehin beseitigen, beteuerte Sofja. Eine Kursrichtung schließe die andere nicht aus, im Gegenteil, die beiden würden einander ergänzen. Die Legalisierung des Terrors werde daher der Organisation in keinerlei Hinsicht schaden. Zum ersten Mal wich die eingefleischte »Volkstümlerin«, welche die »Gewalt hasste«, von ihren Überzeugungen ab. Die noch ein paar Tage zuvor verbissene Verfechterin der Aufklärungsarbeit unter Bauern billigte also den Zarenmord als Vergeltungsakt, ihre aktive Teilnahme an der Ermordung Alexanders II. zog sie nicht in Erwägung. »Sie benutzte niemals starke Ausdrücke, sondern mit einer sanften, ruhigen, ja fast kindlichen Stimme erklärte sie die Unabdingbarkeit des terroristischen Kampfes, da sie eine Inkarnation des rebellischen Geistes war.« Nach der Realisierung des Anschlags habe »Land und Freiheit«, so Sofja weiter, ihre Agitationstätigkeit umgehend wieder aufzunehmen. Merkwürdig dabei ist allerdings, dass ihre neue Vision von der Zukunft der Partei mit der Scheljabows deckungsgleich war.

Die Konferenz endete am 24. Juni mit einem Kompromiss, faktisch lediglich mit einem Ausweichmanöver, dessen einzige Funktion darin bestand, den definitiven Zerfall der Organisation mit formellen Mitteln zu verhindern. Es kam zu einer Statutenänderung, indem man den Liberalen das Recht auf die weitere Propagandaarbeit zuerkannte, den Radikalen dagegen das auf eine Autonomie innerhalb der »Land und Freiheit«. Künftig durften die »Politiker« ihre eigene Presse sowie ein unabhängiges Aufnahmeverfahren bei neuen Mitgliedern anwenden.

»Obwohl man sich in Woronesch darauf einigte, keine Spaltung zu vollziehen, in Petersburg tauchten schon erste Konflikte auf. Zum Beispiel hatte man mir erzählt, jemand von uns bringe in die Druckerei einen Artikel mit einem den Terror befürwortenden Inhalt, aber die Schriftsetzerin, die überzeugte ›Volkstümlerin‹, weigerte sich, ihn zu drucken, da er mit ihren Ansichten kollidiere«, klagte die »Amazone« Olga Ljubatowitsch, die sich den Radikalen angeschlossen hatte. »Als wir die Attentatsvorbereitungen starteten, benötigten wir selbstverständlich Geld dafür. ›Nein‹, sagten die Liberalen, ›die konspirativen Wohnungen sind viel wichtiger.‹« Die gestrigen Freunde begannen einander zu meiden, und von Tag zu Tag entfernten sie sich auch immer mehr voneinander, sodass jede Fraktion inzwischen ihre eigenen Sitzungen organisierte. Sofja beteiligte sich an den »Dörfler«-Versammlungen, wenngleich sie dem Flügel offiziell nicht beitrat. »Außerdem beschwerte sich stets ein Lager über das andere, Intrigen wurden gesponnen, man streute sich gegenseitig Sand ins Getriebe, die Missstimmung spitzte sich bis zu dem Grade zu, dass nichts anderes übrig blieb, als den Prozess der Trennung auch formell durchzuführen.«

Schon im August, in dem neuen Stabsquartier der »Terroristen«, einem Häuschen in Lesnoje, in dem Dorf, wo Sofja einst mit ihren drei Freundinnen die Freiheit entdeckt hatte, fand die letzte Konferenz der »Land und Freiheit« statt. Man beschloss dabei einstimmig, von nun an getrennte Wege zu gehen. Da keine der neu entstandenen Parteien den alten Namen weiterführen sollte, nannten sich die Vertreter der Agrarreformen und der Bauernfrage »Tschernyj peredel« (»Schwarze Umverteilung«), womit man auf die Enteignung der Gutsbesitzer beziehungsweise auf die Rückgabe des Ackerlandes an das Bauerntum anspielte. Die Befürworter des politischen Umsturzes im Jakobinerstil wählten die Bezeichnung »Narodnaja wolja« (»Volkswille«).

Auch nach der Entzweiung behielt Sofja ihre neutrale Haltung und schloss sich keiner der neuen Parteien an, sie zeigte sich jedoch immer zugänglicher dem Terror gegenüber, worauf Wera Figner hinweist:»Perowskaja und ich, die in Woronesch noch geschwankt und versucht hatten, die Einheit der Organisation zu wahren, wir leisteten keinen Widerstand mehr, jetzt, wo es an die Tat ging und die Petersburger Genossen uns eröffneten, dass alles zu Attentaten bereit sei und es nun heiße, den Plan zu verwirklichen und nicht auf dem toten Punkt zu verharren.«

Offensichtlich meldete sich auch hier Sofjas nicht zu stillender Tatendrang und brachte die überzeugte Gewaltgegnerin dazu, noch näher an die »Politiker« zu rücken. Doch den letzten Zweifel hinsichtlich des Zarenmordes als eines Racheaktes zerstreute nicht allein bei Sofja, sondern ebenso bei der Mehrheit ihrer Gleichgesinnten eine neue Unglücksbotschaft aus Odessa: Am 10. August 1879 wurde nämlich der Parteigeldgeber, der seit dem vorigen Jahr inhaftierte Millionär Dmitri Lisogub, hingerichtet, nachdem ihn seine Verwandtschaft aus Angst um das Vermögen denunziert hatte.

Für Sofja stand es nun außer jedem Zweifel: Der Zar muss sterben. Nach außen hin mimte die junge Frau die Entschlossenheit, in ihrem tiefsten Inneren aber blieb sie weiterhin unentschieden. Über die innerliche Zerrissenheit des Mädchens berichtet Sofjas enge Vertraute Jelisaweta Kowalskaja, mittlerweile ein Mitglied der »Schwarzen Umverteilung«, jenes forsche Kind, das mit sieben seiner fronpflichtigen Mutter die Freiheit erkämpfte:»Als ich im Herbst in Petersburg zu Besuch war, fand ich dort die Perowskaja mit einem Buch in der Hand, auf dem Sofa liegend. Sie erhob sich und begrüßte mich herzlich. Während wir die üblichen Floskeln austauschten, spürten wir so etwas wie eine unsichtbare Wand zwischen uns. Wir setzten zwar unser Geschwätz fort, aber es war auch irgendwie matt, irgendwie anders als bisher.

Kurz nach mir kam Plechanow. Mit dem für ihn typischen lockeren Ton scherzte er über die Ausreden, die sich der verspätete Scheljabow jetzt ausdenken würde. Mir war zum Spaßen nicht zumute. Die Spaltung der Partei traf mich hart sowie alle Folgen, die sie nach sich zog. Die Perowskaja schwieg, warf lediglich einen scharfen Blick in Richtung Plechanows und beugte sich daraufhin wieder über das Buch. Dieser misstrauische, verstohlene Blick ähnelte so sehr demjenigen, den ich bei Sonja während unserer ersten Begegnung in der Wladimir-Straße beobachtet hatte.

Einige Minuten später erschien auch Scheljabow. Nach dem Austausch einiger diplomatischer Phrasen zettelten die beiden Männer auf der Stelle einen heftigen Diskurs an. Dabei ging es immer wieder um dieselben Fragen: Terror, Revolution, Dorfpropaganda, Sozialismus … Die Perowskaja schwieg, hörte aufmerksam und gespannt den Opponenten zu. Ich konnte nicht bis zum Ende bleiben.

Beim Abschied fragte sie mich: ›Wo kann ich dich unter vier Augen sprechen?‹ Wir vereinbarten, uns in einem Restaurant zu treffen. An dem verabredeten Tag sah ich die an einem kleinen separaten Tisch sitzende Perowskaja auf mich warten.

›Ich würde dich so gern überreden, zu uns, zum ›Volkswillen‹ überzutreten, weil ihr, statt etwas Konkretes zu unternehmen, einfach vor euch hin vegetiert, und das ist zu schade. Bei uns laufen die Vorbereitungen auf vollen Touren, wir wollen bald eine Aktion beginnen‹, fing sie das Gespräch an.

›Meine ganze Seele ist bei euch. Ich bin auch für den Terror. Aber in eurem Programm überragt das politische Moment auf Kosten des sozialistischen. Wenn ihr den Kontakt zum Volk aufgebt, werdet ihr einen politischen und keinen sozialistischen Umsturz herbeiführen‹, antwortete ich.

Lange noch diskutierten wir halblaut, begleitet von dem dumpfen Getöse des überfüllten Lokals. Mir brach das Herz. Es zog mich unwiderstehlich zum aktiven Kampf, aber der Verstand redete mir zu: ›Nein, das bringt dich vom Volk weg.‹

Am Schluss sagte die Perowskaja nachdenklich, als würde sie ein Selbstgespräch führen: ›Weißt du, hättet ihr ein einziges ernst gemeintes Projekt, würde ich umgehend zu euch kommen, aber gegenwärtig gibt es nichts Derartiges bei euch.‹«

Dennoch weigerte sich Sofja weiterhin, definitiv Farbe zu bekennen. Offiziell schlug sie sich weder auf die Seite der »Politiker« noch auf die der »Dörfler«. Die Ära der »Land und Freiheit« ging zu Ende, doch Sofjas Dilemma blieb: Was tun?

Nach dem Erlangen der Autonomie fand die erste Tagung der neu entstandenen Partei »Volkswille« im Dorf Lesnoje statt. Ihr Thema war die zukünftige Politik des Geheimbundes, die Antwort auf die Frage: Sollte man eine breit angelegte terroristische Aktion starten oder doch alle Kräfte auf den Zarenmord konzentrieren? »Dass sich in einem Zeitraum von einigen Monaten die Ansichten der revolutionären Jugend so grundsätzlich änderten, geschah ohne Zweifel unter dem Einfluss des Andrej Scheljabow.«

Abgesehen von den politischen Zielen trug zu der Zähigkeit, mit welcher die Verschwörer die Ermordung des Imperators verfolgten, die brutale Reaktion der Regierung auf die nicht abreißende Terrorwelle bei. Seit der Einführung der Militärdiktatur im vorigen Jahr, bei der die Generäle das Sagen hatten, wurden insgesamt siebzehn Todesurteile gegen die »Politischen« verhängt, sieben davon gingen allein auf den Odessaer Generalgouverneur, Graf Eduard Totleben, zurück, von den massenhaften Verbannungen nach Sibirien auf Lebenszeit ganz zu schweigen.

»Niemand spricht diesen Generälen die Fähigkeit und den Mut auf dem Schlachtfeld ab, einem ihnen so vertrauten, ja wohlbekannten Metier«, so der Zarendiplomat Fürst Meschtscherski. »Aber diese Eigenschaften zeigten sich unbrauchbar bei der Ausübung der zivilen Macht, wobei man mit einer anderen sozialen Gruppe, anderen Ideen und nicht zuletzt anderen Aufgaben zu tun hatte. Das war der Grund, warum die Überantwortung der absoluten Vollmacht auf die Generäle resultatlos blieb. Darüber hinaus erfreute sich das Militär bei dem Volk nie einer großen Beliebtheit.«

Kein Vorgänger Alexanders II., nicht einmal sein Vater Nikolaj I., der »gekrönte Gendarm«, ließ so viele Galgen errichten wie der Zar der Befreier, was ihm wiederum das Attribut »Henker« bescherte. Diese Inkonsequenz, diese Zickzack-Politik – auf der einen Seite das Mitgefühl und die Milde eines beliebten Herrschers, auf der anderen die eiserne Härte eines verhassten Despoten – wohnten zugleich der von extremen Gemütsschwankungen geprägten Person des Monarchen inne. In seiner widersprüchlichen Natur schlugen sich zwei unterschiedliche Erziehungsmethoden nieder, einerseits die des leidenschaftlichen Humanisten, seines Lehrers Schukowski, andererseits die seines strengen Vaters, der den damaligen Thronfolger einem spartanischen Drill unterzogen hatte.

Das rohe Vorgehen des janusköpfigen Zaren hatten die Revolutionäre vor Augen, als der »Hausmeister« Michailow nach der Abstimmung protokollierte: »Am 26. August 1879 verurteilte der ›Volkswille‹ den russischen Imperator Alexander II. zum Tode.« Auch Sofja stimmte dem Attentat zu, in ihrem tiefsten Inneren aber stemmte sich alles dagegen. Wie schwer die junge Frau mit sich kämpfte, bezeugt ihre plötzliche Reise zur Krim, zur Mutter, deren Nähe die junge Frau ständig suchte, wenn sie von Zweifeln geplagt war und nicht weiterwusste.

Bevor sie sich aber auf den Weg machte, »brachte sie die ›Schwarzen Umverteiler‹ mit einigen ihrer Bekannten, den Parteisympathisanten in der Provinz, in Verbindung und übergab ihnen eine größere Geldsumme, die sie bei sich hatte«.

»Im Herbst 1879 erreichte mich ein Telegramm. Darin bat man mich, mit der Kutsche nach Simferopol zu kommen«, berichtet Wassili Perowski. »Ich wusste sofort, dass es Sonja war. So ergriffen wir umgehend die notwendigen Maßnahmen, um jegliche Gefahr für sie schon im Vorfeld auszuräumen: Den Sonntag, den Tag ihrer Ankunft, gaben wir der Köchin frei. Unser Diener verbrachte sowieso jedes Wochenende zu Hause, aus dieser Sicht war also alles in Ordnung.

Mama wartete sehnsüchtig auf das Wiedersehen mit Sonja, denn unser Kontakt zu ihr beschränkte sich ausschließlich auf die seltenen Briefe, die sie uns an eine ›sichere‹ Adresse sandte. … Die Mutter war sehr besorgt, weil Sonja dauernd hustete, sich über Schmerzen in der Brust beschwerte und dabei lediglich ein Seidenjäckchen anhatte. Obschon sie sich ganz zärtlich zur Mama benahm, war jedoch von der ehemaligen Unbeschwertheit meiner Schwester nichts mehr übrig. Sie versuchte, uns auf ihren baldigen Tod vorzubereiten, auf das Ende in einem der Gefängnisse oder am Galgen. Sie redete über die misslungenen Befreiungsaktionen, über ihre Freunde sowie über die Details ihrer Flucht. Als wir Natansons Zuversicht bezüglich einer kurz bevorstehenden sozialen Umwälzung sowie der in Aussicht gestellten Beschließung einer Verfassung erwähnten, winkte sie ab: ›Was für eine Verfassung?! Das interessiert mich nicht die Bohne! Ich will klipp und klar meine Kameraden rächen.‹ … Schon am nächsten Tag verließ uns Sonja. Beim Abschied ließ sie Mama aus der festen Umarmung nicht los und küsste ihr ununterbrochen die Hände. Lange noch nachdem Sonja weg gewesen war, haftete der Schmerz in Mamas Gesicht.«

Der Besuch brachte Sofja nicht den gesuchten Trost, sondern im Gegenteil ein noch größeres Leid. Sie kam zur Mutter, als ihr Glaube an Freundschaft letztendlich schwer erschüttert war. Spätestens nach dem Woronescher Kongress musste der jungen Frau klar geworden sein, dass ihre Mitstreiter weder gegen Neid noch Schadenfreude, noch Lügen oder Intrigen gefeit waren, dass sie nicht mit »neuen« Menschen zu tun hatte, sondern mit den knallharten Politikern, die bei dem Kampf um die Macht alle moralischen Prinzipien über Bord warfen, worauf sie noch bis gestern geschworen hatten.

Zu dieser schmerzhaften Enttäuschung gesellte sich jetzt auch das Bewusstsein darüber, dass sie den Egoismus, den sie dem Vater nicht verzeihen konnte, nun selbst an den Tag legte. Sie begriff, dass ihr Leben nicht ausschließlich ihre Sache war, dass sie, ohne es zu wollen, die Familie zwangsläufig in Mitleidenschaft zog, ihr ein Dasein jenseits der Normalität aufzwang, sie letztendlich des Rechts beraubte, das eigene Schicksal selbst zu bestimmen. Beide Brüder, sowohl Nikolaj als auch Wassili, der sich inzwischen von jeglicher politischen Aktivität lossagte, brachen ihr Studium ab und übersiedelten nach »Primorskoje«, wohnten bei der Mutter, weit weg von Petersburg. Marja heiratete im über 1600 Kilometer entfernten Gouvernement Saratow. Vielleicht war das ein Zufall, vielleicht flüchtete das Mädchen absichtlich dorthin, wo niemand die Geschichte ihrer Familie kannte. Es gibt zwar keine Berichte über das Verhältnis des Petersburger Verwandten-, Freundes- oder Bekanntenkreises zu den Perowskis, nachdem die Polizei Sofja zur Fahndung ausgeschrieben hatte, aber wie auch immer es gewesen sein mochte, Zustimmung und Verständnis ernteten sie bestimmt nicht. Obendrein machte ihnen die permanente Angst vor Razzien und Verhören nicht minder zu schaffen. In der Provinz, wo die Meldungen ganz langsam durchsickerten, fanden sie zumindest Ruhe. Doch auch hier bangte die Gräfin um das Leben nicht nur der Tochter, sondern ebenso der beiden Söhne, vor allem um das Wassilis, da der junge Mann schon vorbelastet war. Nach der neuerlichen Gesetzesverschärfung hätte ein einziger Verdacht, er unterhalte Kontakte zur Schwester, ihn den Kopf kosten können.

Dass Sofja von Schuldgefühlen und Gewissensbissen insbesondere der Mutter gegenüber geplagt wurde, hebt der zweite »Tschaikowzen«-Liebling Sergej Krawtschinski hervor: »Sie [Sofja Perowskaja – L. K.] vergaß nie das unaufhörliche Leid, das die Mutter ihretwegen ertragen musste. So nutzte sie stets den kleinsten Anlass und schickte ihr eine kurze Nachricht, ein Lebenszeichen von sich. In den letzten Jahren passierte es sehr oft, dass sie alles beiseitelegte, um die Mutter mit einer Schachtel Pralinen zu überraschen.«

Doch die bitterste Erkenntnis war für Sofja die Tatsache, dass sie ihren Rubikon schon längst überschritten hatte, dass es für sie kein Zurück mehr gab: »Der Terror zieht den Menschen in seinen Strudel hinein, umhüllt ihn von allen Seiten wie ein Spinnennetz, verdammt ihn dadurch zum Handeln ausschließlich in einer Richtung.«

Mit dem Gedanken, es gebe für sie nur noch einen Weg, wenn auch dieser nichts Gutes verhieß, kehrte Sofja nach Petersburg zurück, wo sich der »Volkswille« bereits mit einem von Andrej Scheljabow entworfenen Plan zum Attentat auf den Zaren beschäftigte. Dieser bestand aus drei Phasen und sollte schon im November bei der Rückkehr Alexanders II. von seiner Sommerresidenz in der Krimer Liwadia nach Petersburg durchgeführt werden. In der dreistufigen Abwicklung zeigte sich die Perfektion ihres Erfinders: Jedes Vorhaben nicht nur bis zur kleinsten Einzelheit auszutüfteln, sondern auch stets mehrere Varianten parat zu haben, sollte eine von ihnen schiefgehen. Diesmal war es auch nicht anders: Dem Imperator standen zwei Verkehrsverbindungen zur Verfügung: von der Krim mit dem Schiff bis Odessa und von dort mit der

Er las die komplette Fachliteratur über Dynamit:
der Bombenexperte
Nikolaj Kibaltschitsch,
einer der zum Tode ver-
urteilten Attentäter.

Eisenbahn nach Petersburg oder aber von Liwadia mit der Kutsche bis Moskau und dann weiter mit dem Zug. Auf der zweiten Strecke lag das kleine, nahe Moskau gelegene Städtchen Alexandrowsk. Also Odessa – Alexandrowsk – Moskau war das Dreieck, in dem sich alle Zarenwege kreuzten: Wie auch immer sich der Imperator entscheiden würde, musste er eine der drei Ortschaften passieren, und in jeder warteten auf ihn die Minen. Die Wahrscheinlichkeit also, dass der Monarch drei aufeinanderfolgende Anschläge überleben würde, war natürlich nur theoretisch.

Da die Zeit drängte, liefen die Arbeiten im Laboratorium des »Volkswillens« in der Bolschaja-Podjatscheskaja-Straße 37 auf vollen Touren. Dieses wurde von der um Michailow versammelten Gruppe »Swoboda ili smert« (»Freiheit oder Tod«), der bereits erwähnten »Partei in der Partei«, errichtet. Seit dem letzten Jahr experimentierten die Verschwörer dort mit der Herstellung von Nitroglyzerin und Sprengstoff. Binnen kurzer Zeit gelang es ihnen tatsächlich, eine beträchtliche Menge zu produzieren. So leisteten die russischen Anarchisten eine Pionierarbeit auf diesem Gebiet, denn sie waren »die Ersten, die Dynamit auf einer breiten Basis verwandten«.

Dieser Fakt ist umso erstaunlicher, weil die Laboranten Laien waren, die über keine fundierten theoretischen Kenntnisse bezüglich des Umgangs mit Explosivstoffen verfügten. Der Laborchef Nikolaj Kibaltschitsch, der ehemalige Student des Technischen Instituts, studierte Medizin. Der vierundzwanzigjährige gertenschlanke Priestersohn, dessen »dunkle Mähne wie Eiszapfen um das blasse, jeder Lebendigkeit bare Gesicht hing«, besaß ein äußerst ausgeprägtes technisches Talent, interessierte sich brennend schon seit der frühesten Kindheit für Technik. Zu dem Zeitpunkt, als ihn der »Hausmeister« überredete, seinem Zirkel »Swoboda ili smert« (»Freiheit oder Tod«) beizutreten, hatte er »die komplette ihm zugängliche Fachliteratur über die Dynamitproduktion in Russisch, Französisch, Englisch und Deutsch gelesen« und sogar Nitroglyzerin in seiner Wohnung hergestellt, womit er bewies, dass für die Fertigung von Zündstoffen keine hochkarätige Ausstattung erforderlich war.

Drei Jahre verbrachte er im Gefängnis wegen des Besitzes von verbotenen Büchern und gehörte somit zur »Familie 193«, aber deren Gemeinschaftsgeist riss den introvertierten Jüngling nicht mit, da er, »einer der herausragendsten Intellektuellen unter deren Parteimitgliedern eigentlich ein Eigenbrötler war. ... Alles, was mit Organisationsfragen oder Agitation zu tun hatte, lag außerhalb der Sphäre seiner Wahrnehmung.« Einmal fragte jemand nach seinen Aufgaben innerhalb der »Land und Freiheit«, worauf er die Antwort bekam: »Ach, das ist unser Bombenexperte.«

Ihm assistierte unter anderen auch Grigori Issajew, der Sohn eines Briefträgers mit einem abgebrochenen Medizinstudium. Ausgerechnet dieser junge Mann mit der Miene eines Mönchs, bekannt unter dem Spitznamen »Techniker«, hatte paradoxerweise »die schwächsten Nerven, vielleicht aufgrund seiner übertriebenen Gereiztheit«.

Während die Laboranten an der Fertigstellung von Minen arbeiteten, traf man weitere Vorbereitungsmaßnahmen. Da sich Scheljabow am Anschlag in Alexandrowsk beteiligen und dabei die Zündanlage sowohl selbst basteln als auch legen sollte, reiste er umgehend nach Odessa ab, wo er bei verschiedenen Professoren der Militärakademie, Ingenieuren sowie technischen Experten unterschiedlicher Fachrichtungen teuren Unterricht nahm und dafür fünfundzwanzig Rubel pro Stunde bezahlte. Während der Unterweisung durfte er dem Testen von Minen und Torpedos beiwohnen oder sich an den Versuchen mit Sprengstoff beteiligen. Nach einem Unfall warnte ihn sein Jugendfreund Petr Semenjuta: »›Du weißt, wie deine Nerven sind. Denk immer daran, mein lieber Kumpel, misch dich nicht in den praktischen Teil ein, das ist nicht dein Ding, du bist keine ausführende Person. Mit deinem Temperament und technischem Ungeschick steck die Nase nicht in Sachen, von denen du keine Ahnung hast.‹ Scheljabows Natur zeichnete sich durch Ungestüm aus. Deshalb war er für die Geduld und Präzision erfordernden Unternehmungen überhaupt nicht geeignet.«

Mit den notwendigsten Grundkenntnissen ausgerüstet, machte sich Scheljabow auf den Weg gen Alexandrowsk. Dort angekommen, stellte er sich als Geschäftsmann den Ortsbehörden vor: Er plane die Eröffnung einer Lederfabrik und befinde sich auf der Suche nach einem zweckmäßigen Standort. In der Tat erkundete er die Gegend um den Bahnhof und suchte eine passende Stelle zum Minenlegen. Kurz nach Scheljabow traf in Alexandrowsk seine »Ehefrau« Anna Jakimowa ein, die hochgebildete Tochter eines Dorfpriesters, dessen Tyrannei sie entkommen war. Die leicht schielende Brünette, die ihre Hände stets in den Ärmeln versteckt hielt, trat nach dem Freispruch im »Prozess der 193« in die »Land und Freiheit« ein, nach deren Zerfall dann in den »Volkswillen«. Die »Tschaikowzen«-Veteranin nannte man die »Dynamithüterin«, da sie überwiegend im Labor aushalf. Den »Eheleuten« schlossen sich daraufhin noch zwei weitere »Volkswille«-Mitglieder an.

Das zweite konspirative »Ehepaar«, nämlich Wera Figner und der Bombenexperte Kibaltschitsch, erschienen Anfang September mit einem Koffer voller Utensilien zur Minenherstellung in Odessa, und nach ihnen die »Kijewer Rebellen« Michail Frolenko sowie der Melancholiker Nikolaj Kolotkewitsch, der auf dem Woronescher Kongress in die Partei aufgenommen worden war. Die Vorbereitungen begannen: »Unsere Wohnung diente den allgemeinen Zusammenkünften. Dort fanden alle Beratungen statt, dort wurde Dynamit aufbewahrt und Pyroxilin getrocknet; dort wurden die Zünder fertiggestellt und die Induktionsapparate unter der Leitung von Kibaltschitsch geprüft«, berichtet die Figner. »Zuerst mußte aber ein Plan aufgestellt werden, wie und an welcher Stelle die Eisenbahn zu unterminieren wäre. … Wir kamen zum Resultat, es wäre das Beste, wenn jemand von uns die Stelle eines Bahnwärters bekäme und von seinem Häuschen aus die Mine legen würde. Das war das Sicherste und Bequemste, was man sich vorstellen konnte. Ich übernahm es, eine solche Stellung zu beschaffen, Frolenko sollte sie antreten.« Nach Einholung von Erkundungen begab sich Wera Figner, »in Samt gekleidet, wie es einer Bittstellerin, die eine Dame ist, geziemt«, zu dem Baron Ungern-Sternberg und bat ihn um eine Wärterstelle für ihren Pförtner, da dessen Frau an Tuberkulose leide und frische Luft dringend brauche. Die Schönheit und die Eleganz der jungen Frau sowie »ihre Fähigkeit, in jeder Gesellschaft, einschließlich der aristokratischen, die richtige Verhaltensweise anzuwenden« hatten ihre Wirkung bei dem Bahndirektor offensichtlich nicht verfehlt. Schon einen Tag später zog der »Rebell« Frolenko mit seiner »Frau«, der »Tschaikowzen«-Veteranin Tatjana Lebedewa, in das Wärterhäuschen ein. Hätte der Baron die Tochter eines Moskauer Beamten gesehen, hätte er auf Anhieb feststellen können, dass die mollige, pausbäckige »Wärtergattin« vor Gesundheit regelrecht barst.

Zeitgleich bezog Sofja ein für eintausend Rubel gekauftes Haus am Moskauer Stadtrand, am Ort des dritten Anschlags. Ein paar Tage später reiste der jungen Frau ihr »Ehemann« Lew Hartman nach. Der Wolgadeutsche war zur »Land und Freiheit« kurz vor deren Aufspaltung gestoßen. Seine große Vorliebe für Technik trug ihm den Spitznamen »Alchimist« ein. Den Nachbarn stellte er sich als neuer Streckenwärter vor. Ihm folgten der »Hausmeister« Michailow, der abenteuerlustige Schönling Alexander Barannikow, Sofjas Verehrer Grigori Goldenberg sowie einige weitere Mitstreiter. Im Laufe von etwa drei Monaten hatte die Gruppe einen Tunnel vom Haus bis zu der etwa 150 Meter davon entfernten Gleisanlage zu graben, an dessen Ende eine Mine gelegt werden sollte.

Der Zeitknappheit wegen schufteten die Verschwörer von sieben Uhr früh bis neun Uhr abends, in mehreren Schichten, pausenlos. Die Arbeit gestaltete sich höllisch anstrengend, weil sie dabei lediglich Schaufeln und einen Kompass benutzten. Die Tunnelhöhe betrug etwa achtzig Zentimeter, sodass sie sich darin nur auf allen vieren bewegen konnten. Pro Tag kamen sie etwa drei Meter voran. Als es noch unablässig zu regnen begann, wurde das Schaufeln im Knien nicht nur mühsamer, sondern auch gefährlicher: In den Stollen drang Wasser ein, und unter dem Gewicht des durchnässten Bodens drohten die Stützbretter jeden Augenblick in sich zusammenzubrechen, weswegen einige der Männer eine Giftampulle bei sich hatten. Obendrein herrschte da unten eine unerträgliche Schwüle, sodass man kaum atmen konnte.

Die »Bäuerin« Sofja sorgte für den Haushalt. Nebenbei gesagt »schlüpfte sie unheimlich gern in die Rolle der einfachen Frau hinein und spielte sie mit Virtuosität«. Die Nachbarn wunderten sich über die Unmenge von Lebensmitteln, die sie für nur zwei Personen täglich kaufte, denn die anderen Kameraden ließen sich nicht blicken. Ebenso kamen ihnen die nächtlichen, durch den Transport der Bretter verursachten Geräusche seltsam vor.

Obwohl die neugierigen Dorfbewohner die Neuankömmlinge weitgehend in Ruhe ließen, wäre das Unterfangen dreimal beinahe aufgeflogen, hätte Sofja dank ihrer schon sprichwörtlich gewordenen Kaltblütigkeit im kritischen Moment nicht blitzschnell reagiert. Eines Tages tauchte plötzlich ein Kaufinteressent für das Haus auf und bestand auf einer Objektbesichtigung. Auf seine hartnäckigen Versuche hin beteuerte Sofja immer wieder, ihr Gatte sei abwesend und sie verstehe gar nichts von Geschäften. Sie stellte sich so lange dumm, bis der sture Mann abwinkte und frustriert verschwand. Ebenso unerwartet kamen ein anderes Mal die ehemaligen Hauseigentümer, um einen stehen gelassenen Marmeladentopf zu holen. Sofja tat, als wäre sie vollkommen durcheinander, suchte angeblich den Schlüssel vom Speicher überall und wiederholte ununterbrochen dabei, sie habe diesen soeben in der Hand gehabt, aber jetzt finde sie ihn nicht mehr. Übrigens war der Speicherraum bis zur Decke mit Erde gefüllt. Kurz danach brach in einem Nebengebäude ein Feuer aus und drohte das konspirative Haus zu erfassen. Die in Panik geratenen Nachbarn rannten zu Sofja, wollten ihr beim Herausschaffen von Möbeln unter die Arme greifen, doch diese, mit einer Ikone in der Hand, stellte sich vor die versammelten Leute: Gottes

Wille geschehe, so die junge Frau, gegen Seine Strafe helfe nur das Gebet. Dennoch stand immer auf dem Tisch eine Flasche mit Nitroglyzerin, die Sofja durch einen Schuss zur Explosion bringen sollte, falls die Polizei irgendwann an der Tür klopfen würde.

Doch »allen lauernden Gefahren zum Trotz herrschte im Häuschen eine fröhliche Stimmung. Beim Mittagessen, wenn alle beisammen waren, schwätzten sie und scherzten miteinander, als wäre alles in bester Ordnung. Meistens hörte man dabei den silbernen Klang von Sofjas Lachen. Sofja lachte mit einem entsicherten Revolver in der Tasche.«

Nach der Fertigstellung des Stollens nahm man sich die Minenproduktion vor. Die vorhandene Dynamitmenge erwies aber als unzureichend, so wurde Grigori Goldenberg am 9. November zur Odessaer Gruppe geschickt, den Nachschub zu holen. Diese stellte ihre Arbeit ein, weil sie inzwischen die Information erhielt, der Zar werde nicht über Odessa fahren. Vier Tage später, auf dem Weg zurück nach Moskau, musste Goldenberg in Jelisawetgrad umsteigen. Da die Rückreise des Imperators nahe bevorstand, wurden die Kontrollen auf den Bahnhöfen deutlich verschärft; so bekam das Personal die Anordnung, besonders auf die Bagage von Fahrgästen zu achten. Dabei fiel einem der Gepäckabwieger ein kleiner Koffer durch sein ungewöhnlich großes Gewicht auf. Seine Beobachtung meldete er auf der Stelle dem Gendarmen Wassilew. Dieser stoppte sofort die Ausgabe und bat den elegant angezogenen Besitzer, sich auszuweisen. Daraufhin legte Goldenberg einen Pass, ausgestellt auf den Namen eines angesehenen Kaufmanns aus Tula, vor. Seit dem Mord an dem Gendarmenchef Mesenzew prüfte die Polizei sorgfältig die Gültigkeit jedes Dokuments durch Anfrage am Ausstellungsort; so verzichteten die Revolutionäre auf fiktive Angaben und verwendeten stattdessen die Personalien von existierenden Bürgern. Sowohl bei der Frage nach dem Inhalt des Koffers als auch bei der Aufforderung, diesen aufzuschließen, stotterte der völlig verwirrte junge Mann herum: Angeblich gehöre das Gepäck nicht ihm, sondern seinem Freund, unterwegs sei ihm der Schlüssel abhandengekommen. Als Wassilew bei der Leibesvisitation diesen doch fand, ergriff der Dynamitkurier die Flucht. Einige Gendarmen und Passagiere stürzten ihm hinterher, und kurz danach saß er in Odessaer Untersuchungshaft.

Ungeachtet Goldenbergs Festnahme wichen die Revolutionäre von ihren Plänen nicht ab. Da der erste Anschlag in Odessa nicht stattfand, legte man nun alle Hoffnungen in Alexandrowsk und Scheljabows Trupp. Am 18. November schickte der »Spionenschreck« Presnjakow, der nach dem Zaren Ausschau hielt, aus Simferopol das chiffrierte Telegramm: Der Zar befinde sich im vierten Wagen des zweiten Zuges. Aus Sicherheitsgründen fuhren immer zwei getrennte Züge, immer in derselben Reihenfolge: Zuerst startete der mit der Suite, danach, in einem Abstand von einer halben Stunde, der mit dem Herrscher. So ließ Scheljabow die erste Bahn vorbei, bei der nächsten schloss er die Drähte seiner selbst angefertigten Zündvorrichtung, aber es geschah nichts! Keine Explosion! Unversehrt donnerte auch dieser Zug über die unterminierten Schienen hinweg. Die technische Ungeschicktheit Scheljabows rettete Alexander II. das Leben. Bei der Minenherstellung war dem Bastler ein Fehler unterlaufen: Er hatte nämlich die Elektroden falsch verbunden!

Die Meldung Presnjakows leitete man schnellstens an die Moskauer Gruppe weiter, auf welche jetzt alle Augen gerichtet waren. Dem Fahrplan nach sollte der Zar am 19. November um zehn Uhr und elf Minuten in Moskau ankommen. Die Tunnelarbeiter brachen gen Petersburg auf. und lediglich das »Ehepaar« blieb zurück. Sofja hielt draußen nach der Bahn Ausschau, während der »Alchimist« Hartman auf ihr Zeichen im Haus wartete, um den Stromkreis zu schließen. Als nach dem ersten nun der Zarenzug erschien, zählte die junge Frau die Wagen ab, und bei dem vierten hob sie die Hand. Ein gewaltiger Knall ertönte durch die Dorfstille. Zwei zur Dampflokomotive gehörende Wagen wurden völlig zerstört, ein weiterer überschlug sich, acht entgleisten, Menschen kamen dabei nicht zu Schaden. Während sich die ersten Schaulustigen um den Unfallort scharten, machten sich die beiden aus dem Staub. Als die Polizisten das Häuschen betraten, brannte noch das Licht, im Samowar kochte das Wasser, das Teegeschirr stand auf dem Tisch, von den Bewohnern aber keine Spur.

Am kommenden Tag notierte ein Zugmitreisender, der Verteidigungsminister Graf Dmitri Miljutin, in seinem Tagebuch:»An der zuerst fahrenden Maschine mussten einige technische Probleme beseitigt werden.

Der Imperator hatte keine Geduld, so lange zu warten, so ist der herkömmliche Ablauf kurzfristig geändert worden.«
Von dem Vorfall konnte der »Spionenschreck« Presnjakow natürlich nicht wissen. Die Moskauer Gruppe erhielt also eine inkorrekte Information und erwischte demzufolge den falschen Zug. Als dieser explodierte, ruhte sich Alexander II. in den Kremlgemächern schon längst aus. »Das Attentat vom 19. November tauchte ganz Moskau in ein düsteres Kolorit«, schreibt der Verteidigungsminister weiter. »Unter diesem betrüblichen Eindruck setzten wir unsere Fahrt fort. Um den Imperator zu beschützen, unternahmen wir alle erdenklichen Sicherheitsmaßnahmen. In Petersburg meldete man sogar keine Ankunftszeit. Die Soldaten der Zarengarnison, alle Offiziere, der Offiziersstab, sogar die Zarenfamilie hatten einige Stunden auf den Straßen und am Bahnhof auszuharren, dazu noch bei einer für diese Jahreszeit völlig untypischen klirrenden Kälte. ... Wir trafen in der Stadt etwa gegen drei Uhr nachmittags ein. Der Herrscher war ernst und traurig.«

Nicht grundlos ließ der Zar den Kopf hängen. »Die Gerüchte über den Attentatsplan der Anarchisten verbreiteten sich schnell buchstäblich in ganz Russland«, so der zweite »Tschaikowzen«-Liebling Sergej Krawtschinski. »Selbstverständlich wusste niemand, wo es genau geschehen sollte, aber allen Studenten, Rechtsanwälten, Schriftstellern, ausgenommen selbstverständlich den der Polizei Nahestehenden, kam das Gerücht zu Ohren, dass der Zarenzug auf dem Weg von der Krim nach Petersburg in die Luft gejagt werden würde. Darüber redete man auf Schritt und Tritt. ... Aber die Polizei erfuhr davon nichts.« Sie bekam mit ihrer Kolonne von Agenten und Informanten nichts mit?

Noch seltsamer war die Reaktion des Chefs der Dritten Abteilung, Alexander Drentel, nach der Verhaftung des Dynamitkuriers Goldenberg: »›Vielleicht war der Koffer für den Zarenzug gedacht?‹ Merkwürdige Frage, nicht wahr? Nutzte der Verhaftete eine Menge von Explosivstoff etwa für Eigenbedarf? Es war sonnenklar, dass die Terroristen den Zarenzug im Visier hatten. Deswegen hätte man die Leibgarde des Imperators sofort darüber benachrichtigen, die Maschine stoppen, die Schienenanlage überprüfen oder aber die Route ändern müssen. Kurzum: Es war notwendig, etwas zu unternehmen. Aber es wurde nichts gemacht. Allein das Schicksal rettete den Zaren. Und erneut die Frage: ›Warum?‹«

Möglicherweise hat Lew Dejtsch doch recht, wenn er behauptet: »Jetzt, nach der Enthüllung des Geheimnisses der terroristischen Erfolge, zeigt sich uns noch eine andere Seite, vielleicht die schlimmste der terroristischen Tätigkeit: nämlich, daß sich die Tätigkeit im intimsten Verband, Arm in Arm mit der Polizei vollziehen kann. … Ende der siebziger Jahre … wurden die terroristischen Attentate von unabhängigen, selbständigen Gruppen vorbereitet, und es gab doch Spitzel. … Dabei vergessen sie [die Terroristen – L.K.], daß ihnen viele Attentate nur deshalb gelangen, weil die Polizei, die einen ihrigen unter ihrer Mitte wußte, sorglos war und es nicht nur unterließ, rechtzeitig Gegenmaßregeln zu treffen, sondern stillschweigend, zur Erreichung ihrer Zwecke, ihre Spione alles ungestört tun ließ.«

Als der Anschlag auf den Zarenzug verübt wurde, befand sich die an Schwindsucht erkrankte Zarin in Nizza. Vom Attentat erfuhr sie aus der Presse, wodurch sich ihre gesundheitliche Lage zusehends verschlimmerte. Umgehend wollte sie nach Moskau zurück.»Während sie sich auf die Reise vorbereitete, weinte sie permanent und fragte sich, ob sie in ihrem Zustand einen so langen und anstrengenden Weg überhaupt verkraften könne. Tatsächlich ging es der Monarchin dermaßen schlecht, dass die Marja Alexandrowna begleitenden Hofdamen glaubten, sie würde unterwegs sterben. Der Hofarzt erklärte Alexander II., es sei unerlässlich, die Zarin vor jeglicher Aufregung zu bewahren, weswegen nur die engsten Familienangehörigen sie am Bahnhof empfingen. Als sie endlich in den Winterpalast gebracht wurde, legte sie sich ins Bett, welches sie nie mehr verließ.«

Zu dem Anschlag, der in der Öffentlichkeit eine noch größere Resonanz fand als der Solowews, bekannte sich das Exekutivkomitee, eigentlich ein nicht existierender, mit dem »Volkswillen« identischer Vollzugsausschuss, der nur zwecks Vortäuschung eines mächtigen Komplotts erfunden wurde. Von nun an galt es aber als Inbegriff des politischen Terrors in Russland. Die Idee sowie der Name der Scheinorganisation stammten eigentlich von Walerian Ossinski. Der »Apollo der russischen Revolution« versuchte auf diese Art und Weise, die Polizei irrezuführen.

Das Exekutivkomitee wurde zum Inbegriff des politischen Terrors in Russland: das Siegel des Geheimbundes.

Er entwarf ebenfalls das Siegel des Geheimbundes, das – über Kreuz liegend – ein Beil, ein Messer und eine Pistole zeigte.

Nachdem der Rausch der Gefühle einigermaßen abgeklungen war, organisierte der »Volkswille« eine Sitzung in Petersburg, um die Misserfolge kritisch zu betrachten. Michailow nutzte sofort die Chance, den »Eindringling« aus dem Süden, den für das Attentat in Alexandrowsk verantwortlichen Scheljabow, loszuwerden, indem er eine Nachprüfung der genauen Ursache für das Scheitern verlangte und sogar die Bildung einer Untersuchungskommission durchsetzte, doch deren Arbeit verlief im Sande.

Sofja selbst hielt sich bei den Diskussionen zurück. Sie verbarg ihre Missstimmung so lange, bis alle Männer weg waren, dann aber schilderte sie, »nach Luft japsend, wie sie nach den Zügen ausgeschaut und sich darüber geärgert habe, dass es nicht genug Dynamit gäbe, da eine unnötig große Menge nach Odessa gebracht worden wäre. Der ›Volkswille‹, meinte sie, hätte sich ausschließlich auf Moskau konzentrieren sollen. Vor lauter Aufregung unterbrach sie stets die Rede, und ihr Gesicht war von tiefem Leid gezeichnet. Während sie mit eingeseiften Händen vor dem Waschbecken stand, zitterte sie am ganzen Leib, und man wusste nicht, warum, weil es ihr durch die nassen Arme kalt wurde oder weil das grollende Gefühl der Verzweiflung sowie der lang unterdrückte Kummer aus ihr herausbrachen. Sie war nicht zu trösten.«

Das Misslingen der Anschläge traf Sofja hart, da es hieß, die Menschenjagd und mit ihr der Terror würden weitergehen. Nach wie vor aber wehrte sich ihr ganzes Wesen gegen die »Philosophie der Bombe«.

Die Ermordung des Gendarmen, letztendlich eines unschuldigen Menschen, bei der Befreiungsaktion in Charkow, woran sie beteiligt gewesen war, sowie die weiteren Bluttaten ihrer Kameraden erlebte Sofja nicht direkt. Hätten die Opfer vor ihren Augen im Todeskampf gezuckt, hätte Sofja den Zarenmord mit Sicherheit nie gebilligt, von ihrer direkten Teilnahme an dem Moskauer Attentat ganz zu schweigen. Jetzt aber wohnte sie einer Zerstörung, einer Katastrophe bei, noch mehr, sie hatte diese mitverursacht, sie hatte diese mitzuverantworten.

Von Gewissensbissen geplagt, traf Sofja unmittelbar nach der Parteitagung mit dem »Orator« Plechanow zusammen und beteuerte, sie würde sofort zu den »Schwarzen Umverteilern« stoßen, hätten diese zumindest eine bestimmte Aktion in petto. »Wir haben Sofja Lwowna unsere prekäre Situation ausführlich dargestellt. Im Augenblick bestünden keine starken Verbindungen zum Volk, und es mangele uns sowohl an Leuten als auch an finanziellen Mitteln für etwas Ernsthaftes«, so der Anführer der Liberalen. »Unsere feste Überzeugung, an die Agitation sei unter solchen Umständen nicht einmal zu denken, machte auf die Perowskaja einen deprimierenden Eindruck. ›Das bedeutet, dass ich dann in den ‚Volkswillen‘ eintreten muss?‹, sagte sie, und es schien dabei, als würde sie mit diesem Satz einerseits eine Frage stellen, andererseits aber einen Entschluss fassen. … Ich wusste, dass sie die Ansichten der Radikalen nicht teilte, dass sie die Attentate primär als ein Rachemittel betrachtete. … Deshalb wollten wir ihr den Beitritt zum ›Volkswillen‹ ausreden und rieten ihr, einen günstigen Zeitpunkt für die Propaganda im Ausland abzuwarten. ›Nein, nein‹, wies sie den Vorschlag entschieden ab, ›ich bleibe hier, wo meine Kameraden kämpfen und sterben.‹ Es war schwer, ansehen zu müssen, wie sie ihrem baldigen Untergang entgegenschritt, aber sie ließ sich durch keine Argumente umstimmen.«

Als die junge Frau sich dann Ende Dezember 1879 dem »Volkswillen« offiziell anschloss und Scheljabow »mit strahlender Freude Sofjas Zutritt zur Partei verkündete«, sprach aus Sofja eine ratlose und keineswegs eine überzeugte Politikerin. Die bisherige beharrliche Weigerung, den »Terroristen« beizutreten, beruhte ohne Zweifel vor allem auf dem Widerwillen des Mädchens gegen jegliche Art von Gewalt, aber nicht ausschließlich. Gleichermaßen führte Sofja einen zähen Kampf mit der Versuchung, die sich im Zustand der Verliebtheit bei ihr immer nachdrücklicher meldete. Verstieße sie gegen das Gesetz, wonach ein Revolutionär bar jeglicher Gefühle und Leidenschaften zu leben hatte, gäbe sie ihren Emotionen nach, würde sie nach dem Propagandafiasko jetzt mit einem weiteren konfrontiert, nämlich mit der Erkenntnis, dass auch sie – genauso wenig wie ihre Freunde – kein »neuer« Mensch war. Eine Utopie folgte der anderen, eine Enttäuschung jagte die nächste. Alles, woran sie glaubte, dem sie alles opferte, war also nichts als eine Illusion? Waren demzufolge auch alle Opfer *umsonst*?

Obschon Sofja noch vor einem Monat der Familie gegenüber behauptete: »Die Erfüllung, die einem die Ehe bringt, ist für mich, wenn auch nur vorübergehend, undenkbar. Egal wie intensiv ich einen Mann lieben würde, würde mir jeder Glücksmoment durch den Gedanken vergällt, dass meine Kameraden gleichzeitig am Galgen oder in den Kerkern sterben, während das Volk unter dem Despotismus leidet«, ließ sich die junge Frau dennoch von den Gefühlen für Scheljabow leiten, einerseits, weil sie von deren Intensität vollkommen übermannt wurde, andererseits aber, da diese Liebe den einzigen Strohhalm darstellte, wonach Sofja derzeit noch greifen konnte. Das Zünglein an der Waage dürfte dabei ebenso das Bewusstsein darüber gewesen sein, dass »das Leben eines Revolutionärs nicht in Jahren, sondern in Tagen und Stunden gemessen wird«.

Sofjas Zustand der Verliebtheit prallte nicht nur mit dem Idealbild eines Revolutionärs zusammen, sondern genauso mit den moralischen Sitten der damaligen Zeit und, noch schlimmer, mit persönlichen Ansichten des Mädchens selbst. Sofja war »sehr konservativ, und ihre Überzeugungen änderte sie nicht leicht«. Die in einem Konkubinat lebenden Frauen wurden seitens der Gesellschaft verachtet, ja auf dasselbe Niveau mit Prostituierten gesetzt.

Obendrein liebte Sofja einen verheirateten Mann, was ihre ohnehin nicht beneidenswerte Lage noch komplizierter machte. Zwar trennte sich Scheljabow schon vor einem Jahr von seiner Frau, aber formal war die Ehe nicht geschieden. Der Sohn eines Leibeigenen mit einer völlig untypischen Bildungslaufbahn hatte auch in der Domäne des Privaten einen ungewöhnlichen Weg beschritten. Nach dem Studienabbruch betätigte sich der junge Mann als Hauslehrer in Kijew. Der angesehene Zuckerfabrikant Semen Jachnenko engagierte ihn zum Unterricht seiner Tochter Nastassja, wobei sich Scheljabow in deren ältere Schwester Olga verliebte. Das Paar heiratete 1873, und im folgenden Jahr kam sein Sohn Andrej zur Welt.

Die Familienidylle dauerte nicht lange. Sehr schnell stellte sich heraus, dass die beiden zwei diametral verschiedene Vorstellungen vom Eheglück besaßen. Die bildhübsche Olga Jachnenko, eine gute Klavierspielerin und Sängerin, trat sehr oft in Konzerten auf, was Scheljabow rasend machte. Er ertrug den Gedanken nicht, dass »seine Frau Aristokraten und Plutokraten die Sinne versüße«. Sie dagegen mochte die Gesellschaft, genoss es, im Mittelpunkt zu stehen, der Beifall und das Lob schmeichelten ihr unendlich, und darauf zu verzichten kam für die junge Frau selbstverständlich nicht in Frage.

Außerdem wünschte sie sich ein Familienleben nicht so sehr im Reichtum, sondern im bürgerlichen Sinne dieses Wortes, wozu ein liebevoller Ehegatte mit einem guten Posten sowie ein sorgsamer Vater für ihr Kind gehörten. Tatsächlich hätte Scheljabow alle Voraussetzungen dafür gehabt. Jachnenkos Beziehungen hätten dem Schwiegersohn eine glänzende Karriere ermöglicht, worum ihn jeder Sprössling aus dem besten Haus beneidet hätte. Aber er sehnte sich weder nach dem sozialen Aufstieg noch nach dem Familienglück. Seine Zuwendung zur Dorfpropaganda führte zu Missverständnissen mit dem Schwiegervater. Jachnenko war zwar ein Mensch sehr liberaler Ansichten, zugleich aber ein aufrechter Monarchist.

Kurz nach der Heirat, schon nach den ersten Auseinandersetzungen, schlug Scheljabow die Scheidung vor, aber die Frau wollte nichts davon hören. Sie liebte ihren Mann leidenschaftlich, deshalb hegte sie weiterhin auch die Hoffnung, ihn zum Einlenken bringen zu können. Doch vergeblich: Nach fünf Jahren packte Scheljabow seine Sachen und verließ die Familie. Seinen Sohn sah er nie mehr. Der einzige Kontakt zu dem Kind beschränkte sich auf die Zahlung einer bescheidenen Geldsumme, die er anfangs dem Kleinen regelmäßig geschickt, später aber eingestellt hatte. Nach dem Woronescher Kongress traf er dann die Entscheidung, sich fortan ausschließlich der Revolution zu widmen.

Es ist eigentlich seltsam, dass sich Sofja ausgerechnet in einen verheirateten Bauern, einen ihr in keinerlei Hinsicht ebenbürtigen Mann verliebte. Noch seltsamer ist jedoch, dass sich Scheljabow gerade von diesem widerborstigen, aber adretten Edelfräulein par excellence angezogen fühlte, zumal er kein Geheimnis daraus machte, dass er alles, was im Entferntesten mit Aristokratie zu tun hatte, zutiefst verabscheute. Der blaublütige Dandy Walerian Ossinski war beispielsweise der Grund, warum er nie zu den »Kijewer Rebellen« stieß. »Ich lud mehrmals Scheljabow zu Besuch ein, wenn Walerian da war, aber er lehnte es immer ab«, erzählt sein Jugendfreund Petr Semenjuta. »›Warum sollte ich kommen, mein Bruder? Du weißt ganz genau, dass ich diese Kreaturen mit weißen Händen nicht ausstehen kann. … Nein, entschuldige bitte, aber ich komme dann, wenn er nicht da ist. Die Aristokraten sind mir zuwider, wenn ich sie nur anschaue, wird mir sofort schlecht.‹ … Zu dieser Aversion auf Ossinski trug vielleicht gleichermaßen Scheljabows große Eitelkeit und Ehrlichkeit bei. … Er ließ sich als Redner nicht schlagen, doch der strahlende Sieger unter Intellektuellen war ohnehin Ossinski.« Darüber hinaus »litt der sensible junge Mann sein Leben lang unter starken, in seiner bäuerlichen Herkunft wurzelnden Minderwertigkeitskomplexen«. Der eitle Bauer war also herausgefordert, eine direkt von den Romanows abstammende Aristokratin zu erobern, genauer gesagt sich unterzuordnen, dies umso mehr, da die junge Frau seinen Eroberungsversuchen nach wie vor standhielt.

Abgesehen von der zweifellos echten Neugier auf die unnachgiebige Sofja steckte hinter dem zähen Ringen des jungen Mannes um ihre Gunst auch ein gewisses Kalkül. Scheljabow versuchte mit allen Mitteln zu verhindern, dass sich das Mädchen auf die Seite seines Rivalen, des »Hausmeisters« Michailow, schlug, wodurch seine Position in der Partei nicht nur geschwächt, sondern ins Wanken geraten würde. Scheljabow ging es sehr darum, die führende Rolle um jeden Preis zu behalten, vor allem deswegen, weil er nur noch für die Revolution lebte. Dass es dem

Provinzler noch nicht gelang, seinen Platz im »Volkswillen« endgültig zu erkämpfen, lag wohl daran, dass er zu einer lange zusammengeschweißten Gruppe gestoßen war. Die Mehrzahl der jetzigen herausragenden »Volkswille«-Mitglieder kam aus dem »Troglodyten«-Zirkel, wo der »Hausmeister« das Sagen hatte und nicht bereit war, die Zügel aus der Hand zu geben, wofür es auch keinen Grund gab, zumal sich »niemand in der Organisation eines so großen Respekts erfreute wie er«. Scheljabows Stellung in der Partei konnte unter derzeitigen Umständen einzig und allein Sofja sichern.

Während Sofja daran bastelte, den gordischen Knoten ihrer Emotionen und Prinzipien aufzulösen, blickten die Anarchisten nach den bereits fehlgeschlagenen Attentaten nun hoffnungsvoll auf den Winterpalast: Parallel mit dem misslungenen Dreiphasenplan entwickelte der »Volkswille« noch einen zweiten. Dabei handelte es sich ebenfalls um einen Bombenanschlag, bei dem der Imperator samt seiner Familie, sozusagen in seinem eigenen Haus, in die Luft fliegen sollte, was wiederum einen Zugang zur Zarenresidenz bedingte. Diesen zu verschaffen nahm Stepan Chalturin, der zweiundzwanzig Jahre alte Bauernsohn, auf sich. Der schlanke Tischler mit einem gepflegten spanischen Bart und schnurgeradem Scheitel war der Anführer des von ihm ins Leben gerufenen Zirkels »Sewernyj sojus russkich rabotschich« (»Nordbund der russischen Arbeiter«).

Als die Polizei die Druckerei der Organisation aushob und viele seiner Mitstreiter verhaftete, entschied sich Chalturin, den Zaren zu ermorden. Zu Beginn des Jahres trat er mit dem »Orator« Plechanow in Kontakt, der daraufhin »den begabten und klugen Arbeiter« mit Michailow bekannt machte. Chalturin als ein erfahrener und zugleich ausgezeichneter Handwerker, mit einem falschen Pass ausgestattet, bekam auf Anhieb, schon im September, gleich zu Beginn des Dreiphasenplans, eine Stelle als Lackierer im Zarenschloss. Rasch stellte er fest, dass sein Pausenzimmer direkt unter dem Speisesaal des Imperators lag. Die beiden Räumlichkeiten trennte lediglich die Etage, in welcher die Gardisten logierten, voneinander.

Demnach wurde auch die Taktik entwickelt. In dem Ruheraum sollte Chalturin den Explosivstoff lagern und von dort aus auch die Explosion auslösen. Nach der Schätzung des Bombenexperten Kibaltschitsch benötigten die Verschwörer etwa neunzig Kilogramm Dynamit. Anders als heute brauchte man damals viel mehr Zündstoff, um eine ausreichende Zerstörungskraft zu bewirken. Dieser musste erst hergestellt und dann anschließend ins Schloss gebracht werden. Da Chalturin aber täglich nur eine kleine Menge einschmuggelte, barg die Langatmigkeit der Operation große Risiken in sich. Trotzdem lief zunächst alles reibungslos, die Sabotage unter dem Dach der Zarenresidenz blieb so weit unbemerkt.

Das neue Attentat verhieß allem Anschein nach große Chancen auf Erfolg, und während die Anarchisten gespannt auf das sensationelle Ereignis warteten, geschah ein Zwischenfall, der zusammen mit der Verhaftung des Dynamitkuriers Goldenberg nicht nur eine abrupte Wende mit sich brachte, sondern vielmehr den Anfang vom Ende der revolutionären Bewegung einläutete.

Der Eklat passierte in Petersburg, als die jüngere Schwester der Wera Figner, Jewgenija, bei der Verteilung des seit Oktober regelmäßig erscheinenden Blattes *Narodnaja Wolja (Volkswille)* unter Hochschülern einer Studentin ihren richtigen Namen nannte. Wusste sie nicht, dass man die wahre Identität unter keinen Umständen preisgeben durfte, oder war es ein Versehen? Wie auch immer, diese Studentin wurde im Besitz der Zeitung verhaftet, und im Verhör erwähnte sie Jewgenija Figner. Die Polizei prüfte die Angaben, so erfuhr sie rasch die Adresse der konspirativen Wohnung, die das Mädchen mit dem militanten Alexander Kwjatkowski teilte und in Abwesenheit der Wera Figner deren Rolle als »Ehefrau« übernahm. Am 24. November platzte »am frühen Morgen die Perowskaja herein und teilte mir hastig mit, sie renne gerade zu Kwjatkowski, um ihn zu warnen, weil sie bereits erfahren habe, bei ihm solle heute eine Razzia durchgeführt werden«, berichtet die »Amazone« Olga Ljubatowitsch. »Dann fügte sie noch traurig hinzu, vielleicht bemühe sie sich umsonst, da es vielleicht doch zu spät sei.« Sofjas Befürchtungen erwiesen sich als wahr. Die Gendarmen trafen vor der jungen Frau in der Wohnung ein und verhafteten die beiden. Bei der Durchsuchung fand man eine große Menge Dynamit, Zünder sowie ein zerknülltes Papierblatt, worauf sich zwei Skizzen des Winterpalastes mit merkwürdigen

Markierungen befanden. Dieser Papierfetzen, den Kwjatkowski nicht mehr vernichten konnte, wird ihn ein paar Monate später das Leben kosten. Zu derselben Zeit kündigte sich ein weiteres Unheil an. Allein schon die Festnahme des Dynamitkuriers Goldenberg stellte für die Partei einen herben Verlust dar. Dass der junge Mann aber gerade an den Staatsanwalt Anton Dobschinski geriet, bedeutete für die Revolutionäre eine Katastrophe. Denn dieser kleinwüchsige, beinahe albinoblonde Jurist, der immer kurze dünne Zigarren rauchte, besaß zwei für Goldenberg fatale Eigenschaften: eine außergewöhnliche Intelligenz, gepaart mit enormen Ambitionen. Im Unterschied zum Gros seiner Kollegen bediente er sich ganz subtiler Verhörmethoden, die auf seinen hervorragenden psychologischen Fähigkeiten fußten.

Bevor er mit der Vernehmung anfing, setzte er in Goldenbergs Zelle einen Spitzel, vor dem der junge Aufschneider natürlich sogleich mit seiner Zugehörigkeit zum »Volkswillen« sowie mit dem Mord an dem Kijewer Generalgouverneur Dmitri Kropotkin prahlte. So wurde Dobschinski sofort klar, mit welchem Menschentypen er zu tun hatte und welche Methode er demnach anwenden sollte. Ehrgeizig auf eine Beförderung aus, benachrichtigte er die Dritte Abteilung in Petersburg über den Arrest zuerst nicht – mit verheerenden Folgen, weil der »Schutzgeist« Kletotschnikow, der »Volkswille«-Agent bei der Geheimpolizei, dadurch nichts erfuhr. So hatten die Revolutionäre in Petersburg nicht die leiseste Ahnung, was für ein Desaster sich in Odessa anbahnte.

Nun nahm sich Dobschinski den Dynamitkurier vor. Dieser besaß ebenfalls zwei sowohl für ihn selbst als auch für die Partei fatale Charakterzüge: »die ziemliche Geistesbeschränkung und das impulsive Handeln. Noch dazu war er eine ehrliche Haut«. Gerade auf diese Karte setzte der Staatsanwalt, als er dem naiven Jüngling sein angebliches Verständnis, ja sogar Sympathie für die Anarchisten vorgaukelte. So bot er sich als Vermittler zwischen dem »Volkswillen« und der Regierung an. Dafür aber erwarte er umfangreiche Informationen, so Dobschinski, damit er den Staatsmännern ein überzeugendes Bild vorlegen könne. Ihm, Grigori Goldenberg, falle – und dies betonte der Jurist ausdrücklich! – eine historische Rolle zu. Er würde nicht nur das unnötige, sinn-

lose Blutvergießen stoppen, sondern vielmehr Russland den Frieden
bescheren, ja eine gewaltlose politische Wende ermöglichen. Von ihm,
Grigori Goldenberg, hänge also die Zukunft des ganzen Imperiums ab.
Damit traf Dobschinski ins Schwarze. Der ruhmsüchtige Prahlhans
plauderte alles aus, was er wusste. Hunderte von Adressen, Namen,
Pseudonymen und brisanten Einzelheiten landeten in den Händen der
Polizei. Die Dritte Abteilung erfuhr darüber hinaus alles über die Struk-
tur, die Taktik, die Zahl der Mitglieder der Partei sowie die Identität der
Anführer und startete die größte Fahndungsaktion in der Geschichte
Russlands. Auf die Verschwörer wurden Kopfgelder ausgesetzt.

Bei dem letzten Verhör sagte Goldenberg zu Dobschinski:»›Denken
Sie bitte daran, Herr Staatsanwalt, wenn meinen Freunden nur ein Haar
gekrümmt wird, werde ich mir das nie verzeihen.‹ Dieser darauf: ›Seien
Sie unbesorgt. Wir brauchen nicht ihre Haare, sondern ihre Köpfe.‹«

10. KAPITEL
»Lost for Love«

»Anfang Januar 1880 feierten wir Silvester. In unserer nach Alexander Kwjatkowskis Arrest neu angemieteten Wohnung versammelten sich viele: Frolenko, Kolotkewitsch, Scheljabow, Alexander Michailow, Nikolaj Morosow, Issajew, Tatjana Lebedewa, Sofja Perowskaja, ob Tichomirow auch dabei war, daran kann ich mich nicht mehr erinnern«, berichtet die »Amazone« Olga Ljubatowitsch. »Absichtlich wurden alle brisanten Themen sowie die geläufigen Streitpunkte gemieden, stattdessen scherzten wir, sangen und tranken. Besonders lebendig blieb mir in Erinnerung die Szene der Punschzubereitung. In die Tischmitte stellten wir eine Schüssel, gefüllt mit Zuckerwürfeln, Zitronenstücken, Gewürzen, Rum und Wein. Als wir die Flüssigkeit anzündeten und die Kerzen auslöschten, entstand ein fabelhaftes Bild: Die zitternde Flamme, die mal loderte, mal züngelte, beleuchtete dabei die strengen Gesichter der um sie herumsitzenden Männer. Am nächsten befanden sich zur Schale Kolotkewitsch und Scheljabow. Morosow zog seinen Dolch und legte ihn darauf. Ihm folgten sofort die anderen, so ruhten alle Messer, übereinander gekreuzt, auf dem Gefäß. Ganz spontan begannen wir, ein Neujahrslied zu singen. Der Gesang wurde immer lauter, und immer mehr Leute schlossen sich an. Die unruhig leuchtende, flackernde Flamme warf rötliche Schatten, als würde sie die Waffen zu einem Kampf auf Leben und Tod schärfen. ...

Als die Bowle fertig war, zündeten wir wieder die Kerzen an und gossen das heiße Getränk in die Becher. ... Zur Mitternachtsstunde stießen wir an, einige drückten sich die Hände, andere umarmten sich herzlich, alle tranken auf die Freiheit und das Vaterland, alle wünschten sich, dieses Glas wäre das letzte, das in der Diktaturzeit getrunken würde. ...

Jemand schlug vor, Geister zu beschwören. Schon in derselben Sekunde schaffte man ein Blatt Papier her, begann mit dem Schreiben des
Alphabets, begleitet von Lachen und Blödeleien. Dann stellten wir ein
kleines Gläschen darauf und setzten uns schließlich um den Tisch herum. Zuerst wurde der Geist des Imperators Nikolaj I. gerufen. Nach der
Frage, auf welche Art und Weise sein Sohn Alexander II. sterben werde,
wanderte das Gläschen lange von Buchstabe zu Buchstabe, bis endlich
eine kuriose Antwort kam: Er werde vergiftet. … Die Botschaft aus dem
Jenseits erschien uns aber vollkommen sinnlos, bar jeder Wahrscheinlichkeit. Das Gift war kein Mittel, das der ›Volkswille‹ jemals in Erwägung zog. Dieses misslungene Experiment hatte die Stimmung ein wenig
abgekühlt, sodass wir mit der Beschwörung aufhörten. Jemand fing ein
Lied an … Wir machten mit, vorsichtig, nicht so laut, ohne Rücksicht
auf die alte russische Sitte, Silvester ausgelassen und fröhlich zu feiern.«

An diesem Abend zog Scheljabow Sofja endgültig in seinen Bann: Sie
ging nicht nur eine Liebesbeziehung mit dem radikalen Südler ein, sondern verschrieb sich endgültig dem Terror, indem sie unmittelbar nach
der bereits erwähnten Feier Mitglied des Exekutivkomitees wurde. Vor
die Wahl gestellt, zwischen Liebe und Prinzipien entscheiden zu müssen, entschloss sich die »radikale Feministin« für die Liebe.

Trotzdem war die junge Frau keineswegs mit sich im Klaren. Der
Kampf der zwei Seelen in Sofjas Brust tobte unvermindert weiter. Schon
ein paar Tage nach dem Zutritt traf sie sich mit Ossip Aptekman, einem
»Tschaikowzen«-Veteranen und jetzigen Mitstreiter der »Schwarzen
Umverteiler«: »Unser Gespräch war bedrückt. Sonja war es schwer zumute, auch mir brach das Herz entzwei. Wir standen an der Tür-
schwelle, als sie beim Abschied fragte: ›Tut sich was bei euch in den Dörfern, Ossip?‹ Ich antwortete, dass wir zwar der alten Tradition treu
geblieben seien, dass aber bei uns immer noch Stillstand herrsche. ›Ihr
werdet mich aber unverzüglich benachrichtigen, wenn sich etwas Neues
ergibt, nicht wahr?‹ Ich schaute sie nur an und sagte kein Wort.«

Das war Sofjas letzter und vergeblicher Versuch, sich der Macht des
charismatischen Bauern zu entziehen. Sie hatte es in der Tat nicht leicht:
»Perowskajas Liebe zu Scheljabow war tief, selbstvergessen, obwohl ich
hätte schwören können, dass sie nicht fähig wäre, derartig starke Ge-

fühle für einen Mann zu entwickeln«, behauptet das »Vetterchen« Lew Tichomirow.

Unter dem Einfluss des radikalen Mannes, des »glühenden Predigers des Parteizentralismus und der Disziplin«, wurde aus Sofja, der einstigen Gleichberechtigungsverfechterin, von heute auf morgen »eine wesentlich größere Anhängerin des Zentralismus, die jetzt glühender als je zuvor die Unabdingbarkeit der Disziplin predigte«. Die Wiederholung derselben Begriffe: »predigen« beziehungsweise »Prediger«, »glühend« sowie »Disziplin« befinden sich ebenfalls im Originaltext und sind in der Übersetzung absichtlich beibehalten worden. Die russische Autorin der zitierten Zeilen hebt damit die Natur des Liebesverhältnisses der beiden hervor, macht das Ausmaß der an Hörigkeit grenzenden Abhängigkeit der jungen Frau von ihrem dominanten Geliebten anschaulich.

Ihre Beziehung beruhte auf einem Narziss-und-Echo-Prinzip, und die sechsundzwanzig Jahre alte Sofja fiel in das alte Schema zurück: Erneut ließ sie sich durch eine willensstarke Person beeinflussen. Als Kind beugte sich das Mädchen dem Willen ihres älteren Bruders, dann ließ sie ihr Handeln durch die ältere, erfahrenere Anna Wilberg sowie die resolute Alexandra Kornilowa bestimmen. Jetzt tauchte Andrej Scheljabow auf, und auch der Kosakensohn »schaffte es, sich jemanden unterzuordnen, wobei er vor keinem Hindernis zurückwich. Er figurierte als leitende, den Ton angebende Person, die andere mitzureißen wusste, um sie zu einem bestimmten Ziel zu führen.« Obendrein verhielt sich Scheljabow »allen gegenüber als Lehrer, bestand bedingungslos darauf, dass jeder seine Meinung teilte«.

Aber nicht ausschließlich aus Liebe nahm die einstige Kämpferin für Frauenrechte eine dermaßen ausgeprägte Unterwürfigkeit in Kauf. Es war ihre Schutzmauer, die ihr noch einzig gebliebene Möglichkeit, sich von dem Terror doch zu distanzieren: »Das Wesen des Gehorsams drückt sich in der Tatsache aus, dass ein Mensch dahin kommt, sich selbst als Werkzeug zu verstehen, das den Willen eines anderen Menschen ausführt, und sich selbst nicht mehr als verantwortlich anzusehen für das eigene Handeln.«

Sofjas Beitritt zum Exekutivkomitee bestärkte zusätzlich Scheljabows Position innerhalb des »Volkswillens«, so saß er fester im Sattel denn je.

Deshalb war es auch kein Zufall, dass die achtundzwanzig »Volkswille«-Leute ausgerechnet zu diesem Zeitpunkt das Parteistatut verabschie-
deten, denn »erst jetzt, nachdem sich Scheljabow als Revolutionär betä-
tigt hatte, konnte man vom organisierten Terror reden«. Das Programm
war »ohne viele Worte beraten und bestätigt worden«. Das Exekutivkomitee erhielt dabei den Status eines autonomen Parteiorgans. Ausschließlich seine Mitglieder galten als Agenten des ersten Grades, im
Unterschied zu denen des zweiten beziehungsweise des dritten Ranges,
zu denen die restlichen Mitstreiter zählten. Beim weiteren Ausbau der
Organisationsstruktur kam es zur Gründung der sogenannten Desorga-
nisationsgruppe mit der Aufgabe, durch Sabotageakte die Regierung zu
destabilisieren. Die Planung dieser Aktionen fiel wiederum in den Kom-
petenzbereich der auch im gleichen Zuge entstandenen Verwaltungskommission, wo sich Sofja neben ihren männlichen Kollegen als einzige
Frau befand. Nach den in der dritten Ausgabe des Blattes *Narodnaja
wolja (Der Volkswille)* veröffentlichten Programmrichtlinien war »jedes
Komiteemitglied verpflichtet:

1. alle Geistes- und Seelenkräfte der revolutionären Sache hinzugeben, ihretwillen alle Familienbande, Sympathien, Liebe und Freundschaft aufzugeben;
2. wenn nötig, das Leben hinzugeben, ohne Rücksicht auf sich und
andere;
3. nichts zu besitzen, das nicht gleichzeitig der Organisation gehörte;
4. seinem individuellen Willen zu entsagen und ihn den Mehrheits-
beschlüssen der Organisation unterzuordnen;
5. alle Angelegenheiten, Pläne und Absichten sowie den Mitglieder-
bestand der Organisation streng geheim zu halten;
6. in allen Beziehungen öffentlichen und privaten Charakters, in allen
offiziellen Handlungen und Erklärungen sich nie als Mitglied, sondern
stets nur als Beauftragter des Vollzugskomitees zu bezeichnen;
7. im Falle des Austritts aus der Gesellschaft unverbrüchliches Schweigen zu bewahren über alles die Tätigkeit der Gesellschaft Betreffende«.

Was den Paragrafen 1 anbelangt, gab es aber schon zahlreiche
Verstöße. Das »Vetterchen« Lew Tichomirow, der »Spionenschreck«

Presnjakow, der Schönling Barannikow sowie der militante Alexander Kwjatkowski waren verheiratet, der Letztere hatte einen Sohn. Der Melancholiker Nikolaj Kolotkewitsch unterhielt eine eheähnliche Beziehung, so wie Sofja und Scheljabow. »Ja, es ist eine Sünde, wenn Revolutionäre sich zur Gründung einer Familie entschließen. Wir – sowohl Frauen als auch Männer – müssen wie Soldaten im Kugelhagel allein dastehen. Aber wenn man jung ist, vergisst man das irgendwie. Jetzt habe ich begriffen, dass das Schicksal mir eine Doppellast aufgebürdet hat: einerseits die des Menschen, andererseits die der Frau«, klagt die »Amazone« Olga Ljubatowitsch, mit dem »Apostel des Terrors« Nikolaj Morosow verheiratet und Mutter einer Tochter.

Ihre Meinung teilte auch Sofja, deshalb prangerte sie Tichomirows Hochzeit an, weil sie meinte, an das persönliche Glück sei nicht zu denken, solange der Kampf ausgetragen werde. Die eigene Abweichung von den Parteiregeln verteidigte sie mit der Behauptung, ihr revolutionäres Engagement leide unter dem Liebesverhältnis nicht, im Gegenteil werde es dadurch sogar noch gesteigert. Die Mutterschaft komme für sie erst nach dem Erreichen der politischen Ziele in Frage. Laut Aussagen ihrer Kameraden vernachlässigte die junge Frau tatsächlich nie die Pflichten zugunsten ihrer Gefühle.

Aber sowohl Sofja als auch ihren Mitkämpfern ließen die negativen, sich überschlagenden Ereignisse in der letzten Zeit sowieso nicht viel Raum für ein Privatleben. Nachdem Grigori Goldenberg und Alexander Kwjatkowski im November letzten Jahres verhaftet worden waren, erlitt die Partei einen neuen, noch heftigeren Schlag: In der Nacht vom 17. auf den 18. Januar wurde ihre Geheimdruckerei in der Sapernyj-Gasse ausgehoben. In der Wohnung hielten sich zu der Zeit die Druckereileiterin Sofja Iwanowna, eine kränkelnde, zierliche junge Frau, ihr milchbärtiger Gehilfe, der Setzer Sergej Lubkin, wegen seiner Jugend »Vögelchen« genannt, mit drei weiteren Helfern auf. Während der im Flur stehende Lubkin seinen Mitstreitern Feuerdeckung gab, beeilten sich diese, die Manuskripte, Listen mit Spitzelnamen, Adressen von Sympathisanten sowie die zahlreichen von dem »Schutzgeist« Kletotschnikow der Dritten Abteilung gestohlenen Stempel zu verbrennen. Da der Ofen für die

Masse des zu vernichtenden Materials zu klein war, legten sie auf dem
Boden Feuer. Als dicke Rauchwolken das Zimmer erfüllten und die
Fenster vernebelten, schickte man schnellstens nach der Feuerwehr.
Etwa eine halbe Stunde später, bei dem nächsten Eindringen, stießen die Gendarmen abermals auf erbitterten Widerstand, den sie nach
einem langen Schusswechsel jedoch brachen und die Iwanowna samt
den drei anderen Bewohnern verhafteten. Lubkin erschoss sich, als die
Tür eingestoßen wurde. Obwohl der »Volkswille« einige Monate danach
eine neue Druckerei in der Podolskaja-Straße einrichtete, ging er aus
diesem Vorfall merklich angeschlagen heraus. Der Spitzel Scharkow, der
die Anschrift der konspirativen Wohnung verraten hatte, wurde am
4. Februar durch den »Spionenschreck« Andrej Presnjakow getötet.

Kaum hatte der »Volkswille« den bitteren Verlust verkraftet, gab der
Tischler Chalturin aus dem Zarenschloss Alarm. Es schien, als würde
auch dieses Unternehmen misslingen. Inzwischen gelang es der Polizei,
die bei Kwjatkowskis Arrest beschlagnahmten Skizzen des Winterpalastes mit den merkwürdigen Markierungen darauf zu entziffern: Bei einer
der angekreuzten Stellen handelte es sich eindeutig um den Speisesaal
des Zaren. Der Gedanke an einen Anschlag lag nahe. Die Kontrollen
wurden umgehend verschärft, die Garde startete alsbald eine Durchsu-
chungsaktion, klopfte penibel die Wände ab, durchwühlte alle Schränke
der Bediensteten, aber ohne Resultat, man fand nichts, da Chalturin es
noch rechtzeitig geschafft hatte, das Dynamit unter seinem Kopfkissen
zu verstecken, und die Betten ließen die Soldaten außer Acht.

Da Chalturin in seinem Pausenzimmer auch übernachtete, atmete er
stets die giftigen Nitroglyzerindämpfe ein, so bekam er bald starke Mi-
gräne. Außerdem begannen den Hofschreiner Gewissensbisse zu pla-
gen: Die Freundlichkeit, mit der Alexander II. sein Personal behandelte,
rief bei Chalturin beinahe Sympathie für ihn hervor. »Einmal, als er sich
allein im Kabinett des Zaren aufhielt, nahm er von dessen Schreibtisch
eine Kleinigkeit als Souvenir mit. Gerührt zeigte er das ›Erinnerungs-
stück‹ seinen Freunden, die ihm aber zuredeten, es sofort zurückzubrin-
gen.« Doch nach einigen Gesprächen überzeugte Scheljabow den jungen
Arbeiter von der Notwendigkeit des Zarenmordes und zerstreute damit
dessen letzten Zweifel. Da lediglich ein Drittel der erforderlichen Dyna-

mitmenge, etwa dreißig Kilogramm, in die Zarenresidenz eingeschmuggelt war, hätten die Revolutionäre weiterhin auf die Karte Geduld setzen müssen. Aber Andrej Scheljabow, die Ungeduld in Person, drängte den Tischler, mit dem vorhandenen Zündstoff die Sprengung zu wagen, so lange, bis dieser endlich einlenkte.

Als Termin für das Attentat wurde der 5. Februar bestimmt. An diesem Tag erwartete Alexander II. den Besuch seines Schwagers, des Prinzen Alexander von Hessen und bei Rhein. Der Lieblingsbruder der Zarin wünschte sich, seine schwer kranke Schwester zu sehen. Die Ankunft des Gastes war für den Nachmittag geplant, so sollte das Abendessen um sechs Uhr stattfinden, Chalturin wusste mittlerweile, dass der Zar Unpünktlichkeit nicht vertrug.

Zur festgesetzten Uhrzeit zündete der Hoftischler die von dem Bombenexperten Kibaltschitsch speziell entwickelte Vorrichtung, die langsam brannte und dadurch dem Attentäter eine Viertelstunde Zeit ließ, um das Schloss zu verlassen. Chalturin traf Scheljabow auf dem Admiralitätsplatz,»begrüßte ihn ganz ruhig und sagte, als ginge es um ein Freundesplaudern: ›Geschafft!‹« Kaum brachte er den Satz zu Ende, als eine gewaltige Explosion den Winterpalast erschütterte. In den Fenstern erloschen die Lichter, und die Zarenresidenz versank in Dunkelheit. »Wir eilten in den Speisesaal, woher der Knall kam, und sahen alle Glasscheiben in Scherben dort liegen. Die Wände hatten an mehreren Stellen Risse ... Auf den Möbelstücken lag eine dicke Staub- und Kalkschicht«, notierte der Thronfolger Alexander in seinem Tagebuch.

Aufgrund der unzureichenden Zündstoffmasse blieb der Speisesaal relativ unbeschädigt, während der Raum darunter buchstäblich zertrümmert wurde, worüber der Zarewitsch ebenfalls berichtete:»Wir fanden eine Szene des Schreckens vor. Das geräumige Zimmer, in dem sich die Gardisten aufhielten, lag in Schutt und Asche. Unter einem Haufen von Ziegeln, Malter, Bodensteinplatten und großen, von den Wänden oder der Decke abgerissenen Brocken befanden sich mehr als fünfzig Soldaten, mit Staub und Blut bedeckt. Ein grauenhaftes Bild! Nie werde ich diesen Gräuel vergessen!«

Am nächsten Tag meldete die Presse:»Es war wie in der Hölle! Ruß, dichter Rauch, man konnte kaum atmen. ... Überall Verletzte, Ster-

bende, überall Gestöhne, Hilferufe, denen die fassungslosen Feuerwehr-
männer vor Entsetzen und im Dunkel nicht nachgehen konnten. Der
Hofarzt, der an diesem Abend Nachtdienst hatte, sowie eine Nonne
eilten als Einzige zwischen den Verwundeten umher.«

Bei dem Anschlag starben zwölf Soldaten, und fünfzig trugen schwere
Verletzungen davon. Aber was geschah mit dem Zaren? Weder im Tagebuch des Thronfolgers noch in den Zeitungen wurde er mit einem Wort
erwähnt. Alexander II. war also nicht tot. Ein Zufall, wieder ein Zufall
rettete dem Imperator auch diesmal das Leben! Schon seit Tagen wüte-
ten unablässig starke Schneestürme und legten den ganzen Schienenver-
kehr lahm. Aufgrund der Zugverspätung traf der Gast aus Deutschland
erst gegen sieben Uhr im Winterpalast ein.

»Fehlschlag! Wieder ein Fehlschlag!‹, seufzten wir enttäuscht, obwohl wir alle Gründe hatten, auf uns stolz zu sein. Ausländische Blätter
schrieben zum ersten Mal mit Respekt über die russische revolutionäre
Partei. Manche von ihnen vermuteten hinter dem Attentat eine große
Verschwörung am Hof und ahnten natürlich nicht, dass die Sache viel
einfacher war«, so die »Amazone« Olga Ljubatowitsch, die derzeit mit
ihrem Mann Nikolaj Morosow in der Schweiz weilte. Das Ehepaar verließ das Land, weil der Kreis, den die Polizei um die Anarchisten zog, immer enger wurde. Unmittelbar nach Alexander Kwjatkowskis Festnahme entkamen die beiden um Haaresbreite einer Verhaftung.

Die Gefahr, festgenommen zu werden, stellte aber nur eine der Ursachen dar, warum die Eheleute Russland verließen. Weit größeres Gewicht bei ihrer Entscheidung hatten die Konflikte, mit denen die Partei
nach wie vor vergeblich rang. Morosow und das »Vetterchen« Tichomirow waren aneinandergeraten: »Wenn ich [Nikolaj Morosow – L. K.]
mit dem Zentrum immer noch einer Meinung wäre, dann könnte ich
mich überwinden und weitermachen, aber unsere Ansichten klaffen
weit auseinander. Es ist nichts mehr von dem übrig geblieben, was mich
mit den Parteifreunden einst verbunden hat, weder die Ideen noch die
Freundschaft. Der Faden ist abgerissen: Zentralismus ist Beamtentum
und keine Kameradschaft«, beschwerte er sich in einem Brief an Wera
Figner. Der »Hausmeister« Michailow und Scheljabow mieden zwar offene Konflikte, aber jeder verfolgte seinen eigenen Kurs und zeigte nur

so viel Bereitschaft zur Zusammenarbeit, wie nötig war, um einen Zerfall zu verhindern, sodass der »Volkswille« als eine einheitliche Organisation nur noch auf dem Papier existierte.

Die Mehrheit der Mitglieder schlug sich auf die Seite des »Hausmeisters«, dessen Autorität auch nach Scheljabows furiosem Betreten der Bühne nichts eingebüßt hatte, im Gegenteil: Alexander Michailow war derjenige, »den man am meisten mochte, und nach Sergej Krawtschinski am meisten schätzte«. Aber seinen Rivalen unterstützten Sofja und der Parteinachwuchs, die jungen Männer, die sich Scheljabow persönlich aussuchte. »Diese wiederum waren durch ihren Anführer geblendet, ihm beinahe bis zum Fanatismus ergeben.« Als Sofja dann obendrein zum Mitglied der Verwaltungskommission wurde, bedeutete dies die endgültige Entmachtung des »Hausmeisters«. Von nun an galten Andrej Scheljabow und »sein Alter Ego« Sofja als Galionsfiguren der Terrorszene. Nebenbei gesagt war Scheljabow kein guter Menschenkenner und dazu noch ein mitleidsloser Befehlshaber, weswegen ihn drei seiner »Zöglinge« verrieten. Zwei von ihnen wurden sogar zu Topspionen und trugen dadurch zum raschen Untergang des »Volkswillens« maßgeblich bei.

Zu den Meinungsverschiedenheiten sowie Konkurrenzkämpfen kam ein weiteres, inzwischen akut gewordenes Problem hinzu, nämlich der Fakt, dass sich eine immer größer werdende Zahl ihrer Sympathisanten von den Revolutionären abwendete. »Angesichts der allgemeinen, in der Gesellschaft herrschenden Panik war der Unterschlupf bei den legal lebenden Bürgern zu diesem Zeitpunkt nicht mehr möglich. Lediglich bei den allezeit opferbereiten Jugendlichen konnten wir untertauchen, aber das stellte ein zu großes Risiko dar, sowohl für sie als auch für uns«, berichtet Olga Ljubatowitsch. Um den »Volkswillen« wurde es immer einsamer. Die liberalen Intellektuellen verweigerten den Verschwörern jegliche Hilfe, teilweise aus Angst vor Konsequenzen, teilweise aber, weil »die Strategie der Provokation« mithilfe der Gewaltanwendung nun auch ihre Schattenseiten offenbarte, unter denen die Ermordung von Unschuldigen, ja paradoxerweise von denjenigen, für deren Befreiung die Partei eigentlich kämpfte, sicherlich die schlimmste war. Der sich in der Schweiz aufhaltende Plechanow beschwor seine ehemaligen Freunde,

endlich damit aufzuhören: »Das Auge der ganzen Welt ist auf euch gerichtet. Bedeutet das nicht schon den Sieg?« Aber der »Volkswille« ließ
sich nicht erweichen.

Nach der Explosion im Winterpalast breitete sich unter der Bevölkerung nicht nur die von der Ljubatowitsch erwähnte Panik aus, vielmehr
erstarrte das ganze Land in einem tiefen Schock: Vor einem halben Jahr
war der Zarenzug in die Luft gejagt worden. Jetzt geschah das sogar mit
dem Winterpalast! Obendrein liefen die Täter immer noch frei herum.
Der Gedanke, unter jedem Stuhl im Theater, unter jedem Tisch im Restaurant, hinter jeder Ecke oder jeder Tür könnte ein Päckchen mit
Sprengstoff versteckt sein, machte den Russen am meisten zu schaffen:
»Dieser Vorfall ist irgendwie besonders niederschmetternd. Jeder denkt
sich, wo man Ruhe und Sicherheit finden könne, wenn selbst das Zarenschloss vor Bomben der Verbrecher nicht sicher sei«, fragt sich der
Verteidigungsminister Dmitri Miljutin. Das Gefühl der Unsicherheit,
das den Worten des Grafen allzu deutlich zu entnehmen ist, resultiert
zwangsläufig aus der Unvorhersehbarkeit, aus dem Überraschungsmo-
ment, aus den zwei Aspekten, die in der Natur des Terrors verankert sind
und ihn kraft dieser Eigenschaften zu einer der effizientesten Kampf-
strategien machen: »Das Attentat gleicht der Detonation einer Granate
oder Fliegerbombe. Urplötzlich bricht die Gewalt herein, ohne jede Vor-
warnung. Es ist, als stürze sie vom Himmel hernieder. Noch ehe sich
jemand besinnen kann, ist es geschehen. Im Moment der Explosion sind
die Menschen überwältigt. Sie haben keine Chance zur Gegenwehr, zur
Deckung, zur Flucht. Die Bombe läßt keine Zeit zur Reaktion. Während
erfahrene Frontsoldaten an den Vorgeräuschen die Flugbahn einer Granate erahnen konnten, trifft das Attentat die Zivilisten ganz unvorberei-
tet. Ein ohrenbetäubender Knall – von manchen ist nicht einmal mehr
eine Spur erkennbar.«

Der Zar dagegen reagierte erstaunlich gefasst: »Der Imperator lud
mich in sein Kabinett ein«, so der Verteidigungsminister Miljutin weiter. »Wie in allen bisherigen Fällen bewahrte er ebenfalls bei dem jetzigen die vollkommene Geistesgegenwart und betrachtete ihn als Gottes
Willen, der ihn schon zum fünften Mal vor Verbrecheranschlägen be-
schützte.«

Als Alexander II. einmal in Frankreich war, so die Legende, las ihm eine alte Zigeunerin, die an der Ecke Rue Gabriel und Avenue Marigny wohnte, aus der Hand und sagte voraus, er würde sieben Attentate überstehen; so standen dem Monarchen also noch zwei Anschläge bevor.

Das letzte Attentat forderte den Herrscher regelrecht heraus, Macht zu demonstrieren, zumal man im Ausland schon daran zweifelte, ob die russische Regierung überhaupt noch handlungsfähig sei. Die Gewaltspirale schraubte sich also weiter. Im Unterschied aber zu den bisherigen brutalen Maßnahmen war die von der Regierung diesmal ergriffene Vorgehensweise weit raffinierter. Den Strategiewechsel initiierte General Michail Loris-Melikow, der bisherige Generalgouverneur von Charkow und jetzige Vorsitzende der »Obersten Anordnungskommission«, einer vom Zaren am 12. Februar gebildeten Institution zum Schutz des Staatssystems sowie der zivilen Sicherheit. Ihre Mitglieder wurden persönlich vom Imperator ernannt und hatten sich nur vor dem Kommissionspräsidenten Loris-Melikow zu verantworten, dieser wiederum ausschließlich vor dem Monarchen. Die Ausstattung mit den absoluten Vollmachten bescherte dem fünfundfünfzigjährigen armenischen Grafen mit einem langen, buschigen, angegrauten Schnurrbart den Spitznamen »Vizeimperator«. In seiner Kompetenzdomäne lag die Verantwortung für den Polizeiapparat sowie die gesamten Sicherheitsfragen der Bürger.

Als »Diktatur des Herzens« ist der neue politische Kurs Loris-Melikows in die Geschichte eingegangen. Die fing damit an, dass der »Vizeimperator« zuerst die Dritte Abteilung umstrukturierte, das Gendarmenkorps und die Polizei des Innenministeriums zusammenlegte, in Polizeidepartement umbenannte und seiner Macht unterstellte. Fortan verzichtete er auf die bisherige flächendeckende Beschattung von Untergrundkämpfern, konzentrierte sich ausschließlich auf die führenden Köpfe und reduzierte radikal den Umfang der Verbannungsstrafen. So bekam der »Volkswille« im Helden des in den Jahren 1877/78 geführten Russisch-Türkischen Krieges einen intelligenten, ihm weit überlegenen Gegenspieler.

Zugleich versuchte der »Vizeimperator«, Alexander II. zur Rückkehr zum ehemaligen Reformkurs zu bewegen. Am 19. Februar jährte sich dessen Thronbesteigung zum fünfundzwanzigsten Mal, und Loris-Meli-

kow ließ verlauten, zu seinem Jubiläum wolle der Zar die ersten Schritte
in Richtung der Liberalisierung unternehmen, die würden dann allmäh-
lich zu einer Verfassung führen. Als Beweis, dass es sich da um keine lee-
ren Versprechungen handelte, zwang er den erzkonservativen, seit den
Studentenunruhen amtierenden Bildungsminister, den Grafen Dmitri
Tolstoj, zum Rücktritt und lockerte weitgehend die Zensur. Mit dieser
Taktik erhoffte sich der Graf vor allem, das verlorene Vertrauen in die
Regierung zurückzuerlangen und dadurch die Putschisten zu isolieren.

Die Anarchisten begegneten der Politik des »Vizeimperators« misstrauisch: »Während Loris-Melikow in der Presse die Hoffnung auf die
baldige Demokratisierung weckte, dies ständig aber in einer nebelhaften
Form, heuerte er zugleich eine ganze Spitzelarmee auf die Revolutionäre
an, verführte die Gesellschaft, insbesondere die Jugend, und schleuste
seine Agenten in alle gesellschaftlichen Sphären ein, sogar in die Kreise
der Studierenden. Die liberalen Tendenzen Loris-Melikows hatten nur
die Wachsamkeit der alten Mitglieder des Exekutivkomitees geschwächt,
sodass solche herausragenden Kämpfer wie Scheljabow es wagten, sich
sogar an größeren Studentenversammlungen zu beteiligen, wo sie dann
ins Visier der Spione genommen wurden. Ende 1880 und Anfang des
darauffolgenden Jahres kam man auf diese Art und Weise unseren führenden Köpfen auf die Spur, wonach ihr Arrest nahtlos erfolgte«, so
Olga Ljubatowitsch.

Vielleicht reagierten die Verschwörer auf die Politik des Grafen dermaßen ablehnend, weil sie ihnen den Wind aus den Segeln nahm. Wozu
das Attentat, wenn der Zar willig war, ihren Forderungen nachzugeben?
Eilends rief der »Volkswille« eine Sitzung zur Beantwortung der Frage
ein und fällte die Entscheidung: weitermachen. Die Würde der Partei
gehe verloren, argumentierte Scheljabow, bringe man das Vorhaben
nicht zu Ende.

Obwohl der »Volkswille« die Anschläge auf Staatsbeamte aufgegeben
hatte, setzte sich der Student Ippolit Mlodezki acht Tage nach der Ernennung Loris-Melikows zum Präsidenten der »Obersten Anordnungskommission« mit dem Exekutivkomitee in Verbindung und bat um Unterstützung bei dem Anschlag auf den »Vizeimperator«. Der Ausschuss
lehnte jegliche offizielle Beteiligung ab, dafür bot er dem jungen Mann,

wie im Falle Solowews, nur individuelle Hilfe an. Die Kugel, die Mlodezki auf den Grafen vor dessen Dienstwohnung abfeuerte, verfehlte jedoch das Ziel. »Loris-Melikow, der als junger Offizier seiner persönlichen Tapferkeit wegen mehrfach hoch dekoriert worden war«, stürzte
sich auf den Attentäter und riss ihn zu Boden. Mlodezki wurde binnen
achtundvierzig Stunden abgeurteilt und öffentlich gehängt. Indem sich
die Partei in einer Proklamation von der Tat distanzierte, sorgte sie für
eine noch größere Verwirrung in der Öffentlichkeit, denn es schien, als
gebe es nicht nur eine terroristische Gruppe.

Während sie auf die nächste günstige Gelegenheit für die Ermordung
des Zaren warteten, konzentrierten sich die Verschwörer auf den weiteren Ausbau der Parteistruktur. Da der »Volkswille« die Gründung einer
Kampforganisation plante, fuhren Sofja und Scheljabow Mitte Februar
nach Kronstadt, um mit den dortigen Marineoffizieren über eine Zusammenarbeit zu verhandeln. Mit der Idee über die Gründung einer
eigenen Armee beschäftigte sich der »Volkswille« eigentlich schon seit
seiner Entstehung und knüpfte von Anfang an Kontakte zu den Militär-
kreisen. Aus deren Reihen sollte der Kader zum Sturz der Regierung rekrutiert werden. Gleichzeitig planten Sofja und Scheljabow die Organisierung eines Arbeiterausschusses; so riefen sie die Zeitung *Rabotschaja
gaseta (Die Arbeiterzeitung)* ins Leben, das erste Blatt in Russland, das
die Probleme der Arbeiterschaft thematisierte.

Dennoch ließen die Parteileute von der Strukturerweiterung ab, weil
die Stunde eines neuen Attentatsversuchs schlug. Es kam die Nachricht,
der Zar werde im Mai nach Liwadia, zu seiner Sommerresidenz, fahren. Diesmal sollte Alexander II. auf seiner Reise zur Krim umgebracht
werden. In Odessa, auf dem Weg vom Bahnhof zum Hafen, passierte er
üblicherweise die Italienische Straße, welche die Revolutionäre nach
dem Muster des Moskauer Anschlags zu unterminieren beabsichtigten.
Schon Ende März traf Sofja mit ihrem »Ehemann« Nikolaj Sablin in der
Stadt ein. Sofjas jetziger »Gatte« war ein mittelgroßer, glotzäugiger
Jüngling von kräftiger Statur, »der 1879 das Elternhaus in Moskau verließ und von dem die Familie seitdem nichts mehr hörte«. Dem »Ehepaar« reisten bald Wera Figner, die »Dynamithüterin« Anna Jakimowa
sowie der »Techniker« Grigori Issajew nach.

Unverzüglich stürzten sie sich in die Vorbereitungen, weil die Zeit drängte: Es war April, und schon im nächsten Monat erwartete man die Ankunft des Imperators. Die »Eheleute« eröffneten ein Lebensmittelgeschäft, und von diesem aus begann die Gruppe mit der Tunnelgrabung. »Dabei konnten wir nur nachts arbeiten«, berichtet Wera Figner, »da die Mine nicht von den Hinterräumen ausging, sondern vom Laden, wo tags Kunden ein- und ausgingen. Die Arbeit erwies sich als sehr mühselig. Es war Lehmboden, in den der Bohrer schwer eindrang. Endlich waren wir unterm Pflaster angelangt, der Bohrer stieß zur Oberfläche durch. Da geschah, daß unserem Grigori Issajew durch unvorsichtige Handhabung der Sprengkapseln mit Explosivquecksilber drei Finger weggerissen wurden. Er ertrug es stoisch. Da wir fürchteten, die Explosion könnte die Aufmerksamkeit der übrigen Hausbewohner auf uns gelenkt haben, trugen wir alles (Dynamit, Knallquecksilber, Draht usw.) aus seiner in meine Wohnung. Wir hatten einen Arbeiter weniger. Die Erde hatten wir in einem Hinterzimmer aufhäufen müssen. Nach Beendigung der Arbeit wollten wir sie wegbringen mit Rücksicht auf eine eventuelle Besichtigung der Häuser vor der Durchfahrt des Zaren. Ich fand in meiner Wohnung einen Platz, wo man die Erde hinschaffen konnte; wir brachten sie zu mir in Körben, Paketen, Bündeln, die ich leerte, wenn die Hausbewohner abwesend und unsere Dienstboten mit einem Auftrag weggeschickt waren.

Inzwischen waren die Gerüchte von einer Reise des Zaren nach Liwadia verstummt. Bald darauf erhielten wir vom Komitee die Weisung, die Arbeit einzustellen.« Die Verschwörer schütteten den Stollen zu, verkauften alles, was zu verkaufen war, schlossen das Geschäft und verschwanden. Und wieder ein Zufall! Zum sechsten Mal rettete der Zufall Alexander II. das Leben.

Der Monarch sagte die Reise in den Süden ab und blieb bei der an Schwindsucht leidenden Zarin, weil ihre Tage gezählt waren. Am 22. Mai 1880 erlag Marja Alexandrowna im Alter von sechsundfünfzig Jahren ihrer Krankheit. Marie von Hessen-Darmstadt, wie die schöne deutsche Prinzessin vor ihrer Konversion zur russisch-orthodoxen Kirche hieß, war das jüngste Kind des Großherzogs Ludwig II. von Hessen und bei Rhein. Der junge Thronfolger Alexander lernte sie 1838, während seiner ersten obligatorischen Reise durch Europa, kennen und lieben. Drei Jahre später heiratete er das zierliche, scheue Mädchen, dessen bleiches Antlitz von schwarzen Haaren umrahmt war. Das Eheglück währte aber nicht lange. Die schwierige innen- wie außenpolitische Lage Russlands nahm den Zaren völlig in Beschlag. Mit dem Zeitmangel paarten sich noch die Gesundheitsprobleme der Zarin, ihre häufigen Aufenthalte im Ausland sowie dauernde Betteleien um Anteilnahme, das und vieles andere trug zur Entfremdung bei. »Der Monarch mochte aber Frauen, und wegen seiner schlanken Figur sowie der wunderschönen glänzenden Augen, die manchmal sanft, ja träumerisch sein konnten, mochten Frauen auch ihn.« Obwohl Alexander II. seine Gattin stets respektvoll behandelte, hatte er unzählige Affären und einige uneheliche Kinder.

Den schwersten Schlag versetzte der Zar Marja Alexandrowna allerdings, als er seine dreißig Jahre jüngere Geliebte Jekaterina Dolgorukaja nicht nur an den Hof brachte, sie als Kammerzofe einführte, sondern mit ihr auch noch vier Kinder zeugte: die Söhne Georgi und Boris, der noch als Säugling starb, sowie die Töchter Olga und Jekaterina. Obendrein ließ er die beiden Familien unter einem Dach wohnen, womit er einen der größten Skandale in der Geschichte der Romanows auslöste. Das rücksichtslose Verhalten des Imperators erboste insbesondere seine ehelichen Nachkommen. Aber die Leidenschaft, welche die blutjunge Schönheit in dem alternden Imperator entfesselte, machte ihn blind und taub für die Empörung sowie die Vorwürfe der Dynastieangehörigen.

Der forschen Tochter eines verarmten Aristokraten war der Monarch 1864 bei einem Besuch im Smolny-Kloster, einem Petersburger Mädcheninternat, begegnet, hatte sich auf den ersten Blick in die damals zwölfjährige Adelige unsterblich verliebt und fortan die Sorge sowohl für das Mädchen als auch für dessen zwei Geschwister übernommen. Mit sechzehn Jahren war die Dolgorukaja die Mätresse des Zaren geworden. Von nun an konnte sich Alexander II. das Leben ohne diese Frau mit »Wespentaille, deren stolz erhobenes Haupt wunderschöne Haare, dichte Wimpern und ein porzellanklarer Teint« zierten, nicht mehr vorstellen. Wenn er von seiner Geliebten getrennt war, sei es lediglich für ein paar Tage, überschüttete er sie mit Briefen: »Lieber Engel meiner

Seele, … mein Herz bricht zusammen, dass ich dich verlassen musste.
Ich habe das Gefühl, als hätte ich deine Seele mit mir mitgenommen
und die meine bei dir zurückgelassen. … Den ganzen Morgen habe ich
bei der Arbeit verbracht. Kaum habe ich mich erholt, schon übermannt
mich die brennende Trauer, weil ich dich und unsere geliebten Kinder
nicht sehen kann. Ewig dein Alexander.«
    Die beiden waren »nicht nur Liebende, sondern auch Freunde. … Sie
achteten einer im anderen auch dessen Schwächen und Fehler. Die
Wertschätzung, die Alexander für Jekaterina hegte, war umso bemer-
kenswerter, als sie nie den Herrscher in ihm vergaß. … Seelisch war sie
für den Zaren ein Segen.«
    Zu ihrem Unglück hörte die Zarin niemals auf, ihren untreuen Mann
zu lieben. Sie hätte ins Ausland umziehen können, aber sie blieb in Petersburg. »Zum Vergeben verurteilt, Tag für Tag, jahrelang. Niemals
hörte man von ihr Klagen, niemals Beschuldigungen. Das Geheimnis
ihres Leidens nahm sie mit sich ins Grab.« Nur einmal vertraute sie sich
einer Hofdame an: »Die Kränkungen, die ich als Zarin erdulde, verzeihe
ich ihm gern, nicht aber die Qualen, die ich als Ehefrau erleide.«
    Es vergingen nicht einmal zwei Monate nach dem Tod der Monarchin,
und Alexander II. vermählte sich heimlich am 6. Juli mit seiner morganatischen Geliebten, verlieh ihr den Titel einer Fürstin – von jetzt an
hieß sie Fürstin Jurewskaja – und erkannte die gemeinsamen Kinder an,
was die Romanows noch mehr erzürnte. Nach dreizehn Jahren trat nun
die Dolgorukaja aus dem Schatten ihrer Rivalin und bereitete sich darauf vor, als Katharina III. gekrönt zu werden. Die Hochzeit überraschte
die Untertanen nicht, denn das Liebesdreieck war für die Öffentlichkeit
kein Geheimnis, zumal sich der Herrscher nicht die geringste Mühe gab,
die Beziehung diskret zu behandeln. Umso mehr kannte Sofja die Geschichte, da ihr Großonkel Boris, der Erzieher von zwei Zarensöhnen aus
der Ehe mit der verstorbenen Marja Alexandrowna, ein Augenzeuge des
Dramas war, das sich hinter den Mauern des Winterpalastes abspielte.
    Im Gegensatz zu Alexander II., der sich in seinem späten Eheglück
buchstäblich suhlte, riss die Fiaskoserie beim »Volkswillen« nicht ab.
Nach dem Misserfolg in Odessa verloren sie nacheinander zwei ihrer
erfahrensten Mitglieder. Im Juni fiel der »Spionenschreck« Andrej

Presnjakow der Polizei in die Hände. Am 15. Juli erhängte sich der Dynamitkurier Grigori Goldenberg mit einem Bettlaken am Fenstergitter in seiner Zelle. Der junge Mann war mittlerweile aus Odessa in die Petersburger Untersuchungshaft verlegt worden, weil man sich von ihm weitere Hilfe erhoffte. Das Spiel des listigen Staatsanwalts Dobschinski setzte Loris-Melikow fort, indem er den naiven Prahlhans besuchte und persönlich dafür garantierte, dass dessen Freunde unversehrt blieben. Von den Kameraden draußen, mit denen er bald Kontakt aufnahm, erfuhr Goldenberg nun die Wahrheit und begriff das ganze Ausmaß der Katastrophe, die er verursacht hatte.

Da der Personalmangel innerhalb der schwer angeschlagenen Partei durch die letzten Verluste noch gravierender wurde, beeilten sich die Verschwörer mit dem siebten Anschlag. Die Gelegenheit dazu bot sich schon im August auf der Kutschfahrt des Imperators vom Zarskoje Selo zum Winterpalast. Scheljabows Plan nach sollte die Zarenequipage beim Passieren der Steinbrücke am Katharinen-Kanal in die Luft gejagt werden. Gemeinsam mit seinem »Zögling«, dem baumlangen Makar Teterka, einem angelernten Handwerker mit breitem Gesicht und igelartigen roten Haaren, versenkte Scheljabow zwei mit Dynamit gefüllte Säcke im Wasser, die zugehörigen Zündleitungen verdeckte er am Ufer. Am folgenden Tag wartete Scheljabow vergeblich auf den mit der Ausschau beauftragten Teterka, dieser kam nicht. Hilflos musste er zusehen, wie die Kutsche mit dem Imperator unversehrt wegfuhr. Nochmals war alles umsonst. Wie sich im Nachhinein herausstellte, hatte Teterka den Termin schlicht und einfach verschlafen. Wiederum verdankte also Alexander II. nur einem Zufall sein Leben.

Der Imperator selbst erfuhr jemals weder von dem Attentatsversuch in Odessa noch von dem an der Steinbrücke. Der trügerischen Ruhe wegen gab er sich der Illusion hin, die Terroristen wären endlich besiegt. Diesen Glauben befestigten noch obendrein die Erfolge, die das Polizeidepartement im Kampf gegen den »Volkswillen« verzeichnete. Als Zeichen seiner Anerkennung ernannte Alexander II. Loris-Melikow zum Innenminister und schaffte die »Oberste Anordnungskommission« ab. Bevor er im August zur Krim aufbrach, unterzeichnete er einen Bericht des »Vizeimperators« mit folgendem Kommentar: »Nach den positiven

Resultaten in den letzten sechs Monaten kann Russland ohne Angst erneut den Weg seiner friedlichen Entwicklung beschreiten.« »Im Herbst, in Liwadia,« machte der Zar den Eindruck eines glücklichen Familienvaters und eines frohen, gastfreundlichen Hausherrn«.

Sicherlich hatte der Zar alle Gründe, mit der Arbeit des Grafen zufrieden zu sein. Der militante Alexander Kwjatkowski, der »Spionenschreck« Andrej Presnjakow, die Druckereileiterin Sofja Iwanowna zusammen mit dreizehn weiteren Parteimitgliedern saßen hinter Gittern, und am 30. Oktober 1880 standen sie nun im »Prozess der sechzehn« vor Gericht. Kwjatkowski und Presnjakow wurden zum Tode verurteilt und am 4. November hingerichtet, die restlichen Angeklagten verurteilte das Gericht zu langjährigen Freiheitsstrafen.

Am 28. November kam es zu einem weiteren Eklat: Der »Hausmeister« Michailow fiel in einem Fotoatelier am Newski-Prospekt der Polizei in die Hände. Dessen Inhaber stellte für das polizeiliche Archiv die Aufnahmen von festgenommenen Personen her. Da die Parteileute die Bilder von Kwjatkowski und Presnjakow im Parteiblatt *Narodnaja wolja (Der Volkswille)* veröffentlichen wollten, ging Michailow hin, um Abzüge zu bestellen, und wurde beim Verlassen des Geschäfts von Polizeiagenten überwältigt. Michailows Festnahme traf die Partei ins Mark. »Er [Alexander Michailow – L. K.] war sozusagen das allsehende Auge der Organisation, der Wächter der Disziplin«, klagt Wera Figner. »Viel Unglück wäre uns erspart worden, wäre er in unserer Mitte geblieben. … Mit fantastischer Hingabe an die Revolution verband er Energie, Beharrlichkeit, bemerkenswerte Gewandtheit und eine solche Vorsicht, dass selbst die feigsten Leute unter seiner Leitung sich völlig sicher fühlten. Ein talentvoller Organisator und guter Menschenkenner, war er pedantisch, konsequent und unerbittlich in der Einhaltung organisatorischer Grundsätze.«

Loris-Melikow zwang also den »Volkswillen« in die Knie. Die Anarchisten waren im wahrsten Sinne des Wortes »enthauptet«. Dazu kam noch die akute finanzielle Not, in der die Partei nach der Hinrichtung ihres Geldgebers Dmitri Lisogub nun permanent steckte. Die Spenden stellten inzwischen ihre einzige Einnahmequelle dar, doch die flossen immer seltener und nicht so großzügig wie früher. Um an das bitter nö

tige Geld zu kommen, planten die Revolutionäre im Dezember einen
Überfall auf den Staatstresor in Kischinew, der aus einem unbekannten
Anlass letztendlich abgeblasen wurde. Wie prekär die Situation war,
illustriert folgende Anekdote: Einmal bat Sofja Wera Figner, ihr fünfzehn Rubel zu leihen, weil sie Medikamente brauchte, die Parteikasse
aber nicht beanspruchen mochte. Sie bekomme von der Mutter ein Sei-
denkleid geschickt, das sie verkaufen und mit dem Erlös die Schulden
zurückzahlen werde.

Darüber hinaus gelang es den Revolutionären nicht, auch nur eines
ihrer Hauptprobleme in den Griff zu bekommen: Ein Kompromiss für
die nach wie vor bestehenden Meinungsdifferenzen wurde nicht gefunden, die Zahl ihrer Sympathisanten verringerte sich unaufhaltsam weiter, der von der Polizei um sie gezogene Kreis verengte sich bedrohlich.
Unter allen bereits erwähnten Schwierigkeiten dürfte die jahrelange,
rund um die Uhr herrschende Angst wohl die folgenschwerste gewesen
sein. Während die Anarchisten nach außen hin Stärke und Furchtlosigkeit mimten, bangten sie doch um ihr Leben, und zwar enorm, dies besonders nach der Exekution von Kwjatkowski und Presnjakow. Tagaus,
tagein lebte jeder von ihnen im Bewusstsein, er könnte der Nächste sein,
und »kein noch so eisernes Nervensystem wäre imstande, eine derartige
Anspannung auf die Dauer zu ertragen«.

An die Wand gedrückt, versammelten sich die Parteileute, um die Zu-
kunftsperspektiven zu besprechen. Einige waren so weit, dass sie dafür
plädierten, zwar nicht vollkommen aufzuhören, aber zumindest bessere
Zeiten abzuwarten. Aber Sofja »setzte sich mit aller Kraft für die Fortsetzung ein, koste es, was es wolle«. Zum Schluss wurde doch entschieden,
den Plan zu vollenden. So nahmen die Verschwörer die notwendigen
Vorbereitungen für das nächste Attentat in Angriff. »Niemand kann uns
mehr aufhalten, nicht einmal wir selbst«, kommentierte Scheljabow.

Diesmal hoffte Sofja nicht, mit dem Zarenmord gehe der Terror zu
Ende. Sie machte sich keine Gedanken über die Geschehnisse danach.
Das Einzige, was sich das Mädchen wünschte, war ein Ende, welches
auch immer, nur ein Ende, das sie von dem Albtraum endlich erlösen
würde. Durch ihre Liebe verdoppelte sich die auf ihren Schultern bis
dahin lastende Bürde: »Sofja fürchtete nicht mehr allein um das eigene

Das Liebespaar lebte zurückgezogen und bescheiden: das Haus in der Perwaja-
Rota-Ismailowskowo-Polka-Straße 17–8, in dem Sofja und Scheljabow im September 1880 eine Wohnung bezogen.

Leben, sondern gleichermaßen um das ihres Geliebten.« Die permanenten Nervenanspannungen blieben natürlich für die im Übrigen angeschlagene Gesundheit der jungen Frau nicht konsequenzlos, sodass sie
»in der letzten Zeit oft krank« war. Allmählich ließ bei der starken Sofja
die Kraft nach, mehr noch als das, ihr rutschte endgültig der Boden unter den Füßen weg: »Unsere Nachbarin Alexandra Wladikina erzählte
mir, sie habe 1880 mit ihrem Mann auf der Rückfahrt nach Hause ihre
Eltern in Petersburg besucht und dabei in der Nähe der Nikolaj-Mors-
ki-Kirche zufälligerweise Sonja getroffen«, berichtet Wassili Perowski.
»Laut ihr sei Sonja in einer düsteren Stimmung gewesen. Wenn es ihr für
Mama nicht leidtäte, sagte sie, würde sie sich umbringen.« Auch Sofjas
Liebhaber befand sich in keiner besseren seelischen Verfassung: Er war
stets »schlecht gelaunt und depressiv«.

Das zum ersten Mal erlebte Liebesglück genoss das Paar selten, obwohl es seit September in einer gemeinsamen Wohnung in der Perwaja-
Rota-Ismailowskowo-Polka-Straße zusammenlebte – interessanterweise
gaben sich die beiden nicht als Eheleute aus, sondern als Geschwister-

paar –, denn »Scheljabow gab sich jeder Sache, welche er sich vornahm, leidenschaftlich, restlos hin. Er konnte nicht einmal an einer Stelle ruhig sitzen, sondern lief hin und her und gestikulierte ständig noch dazu. … Monatelang hatte er buchstäblich nicht einmal eine freie Minute.«»Wegen unaufhörlicher Arbeit hatten die beiden kaum Zeit für sich. Lediglich in wenigen Stunden ohne Kummer konnten sie für eine Weile den Gedanken vergessen, dass ihr Verhältnis weder eine Vergangenheit noch eine Zukunft hatte. Es war ein Genuss, ihre Blicke, wenn sie sich anschauten, zu beobachten, die Art und Weise, wie sie miteinander sprachen, die Gesten, mit denen sie ihre Gefühle füreinander unterstrichen. Insbesondere die Perowskaja war von ihren Emotionen vollkommen übermannt, doch sie schaffte es, diese zu verdrängen, und widmete sich ausschließlich den Parteiaufgaben.«

Die Stunden aber, in denen der aufs Äußerste erschöpfte Scheljabow Sofja überhaupt nicht wahrnahm, kamen viel häufiger vor, ja gehörten zu ihrem Alltag. Eine solche Situation schildert Praskowja Iwanowskaja, die Schriftsetzerin in der neuen Geheimdruckerei und einstige Arbeiterin in der Fabrik zur Herstellung von Eisenseilen:»Wir besuchten einmal Sofja Perowskaja, wo wir bis spät in die Nacht blieben, so sahen wir auch Scheljabow. Als er die Wohnung betrat, bemerkte er unsere Anwesenheit überhaupt nicht, sondern ging an uns vorbei ins Schlafzimmer, warf seine Klamotten samt den Schuhen hin, fiel ins Bett wie ein gefällter Baum, als hätte er nichts anderes im Sinne gehabt, außer zu schlafen.

Der Besuch bei der Perowskaja war für uns wie eine frische Dusche. Sie empfing uns immer herzlich und hieß uns willkommen. … Mit viel Taktgefühl half sie uns, in unserem komplizierten alltäglichen Durcheinander einen Sinn zu entdecken, unsere Zweifel zu überwinden. Sie redete über die Parteiaktivitäten unter der Arbeiterschaft, über die Expansion der revolutionären Bewegung unter weiteren sozialen Schichten, über die Gründung neuer Organisationen und Zirkel. Die Perowskaja sprach immer gelassen, ohne die kleinste Spur von Sentimentalität, jedoch mit Freude im Gesicht sowie mit Glanz in den Augen. Es schien, als würde sie über ihr Kind reden, das gerade eine Krankheit überstanden hatte.«

Auch diese Rolle, die einer überzeugten, eisernen Revolutionärin, meisterte Sofja weiterhin mit Bravour, ließ sich immer noch nichts anmerken. Hätte man aber die glänzende Oberfläche angekratzt, hätte man darunter ein gepeinigtes, bitter enttäuschtes Gemüt entdeckt. Sofjas Illusion über die Liebe lag nun auch auf dem Scherbenhaufen, wie übrigens alle bisherigen. Statt eines treuen Mannes bekam Sofja in ihrem Liebhaber einen »Frauenhelden, der in den letzten Jahren seines Lebens zahlreiche Affären hatte«. Es war ein offenes Geheimnis, dass beinahe alle »Volkswille«-Frauen entweder bis über beide Ohren in Scheljabow verliebt waren oder ihn maßlos anhimmelten.

»Andrej Iwanowitsch hatte eine umwerfende athletische Figur«, steht in den Memoiren der Wera Figner. »Umwerfend war auch sein schönes Haupt eines typischen russischen Bauern. Die ganze Erscheinung Scheljabows strahlte Kraft, Energie und Willensstärke aus. Der dunkle, lange Bart umrahmte sein breites Gesicht, in dem eine leichte Röte schimmerte. Wenn er lachte, kamen seine blendend weißen, ebenmäßigen, nicht allzu großen Zähne zum Vorschein, und jeder konnte sich daran ergötzen. Manchmal ließ er sich gehen, indem er herumblödelte, kasperte wie ein Kind.« Die erotisch grundierte Beschreibung bezieht sich auf einen Mann, den die Figner nicht einmal zwei Jahre kannte und lediglich sporadisch traf. Die Zeilen entstanden – nota bene! – ein Vierteljahrhundert nach Scheljabows Tod.

»Er war ein außergewöhnlich attraktiver Mann«, schwärmt die unbestrittene Schönheitskönigin des »Volkswillens« Anna Korba, ein schlankes, schwarzhaariges Mädchen mit einem Profil wie das einer antiken Statue. »Schön waren seine hohe Stirn und die rötlichen Wangen. Die Augenbrauen, einem schwarzen Regenbogen ähnlich, bogen sich leicht über die grauen, klugen Augen. Die Nase hatte er klein und gerade, seine Schritte waren schnell.«

Die Schriftsetzerin Praskowja Iwanowskaja erwähnt in ihren Erinnerungen eine Aushilfe in der Druckerei namens Lila Terentewa: »Es ist natürlich überflüssig zu sagen, dass Lila mit weit geöffneten Augen jedes Wort Scheljabows genüsslich ›aufsaugte‹, sich dabei immer näher zu dem Redner beugte, in einer Art, als wäre sie auf seinen ersten Ruf zu allen erdenklichen Opfern, gefährlichsten Abenteuern bereit. ... Danach schlug sie die Arme hinter den Kopf und sagte sehnsüchtig: ›Ach, ich würde so gern mit ihm in den Tod gehen.‹« Konnten die Seitensprünge Scheljabows an Sofja, die »grenzenlos, selbstvergessen liebte«, unbemerkt vorbeigehen? Wohl kaum! Scheljabow dagegen betrachtete Sofja als »seine Frau in dem Sinne, in dem er diesen Begriff verstand. Sie bedeutete ihm zweifelsohne sehr viel. Ihre Intelligenz, ihren Charakter schätzte er sehr. Als zuverlässige, absolut loyale Gefährtin war sie für ihn unersetzlich. Dennoch gestand er offen seine Unfähigkeit, sich einer Frau restlos hinzugeben.« In den Memoiren ihrer engsten Vertrauten ist ständig die Rede vom Respekt, von der Begeisterung, von der Dankbarkeit Scheljabows seiner Geliebten gegenüber; das Wort »Liebe« wird man darin vergeblich suchen. Außerdem »lebte Scheljabow ausschließlich für den Moment und nutzte deshalb ausnahmslos alles, was ihm dieser zu bieten hatte«.

Der Schmerz der Demütigung zwang die sonst verschlossene Sofja, noch tiefer in sich zurückzukehren, noch misstrauischer zu werden: »Die Perowskaja hatte es nicht leicht, trotzdem mochte sie sich nicht beklagen«, so das »Vetterchen« Lew Tichomirow. »Ich könnte viele Beispiele nennen, wo sie andere unterstützte. Sie tat es gern, ganz selbstverständlich, äußerst diskret. Umgekehrte Fälle sind mir nicht bekannt. Deswegen blieb und bleibt ihre innere Welt ein Rätsel, sogar für ihre engsten Freunde, und sie persönlich trug zu dessen Lösung in keinerlei Weise bei. Sogar die Außenseite ihres Lebens ist außergewöhnlich schleierhaft. Hunderte von Personen hätte man befragen müssen, um diese in Erfahrung zu bringen. Aber selbst dann würde sich ein solcher Versuch sehr mühsam gestalten.« »Niemals hörten wir Sonja klagen oder ächzen. Sie behielt alles als Geheimnis für sich und verdrängte den Schmerz«, behauptet der zweite »Tschaikowzen«-Liebling Sergej Krawtschinski, Sofjas ohnehin engster Vertrauter.

Sie hütete den Kummer vor ihren Parteifreunden, mit denen sie so viel verband, während sie ihr Herz dem Erstbesten auf der Straße ausschüttete, wie der Nachbarin Wladikina. Einerseits wahrte Sofja die Fassade, bot sich ihren Mitkämpfern weiterhin als Vorbild, weil sie sich vor einer Blamage fürchtete. Andererseits ließ sich die junge Frau nicht täuschen: Mit sentimentalen, weinerlichen Weibern konnte Scheljabow

nichts anfangen, so wusste sie allzu gut, nur als »Heldin« besaß sie eine
Chance, den Liebhaber auf lange Sicht an sich zu binden. Ihn zu verlieren, in diesem Augenblick, wäre für sie einem Untergang gleichgekom-
men. Denn Sofja hatte nur noch ihn: Die Frauen beneideten sie um
den Geliebten, mochten sie nicht, und das Gros der Männer, meistens
die Anhänger des »Hausmeisters«, zeigten der »Abtrünnigen« die kalte
Schulter. Das Mädchen war einsamer denn je.
»Sonst gibt es nicht viele Details über das kurze Zusammenleben des
Liebespaares. So viel weiß man, dass die beiden sehr bescheiden, unauffällig lebten und kein Personal beschäftigten, sodass Sofja sowohl den
Haushalt führte als auch Einkäufe erledigte. Selten bekamen sie Besuch,
noch seltener Post. Den Morgen verbrachten sie gewöhnlich zu Hause,
zwischen vier und fünf Uhr nachmittags gingen sie weg, meistens um
Mitternacht kehrten sie dann heim. Ihre kleine, aus zwei Zimmern und
einer Küche bestehende Wohnung war – wie bei einem Staatsbeamten –
karg eingerichtet. Auf dem Tisch lag ein billiges Tafeltuch, an den Fenstern hingen billige Musselingardinen. Die Kissen waren mit Stroh gefüllt, der Samowar hatte abgebrochene Griffe, das Besteck sowie das
Geschirr waren sehr alt, gebraucht, aus verschiedenen Garnituren zusammengesetzt. Es gab auch ein paar Bücher, unter ihnen auch Mary
Braddons Roman *Lost for Love*.«

11. KAPITEL
Der Zarenmord

Der halbierte »Volkswille« sammelte die letzten Kräfte und ergriff im Herbst 1880 die Vorbereitungsmaßnahmen zum siebten Attentat auf Alexander II. Es handelte sich abermals um einen von Scheljabow erfundenen Dreiphasenplan, und auch diesmal wollte er nichts dem Zufall überlassen. In der ersten Etappe planten die Anarchisten, nach dem gleichen Muster wie in Moskau und Odessa vorzugehen beziehungsweise mit dem unter der Straßendecke versteckten Sprengstoff, die Zarenkutsche in die Luft zu sprengen. Versagte die Mine, würden vier Bombenwerfer direkt auf den Imperator losgehen. Durch den Einsatz mehrerer von den Verschwörern selbst anzufertigenden Handgranaten kalkulierte Scheljabow auch gleichzeitig eventuelle Herstellungsfehler ein. Schlug auch dieser Versuch fehl, würde Scheljabow in die Kutsche springen und den Monarchen erdolchen. Für die Realisierung des Anschlags rechnete man mit einem dreißigköpfigen Team. Übrigens war das der erste Terrorakt in der Geschichte des Anarchismus, bei dem Bomben verwendet wurden.

Die letzte Etappe war allein Scheljabows Sache, das war von vornherein klar. Auf diese Tat hatte der Radikalste unter den Radikalen sein Leben lang gewartet. Just auf diese Tat. Die Ohnmacht der Rechtlosen hatte aus dem Sohn eines Fronpflichtigen »einen Rebellen gemacht, dessen Gewaltbereitschaft an Zynismus grenzte, der durch die Terrorideologie vollkommen fanatisiert war«. Überhaupt galt Scheljabows Name als »Synonym für eine extreme, vor keinem Hindernis zurückweichende zerstörerische Energie«. Diese wiederum wuchs auf dem Boden des Unrechts, das seiner Familie widerfahren war. Es geschah in der Zeit vor der Bauernbefreiung, in einem Sommer, den der damals acht Jahre alte Junge bei dem Großvater Gawrilla Frolow im Dorf Kaschka-Tscher-

krak verbrachte. Im Haus lebte auch seine Lieblingstante, die sechzehnjährige Dorfschönheit Ljuba. An einem Abend beobachtete er durch die
Türspalte, wie sie weinte und den Vater anflehte, ihr zu helfen. Er sah
auch, wie der alte Mann daraufhin die Tür verriegelte, wie der Gutsver-
walter sie aufbrach und die junge Frau irgendwohin wegzerrte. Mit zerzausten Haaren und zerrissenen Kleidern kehrte sie am nächsten Morgen heim: Der Gutsherr Lorenzow, ein »Grieche, hochgewachsen und
dick, mit einem verschlafenen, bläulichen Gesicht und schweren, stets
halb geschlossenen Augenlidern«, dem die Frolows gehörten, hatte das
Mädchen vergewaltigt.

Der Großvater begab sich auf der Stelle nach Feodossija, den Bezirks-
verwaltungsort, um Beschwerde einzulegen. Zwei Tage später kam der
alte Mann zurück und erzählte, Lorenzow sei vor ihm schon da gewesen
und habe behauptet, das Mädchen hätte betrunken eine Rauferei ange-
zettelt und dafür die Leviten gelesen bekommen. Die Zeugen, zwei Stall-
knechte des Gutsherrn, bestätigten seine Aussage. Scheljabow vergaß
nie, wie er sich damals geschworen hatte, Lorenzow umzubringen. Als er
aber erwachsen wurde, war dieser schon längst gestorben. Jetzt stand der
Zar da als sein Vertreter, als eine Symbolfigur der Willkür und der Ungerechtigkeit zugleich.

Scheljabow führte also einen privaten Feldzug, eine persönliche Ab-
rechnung mit dem Regime. Die Partei fungierte dabei nur als Werkzeug,
die Kameraden nur als Helfer. Was den adeligen Dekabristen nicht gelungen war, sollte ihm, dem Sohn des Leibeigenen Iwan Scheljabow, gelingen.

Im Namen einer gerechteren Welt begann das Exekutivkomitee mit
dem Sammeln der für das Attentat erforderlichen Informationen. Zuerst musste der Tagesablauf Alexanders II. ausgekundschaftet werden,
und zu diesem Zweck kam es zur Gründung einer fast ausschließlich aus
den »Zöglingen« Scheljabows zusammengesetzten Überwachungskom-
mission mit Sofja als Leiterin. »Unsere Gruppe hatte die Aufgabe festzu-
stellen, zu welchen Uhrzeiten der Zar das Schloss verließ und welche
Straßen er benutzte, als er unterwegs in der Stadt war«, berichtet der
Student Arkadi Tyrkow. »Die Beschattung erfolgte in zwei Schichten,
stundenweise, nach einem festgelegten Einsatzplan, wobei eine und dieselbe Person niemals zwei Tage hintereinander observieren durfte. ...

Sofja behauptete, auf den
Jungen sei Verlass: der zum
Tode verurteilte Bomben-
werfer Nikolaj Ryssakow.

Die Sitzungen fanden einmal wöchentlich statt. Die Schlüsselrolle erhielt die Perowskaja, die sowohl unsere Berichte penibel notierte als
auch selbst an den Observierungen teilnahm.«

Schon während der ersten Tagung fiel der neunzehn Jahre alte Nikolaj
Ryssakow, ein Student des Forstwirtschaftlichen Instituts, auf. Der
plumpe, breitschultrige Jüngling mit dicken Lippen und Sommerspros-
sen benahm sich äußerst seltsam, lachte stets völlig grundlos, zuckte
nervös. Als man Sofja darauf hinwies, versicherte sie, auf den Jungen sei
Verlass, weil Scheljabow persönlich ihn rekrutiert habe. Umso mehr
kam die Ruhe eines neben ihm sitzenden adretten jungen Mannes mit
schwarzen, gewellten Haaren und einem bleichen ovalen Gesicht zum
Ausdruck. Es war Ignazi Grinewizki, das »Katerchen« genannt. Der
Fünfundzwanzigjährige studierte bereits am Technischen Institut, doch
weit emsiger betrieb er zusammen mit Sofja und Scheljabow Propagandaarbeit unter Fabrikarbeitern.

Schon nach kurzer Zeit brachte die Gruppe in Erfahrung, dass sich der Monarch jeden Tag etwa gegen zwei Uhr mittags zum »Sommergarten« begab. Zu seiner Eskorte gehörten sechs Gardisten zu Pferd, zwei von ihnen verdeckten während der Fahrt die Kutschentüren. Nach dem Spaziergang kehrte er direkt ins Palais zurück, es geschah selten, dass er unterwegs einen Abstecher machte. So sah seine Marschroute während der Arbeitswoche aus. Sonntags nahm er regelmäßig in der Michailow-Manege die Militärparade ab, denn »die Vorliebe für verschiedene Militärzeremonien, Defilees, Truppenbesichtigungen blieb bei Alexander II. sein ganzes Leben erhalten«. Nach dem Besuch in der Reitbahn, unterwegs zum Schloss, bog die Equipage an der Ecke der Ingenieurstraße links ein, wobei der Kutscher die Geschwindigkeit deutlich verlangsamte und beinahe mit Schritttempo fuhr. »Dies registrierte die Perowskaja als Erste«, so Arkadi Tyrkow weiter. »Als sie uns bei der nächsten Versammlung darüber berichtete, sagte sie: ›Genau! Das ist die richtige Stelle!‹ Für mich war diese Anmerkung erst nach dem Attentat begreiflich, weil wir, die Mitglieder der Observierungskommission, in den Dreiphasenplan überhaupt nicht eingeweiht waren.«

Im Laufe der Überwachungsarbeit bemerkte Tyrkow Sofjas Groll auf den Zaren. Einen derartig unversöhnlichen, flammenden Zorn fand er nur noch bei Michailow. Der junge Mann schildert eine Situation, welcher er kurz vor der Verhaftung des »Hausmeisters« beiwohnte: »Der ›Hausmeister‹ schlug mit der Faust auf den Tisch: ›Diesmal aber machen wir ihm [Alexander II. – L. K.] den Garaus!‹ In seiner Stimme, in dem Ton, wie er das sagte, in den Augen, aus denen geradezu Funken sprühten, die Willensstärke strahlte, verspürte man die Entschlossenheit, auf alles oder nichts zu gehen. Einen solchen Michailow erlebte ich weder jemals zuvor noch danach. Denselben Hass, aber in einer anderen Form, in einer eher für Frauen charakteristischen Art, legte ebenfalls die Perowskaja an den Tag. Sie zeigte ihn zwar nicht offen, es ließ sich jedoch nicht übersehen, dass dieses Gefühl in jeder ihrer Bewegungen, in dem Eifer, mit dem sie den Zaren beschattete, fest verankert war. Bei Michailow, so wie es eben bei den Männern der Fall ist, war dieser Hass zwar gewaltig, jedoch nicht stürmisch. Perowskajas Aversion dagegen besaß Raffinesse, Schärfe, saß viel tiefer und war von einem derartigen Unge-

stüm, von einer nur für Frauen typischen Hast geprägt. Man sah, wie sie
die Rache an Alexander II. im wahrsten Sinne des Wortes genoss.«

Die Resultate der Überwachungsgruppe nutzte das Exekutivkomitee,
um eine zur Minenlegung geeignete Straße zu finden, weil davon die
Platzierung der Bombenwerfer direkt abhing. So wurde am 1. Januar
1881 ein Käsegeschäft im Kellergeschoss eines Hauses in der Malaja-
Sadowaja-Straße 56–8 eröffnet. Für den Verkaufsraum sowie die zwei zu
Wohnzwecken gedachten Zimmer zahlten die Revolutionäre einhundert Rubel monatlich. Den Ladeninhaber spielte der Propagandaveteran
Juri Bogdanowitsch, seit etwa einem Jahr Mitglied des »Volkswillens«.
Seine roten Haare, der kräftige Vollbart, die gedrungene Statur – das
typische Aussehen eines Händlers – waren letztendlich entscheidend,
dass die Partei den Sohn eines Gutsherrn und Medizinstudenten mit
dieser Aufgabe beauftragte. »Um die Rolle seiner ›Ehefrau‹ kämpfte
Sofja wie eine Löwin, weil sie bei dem gefährlichen Einsatz unbedingt
mit dabei sein wollte.« Nach einem langen Tauziehen verzichtete sie darauf zugunsten der »Dynamithüterin« Anna Jakimowa.

Die Grabungsarbeiten begannen. Alles lief glatt bis Mitte Januar, als
ein Brief wie ein Blitz aus heiterem Himmel kam und die Revolutionäre
in Verlegenheit brachte. Der Adressat war niemand anderer als Sergej
Netschajew. Wegen Mordes verurteilt, büßte er seit 1873 seine lebenslange Strafe in der »Petropawlowka«. Bakunins »großartiger Fanatiker,
gottloser Gläubiger« wandte sich nun an den »Volkswillen« mit der Bitte
um Befreiung, aber nur unter der Bedingung, dass die Partei die Aktion
für richtig halte. Die Revolutionäre zögerten eine Weile unentschieden,
doch die leere Parteikasse sowie die allgemein bemerkbare Erschöpfung
der Verschwörer veranlassten den »Volkswillen« im Endeffekt, dem Attentat die Priorität zu geben. So baten sie Netschajew um ein wenig Geduld.

Also stürzte man sich wieder auf die Arbeit, aber nicht lange, da am
25. Januar der abenteuerlustige Schönling Alexander Barannikow verhaftet wurde. Schon vier Tage danach erfolgte der nächste Schlag, der
schwerste bis dahin: Der »Melancholiker« Nikolaj Kolotkewitsch landete
hinter Gittern, und in die in seiner Wohnung gestellte Falle tappte schon
einige Stunden später der »Schutzgeist« Nikolaj Kletotschnikow. Es klingt
eigentlich paradox, dass Kletotschnikow, ein Geheimdienstbeamter, von

der Verhaftung des »Melancholikers« nichts wusste und dazu noch selbst
der Polizei in die Hände fiel. Den Arrest Kolotkewitschs führte aber
nicht das Polizeidepartement durch, sondern die Kanzlei des Oberbür-
germeisters, die zwecks wirksamer Terrorbekämpfung inzwischen auch
zu Razzien und Festnahmen befugt war. Zu ihren Angelegenheiten hatte
Kletotschnikow keinen Zugang. Die Behörde war zwar verpflichtet,
die Geheimpolizei über ihre Ermittlungen auf dem Laufenden zu halten, doch die Berichte kamen sowohl verspätet als auch unregelmäßig,
nicht selten sogar unvollständig. Am 30. Januar, einen Tag nachdem der
»Schutzgeist« in Gewahrsam genommen worden war, wurde dann Makar Teterka arretiert, derjenige, der den Termin des Attentats verschlafen
und dadurch dem Zaren das Leben gerettet hatte.

Auf das nächste Unglück wartete der mittlerweile dezimierte »Volkswille« nicht lange. Nach dem unzuverlässigen Attentäter ging Andrej
Scheljabow der Polizei ins Netz. Zwei Wochen vor Scheljabows Festnahme, Mitte Februar, hatte das Polizeidepartement den Hinweis erhalten: Eine Person, in den revolutionären Kreisen aktiv und als »Mylord«
bekannt, wäre unterwegs nach Sankt Petersburg. Es handelte sich dabei
um Michail Trigoni aus Odessa, den immer äußerst elegant angezogenen, korpulenten Rechtsanwalt mit einer auffällig großen Hakennase
und einem mächtigen schwarzen Vollbart. Aufgrund des Personaldefi-
zits lud Scheljabow seinen alten Freund aus Studienzeiten ein, bei der
Tunnelgrabung in dem Käsegeschäft zu helfen. Gleich nach seiner Ankunft stellte man den Mann unter Beobachtung, und am 27. Februar erfolgte der Zugriff. Unter irgendeiner Ausrede lockte der Hausmeister
den »Mylord« in den Flur, wo ihn sofort die Gendarmen ergriffen und
wegschafften. In der Wohnung blieb Scheljabow zurück. Als Trigoni
nach einer Viertelstunde immer noch nicht zurückkehrte, schlich er sich
hinaus. Im Erdgeschoss angekommen, versuchte er, die Tür zu öffnen,
jedoch vergeblich: Diese war verschlossen. Er zog den Revolver, doch in
derselben Sekunde packten ihn zwei Gendarmen an den Händen.

Im Untersuchungsgefängnis begegnete Scheljabow Anton Dobschinski. Den Grigori Goldenberg zum Verhängnis gewordenen Staatsanwalt
hatte man kurz nach der Vernehmung des Dynamitkuriers zur Belohnung von Odessa nach Petersburg versetzt, »wo er für seine Methoden,

jemandem ein Geständnis oder eine falsche Aussage abzunötigen, berühmt wurde«.»›Ach, ich erinnere mich an Sie. Sie waren 1874 im ›Großen Prozess‹ angeklagt worden‹, frohlockte Dobschinski, Scheljabow darauf: ›Ihr ergebener Diener.‹«

Obwohl Scheljabow nicht aussagte, erfuhr die Polizei rasch seine Adresse, so bekam der Hauswart den Befehl, die Wohnung im Auge zu behalten. Der fragte die ahnunglose Sofja nach ihrem »Bruder«, als die junge Frau abends heimkam. Die Art, wie der Mann mit ihr sprach, kam ihr äußerst suspekt vor, so machte sie rasch eine »Säuberung« – im Anarchistenjargon die Beseitigung des kompromittierenden Materials –, und gegen acht Uhr verschwand Sofja statt durch den Haupteingang durch die Tür, die den Flur mit dem im Haus liegenden Milchgeschäft verband. Unterkunft fand sie vorübergehend bei Wera Figner. Diese teilte mit dem »Techniker« Grigori Issajew die konspirative Wohnung am Wosnessenski-Prospekt, wo alle wichtigen Sitzungen stattfanden, alle belangvollen Entscheidungen getroffen wurden.

Nach dem Arrest Scheljabows, schon am kommenden Tag, gab es wieder eine böse Überraschung: Im Käsegeschäft fand eine Razzia statt. Es schien, auch diesmal wären alle Bemühungen umsonst. Schon beim Vertragsabschluss fielen dem Vermieter sowohl die geschulte Handschrift als auch die vornehmen Manieren der »Käsehändler« auf. Seine Beobachtungen meldete er umgehend der Polizei, die zuerst bei den Nachbarn diskret Erkundigungen einholte. Diese wiederum erzählten über den ungewöhnlichen Lebensstil des »Ehepaares«, dass die Frau zum Beispiel mehrere Nächte hintereinander nicht zu Hause übernachtet habe, dass die beiden immer spätabends von mehreren Männern, die ihre Gesichter hinter den Mantelkragen versteckt hielten, Besuch bekämen. Die Tochter des Hausmeisters sah auf dem Tisch der »Geschäftsleute« einen Hundertrubelschein liegen, eigentlich eine Menge Geld für einen Kleinhändler. Obendrein befand sich in der gleichen Straße schon ein solcher Laden, und sein Inhaber war erleichtert, als er sich von der mehr als bescheidenen Warenauswahl sowie der mangelnden Fachkenntnis der Konkurrenten überzeugen konnte.

Indizien gab es mehr als genug, deshalb ordnete der Oberbürgermeister eine Durchsuchung an. Unter dem Vorwand einer Hygienekontrolle tauchten die Polizisten am 28. Februar in dem Laden auf. Die Aufmerksamkeit des leitenden Beamten, des Generals Mrowinski, richtete sich sofort auf die mit Brettern verkleidete Wand, hinter der sich der Stollen befand. Er klopfte mehrere Male dagegen, worauf die »Eheleute« eilends erklärten, die Bretter seien ein Schutz gegen Schimmelpilz. An den mit Erde gefüllten Fässern ging er vorbei, ohne deren Inhalt zu prüfen, und auch mit der Antwort bezüglich der angeblich zum Käsetransport gelagerten Stroh- und Kokshaufen gab sich der General zufrieden. Darunter lag natürlich ausgegrabene Erde. Die offensichtliche »Verwirrung und Angst Bogdanowitschs«, bemerkte Mrowinski sehr wohl, aber er ignorierte sie einfach. Demzufolge berichtete er, nichts Verdächtiges entdeckt zu haben. Vorsichtshalber telegrafierte das Polizeidepartement nach Woronesch, denn die beiden besaßen die Pässe eines dort lebenden Ehepaares. Nachdem die dortige Behörde die Gültigkeit der Dokumente bestätigt hatte, war die Gefahr gebannt. Trotzdem ließ die Polizei das Geschäft weiterhin observieren.

Einige Stunden danach versammelten sich die Mitglieder der nun führungslosen Partei in der Wohnung der Wera Figner. Die momentane Situation sollte durchdiskutiert und die Reihen neu konsolidiert werden. Ohne Debatte einigten sich die Verschwörer darauf, dass Sofja als Scheljabows Nachfolgerin fortan die Leitung der gesamten Operation übernehmen sollte. »Die letzte Sitzung unmittelbar vor dem Anschlag hatte einen fieberhaften Charakter. Eine gewisse Erschöpfung und Überreiztheit verspürte man bei allen. Die ganze Aufmerksamkeit war auf das bevorstehende Attentat konzentriert, auf die Befreiung Netschajews sowie aller Kameraden aus der ›Petropawlowka‹.«

Die Stimmung in der Partei war von Ungeduld bestimmt, die Atmosphäre wie elektrisiert. So trafen die Anarchisten die Entscheidung, schon am kommenden Tag die Aktion zu starten. Insbesondere Sofja »verlangte mit steinerner Miene, das Attentat müsse schon am 1. März durchgeführt werden«. Das Beharren der jungen Frau beruhte auf dem Bewusstsein, dass die Tage des »Volkswillens« gezählt waren, gleichzeitig dachte sie auch an den Geliebten: Wenn der Zarenmord während dessen Gefangenschaft ausgeübt würde, könnte dies eine weitgehende Entlastung Scheljabows vor Gericht bedeuten. Aber es war leichter gesagt als getan, weil die Vorbereitungen längst noch nicht fertig waren:»Die Mine wurde noch nicht gelegt. Der Laden stand unter Beobachtung. Die Bomben stellte man noch nicht fertig, und wenn schon, dann war immer noch die Frage, ob sie überhaupt funktionsfähig seien. Die Zeit, sie zu testen, reichte nicht mehr aus.«

Da sich bei den jetzigen Aktivitäten alles um den Anschlag drehte, fragten die jüngeren und kritischeren Mitglieder nach der Zeit hinterher, nach der praktischen Realisierung der Machtübernahme durch das Volk. Von einem frischgebackenen Kameraden namens Sergej Iwanow, einem wegen seines starken Stotterns äußerst schüchternen Medizinstudenten, zu dem Thema angesprochen,»klatschte Sonja mit den Händen und brachte mit einer halbkomischen Geste ihr Erstaunen zum Ausdruck, dass sich ausschließlich Neuankömmlinge dafür interessierten. Über diese Sache debattierte die Partei, sagte die Perowskaja, so gut wie nie. Danach teilte sie mir ihre Meinung mit, wobei sie betonte, hier handele es sich lediglich um ihre persönliche Ansicht, da man diesem Punkt im Parteiprogramm wenig Beachtung schenkte«, so Iwanow.»Was die Zukunft anbelangte, machten wir uns tatsächlich keine großartigen Gedanken darüber. Alle unsere Kräfte verschluckte einzig und allein der Zarenmord.« Die außerordentliche Sitzung ging um fünf Uhr nachmittags zu Ende.

Im Unterschied zu den Revolutionären, die mit anscheinend unlösbaren Problemen rangen, frühstückte Alexander II., gut gelaunt und entspannt, an demselben Tag, am 28. Februar, wie übrigens immer samstags, mit Loris-Melikow im Winterpalast. Dabei berichtete der Innenminister über die neuerlichen Festnahmen und unterstrich ausdrücklich, zum Aufatmen sei es jedoch noch zu früh, da die Gerüchte um ein Käsegeschäft sowie ein weiteres Attentat nach wie vor kursieren würden. Deswegen riet er dem Zaren, seine Teilnahme an der morgigen Militärparade in der Michailow-Manege abzusagen. Da der Monarch sich zwei Sonntage vorher von ihm überreden ließ, zu Hause zu bleiben, hörte er diesmal nicht auf den Grafen. Er meinte, es gebe keinen Grund für eine so übertriebene Vorsicht, alle erforderlichen Sicherheitsmaßnahmen seien schon getroffen worden.

Zugleich händigte der Graf Alexander II. den Gesetzesentwurf aus, woran er mit seinem ebenso reformfreudigen Gleichgesinnten Großfürst Konstantin, dem jüngeren Bruder des Zaren, seit seiner Ernennung zum Innenminister gearbeitet hatte. Gemäß dem Projekt, das als »Loris-Melikow'sche Verfassung« in der Geschichte bekannt ist, plante der Staatsmann einen sukzessiven Übergang von der absolutistischen zu einer parlamentarischen Monarchie. Den ersten Schritt in diese Richtung sah man zunächst in der Bildung eines Reichsrates mit einer ausschließlich beratenden – also keiner legislativen oder exekutiven – Funktion, der aus fünfzehn zum Teil durch die Semstwo-Organe*, zum Teil aber aus von der Regierung ernannten Mitgliedern zusammengesetzt werden sollte. Zu seinen Aufgaben gehörte die Bearbeitung von Berichten der Kommission für Finanzen beziehungsweise für Wirtschafts- und Verwaltungsfragen, der zwei im Entstehen begriffenen Gremien. Auf dem Exposé fehlte nur noch die Unterschrift des Zaren. Von diesem Konzept Loris-Melikows wusste der »Volkswille« nichts.

Den Samstagabend verbrachte der Monarch, weiterhin bestens gelaunt, in der Gesellschaft seiner jungen Gemahlin. Die ganze Zeit spielte er mit seinem kleinen Sohn Georgi. Hinter vorgehaltener Hand tuschelte man auch, dass der kränkelnde und erschöpfte Imperator des Thrones müde sei und sogar an Abdankung denke.

Wie es unter Herrschern üblich war, führte auch der russische Zar regelmäßig Tagebuch. Übrigens kam bei den Diarien Alexanders II., den »kleinen, speziell für ihn gedruckten Kalendarien im Miniaturformat, die Vorliebe des Monarchen für feine Details zum Ausdruck. Diese Hefte hatten Buchform, waren aus hochwertigem Papier gefertigt, mit Gravuren illustriert, deren fantasievolle Motive entweder dem Geschmack des Imperators oder aber der aktuellen Mode entsprachen. Sie waren nicht nur wunderschön gebunden und mit Goldschnitt versehen, sondern steckten auch in stilvollen Futteralen. … Auf diesen befand sich der russische zweiköpfige Adler mit Krone.« Auch am 28. Februar, spätnachts, formulierte Alexander II. mit sparsamen Worten, ja stichwortartig, wie

---

* Semstwo – die 1864–1917 bestehende ständische Selbstverwaltung auf Kreis- und Gouvernementsebene

Hesja Helfman hatte
lediglich bei der Fertig-
stellung von Bomben
geholfen, dennoch verur-
teilte das Gericht die
schwangere junge Frau
zum Tode.

eigentlich immer, das Resümee des Tages:»Ich bin so glücklich, dass ich
manchmal Angst davor habe.« Dies war der letzte Eintrag des Zaren.

Ein paar Straßen weiter, unweit vom Winterpalast, bastelten seit dem
Sitzungsschluss die Verschwörer in Wera Figners Wohnung am Wosnessenski-Prospekt unter der Leitung des Bombenexperten Kibaltschitsch
an den Sprengkörpern. Der »Techniker« Issajew befand sich im Käsegeschäft und legte bereits die Mine. Der Wunsch, den Nervenstrapazen endlich ein Ende zu setzen, verlieh den Anarchisten einen neuen
Schwung.»Am Abend überredete ich Perowskaja, schlafen zu gehen,
damit sie morgen im Besitz ihrer Kräfte wäre«, so die Figner.»Ich selbst
arbeitete mit den drei Männern bis zwei Uhr nachts mit. Die ganze
Nacht brannten die Lampen und das Feuer im Kamin; die Männer
arbeiteten die Nacht hindurch. Als Perowskaja und ich um sieben Uhr
erwachten, waren zwei Bomben fertig. Perowskaja trug sie in die Wohnung … in der Teleschnaja-Straße.«

Sofjas Kutschenfahrt glich einem Himmelfahrtskommando, weil die Handgranaten, permanentem Schütteln ausgesetzt, jede Sekunde hätten explodieren können. »Die Kameraden warnten sie zur Vorsicht, aber sie winkte nur ab: ›Früher oder später wird es geschehen. Dem Schicksal entwischt man nicht, und ich trachte auch nicht danach.‹«

In der Teleschnaja-Straße 5, wohin die junge Frau fuhr, lag eine von Scheljabow speziell zu Attentatszwecken gemietete Wohnung. Darin lebte der glotzäugige Nikolaj Sablin, Sofjas »Ehemann« aus Odessa, mit seiner aktuellen »Ehefrau«, der fragilen, dezenten Hesja Helfman. Die schöne neunundzwanzigjährige Brünette mit einem Schmollmund und Mandelaugen war mit dem neulich verhafteten »Melancholiker« Kolotkewitsch verheiratet. Die Tochter eines jüdischen religiösen Fanatikers aus Kijew floh mit siebzehn aus dem Elternhaus, um einer Zwangsheirat zu entkommen. Sie fing einen Kurs für Hebammen an und trat dank ihm in Kontakt zu dem »Tschaikowzen«-Zirkel. Wegen der Propagandaarbeit wurde sie zusammen mit anderen »Moskauer Amazonen« im »Prozess der fünfzig« verurteilt und auf Bewährung freigelassen, woraufhin sie in die »Land und Freiheit« eintrat und nach deren Zerfall in den »Volkswillen«. Sie beteiligte sich an keinem der Terrorakte direkt, sondern half lediglich als »Hauswirtin« aus. »Jeder, der Hesja kannte, wird bestätigen, dass die Rolle der Terroristin für sie eine Nummer zu groß war. Nicht deshalb, weil die Gewaltbereitschaft eine gewisse Härte von einem abverlangt, sondern aus dem Grunde, dass solche bescheidenen, gutmütigen, aufopfernden Menschen wie sie den Herausforderungen des Terrors einfach nicht gewachsen sind.«

Als Sofja in der Teleschnaja-Straße eintraf, warteten dort schon die Bombenwerfer, ausnahmslos »Schüler« Scheljabows, die er persönlich auserkor, als er »vor etwa einer Woche den Kampfaufruf erließ«. Die junge Frau erklärte ihnen, die anderen Sprengkörper würden vielleicht später nachgeliefert: »Es ist alles, was wir bis jetzt geschafft haben. Man muss auch mit wenig zufrieden sein.« Etwa gegen zehn Uhr erschien doch der Bombenexperte Kibaltschitsch mit den zwei restlichen Handgranaten. Dann gab Sofja den jungen Männern die Anweisungen hinsichtlich ihrer Plätze sowie des Treffpunkts nach dem Anschlag, indem sie auf einem Briefumschlag die Fahrstrecke des Zaren zeichnete und ihre Positionen markierte. So platzierte sie Nikolaj Ryssakow, für dessen Verlässlichkeit sie unlängst garantiert hatte, am Denkmal Katharina der Großen. Das Plateau vor dem Gebäude des Justizministeriums bestimmte Sofja als Standort für das »Katerchen« Grinewizki sowie Timofej Michailow, einen als Fabrikarbeiter beschäftigten jungen Bauern. Die dritte Stellung, die Ecke Newski-Prospekt und Malaja-Sadowaja-Straße, war für Iwan Jemeljanow vorgesehen, für den Diplomatenenkel, der im Ausland studierte, bevor er sich dem »Volkswillen« anschloss. Die vier hatten bis dato so gut wie keine Erfahrungen mit Sprengstoff gemacht. Von dem Bombenexperten Kibaltschitsch bekamen sie ein paar Unterrichtsstunden und wohnten einer Testprobe bei, und das war's.

Dem Plan nach sollte der »Techniker« Issajew die Zarenkutsche auf deren Fahrt zur Michailow-Manege, beim Passieren der Malaja-Sadowaja-Straße, in die Luft jagen. Bliebe der Imperator unversehrt, kämen die Bombenwerfer zum Einsatz. Ändere der Zar die Route, würde in diesem Falle Sofja an jedem der vier Männer vorbeigehen und sich in ein Taschentuch schnäuzen. Das wäre für diese das Signal, sich sofort zum Katharinen-Kanal zu begeben, wo sie von Sofja die neuen Stellungen angewiesen bekommen würden. Die dritte Phase, das Erdolchen des Zaren, ließ man ausfallen, da sich niemand bereit erklärte, Scheljabows Nachfolge anzutreten.

Während am Sonntag, dem 1. März, die Vorbereitungen zu seiner Ermordung in die letzte Runde gingen, stand der Zar wie üblich gegen 8.30 Uhr auf und machte mit den Kindern einen Spaziergang im Schlossgarten. Danach paraphierte er das Verfassungsprojekt Loris-Melikows mit dem Vermerk »Einverstanden« und läutete damit die Reformzeit ein. Es war 12.30 Uhr.

Als er nun zur Reitbahn fahren wollte, bat ihn die Fürstin, da sie einen schlechten Traum gehabt hätte, doch zu Hause zu bleiben. Sie erinnerte ihren Mann an den Rat Loris-Melikows und dessen Befürchtung, die Gefahr sei immer noch nicht vorbei. Aber der Zar ließ sich nicht umstimmen. So verlangte die Jurewskaja, zumindest die Malaja-Sadowaja-Straße und den Newski-Prospekt zu meiden, was er versprach. Zu ihrer Beruhigung verstärkte er den Konvoi um zwei weitere Gardisten sowie einen Polizeischlitten. Um 12.55 Uhr verließ Alexander II. den Winterpalast.

Den Bauern Timofej Michailow, einen der Attentäter, verließen die Kräfte; er ging nach Hause, aber auch er starb am Galgen.

Der Imperator hielt sein Wort und wich tatsächlich von seinem üblichen Hinweg ab. Die den Manegeeingang überwachende Sofja sah, wie der Zar frohgemut die Reithalle betrat. So rief sie umgehend die Bombenwerfer zusammen, wies ihnen die neuen Plätze an und übernahm selbst den Wachposten auf der anderen Kanalseite. Das Zeichen zum Start blieb auch diesmal das Taschentuch.

Während der Militärzeremonie plauderte Alexander II. freundlich mit den Soldaten, scherzte mit ihnen, und überhaupt war er bester Laune. Nach der Parade besuchte der Zar mit seinem jüngeren Bruder, dem Großfürsten Michail, seine Cousine, die Großfürstin Jekaterina, deren Palast sie nach etwa einer Viertelstunde verließen. Es war 14.30 Uhr, als die Männer die Equipage bestiegen und der Geleitzug die Ingenieurstraße hinunterfuhr.

An der Ecke, wo der Konvoi links einbog, war die Position des Timofej Michailow. Doch der Zarentross passierte wohlbehalten die Stelle und fuhr am Katharinen-Kanal entlang weiter. Es geschah nichts, ob-

Die erste Granate explodierte unter der Hinterachse und beschädigte die Kutsche nur leicht, der Zar blieb unverletzt.

wohl der junge Mann schon längst hätte agieren müssen. Doch Michailow verließen inzwischen die Kräfte; er begriff, dass er dazu nicht imstande war, und ging mitsamt seiner Handgranate nach Hause.
Durch das Fehlen Michailows entstand unter den übrigen Bombenwerfern ein Durcheinander, sodass Ryssakow, als Letzter in der Reihe,
nun als Erster die Granate schleuderte, die unter der hinteren Kutschen-
achse explodierte. Ein Gardist fiel zu Boden sowie ein Junge, der im Vorbeigehen kurz anhielt, von dem Wunsch beseelt, die Zareneskorte aus
nächster Nähe zu sehen. Den vierzehnjährigen Bauernsohn Nikolaj Maximow, der als Fleischeraushilfe den reichen Petersburgern die Bestel-
lungen ins Haus lieferte, verwundete Ryssakows Bombe schwer. Das zu
Boden geworfene Kind krümmte sich und schrie unablässig. Der Zar
blieb unverletzt.
     Auch die Equipage war nur leicht beschädigt und immer noch fahrt-
auglich, daher wollte der Kutscher die Fahrt sofort fortsetzen, aber der
Imperator ordnete an, stehen zu bleiben. Als Alexander II. dann aus-
stieg, empfahl ihm der Polizist, Oberst Adrian Dworschizki, umgehend

aufzubrechen. Aber der Zar, von Neugier getrieben, bestand unbedingt darauf herauszufinden, was geschehen war. Ryssakow wurde inzwischen übermannt und von einer Gruppe von Polizisten sowie Gardisten dicht umringt, da die aufgebrachten Passanten unmittelbar nach der Explosion über den Attentäter herfielen und mit Fäusten auf ihn einschlugen. Erst als die Beamten die Säbel entblößten, ließen sie ihn los. Bei der Leibesvisitation wurden bei dem jungen Mann ein Revolver sowie ein Dolch gefunden.

Rundherum herrschte unsägliche Panik. Die inzwischen am Katharinen-Kanal eingetroffenen Soldaten hielten mühsam die Masse der Schaulustigen von dem Ort des Geschehens fern.»Einer der jungen Soldaten schrie: ›Wo ist der Zar?‹, ohne zu merken, dass dieser neben ihm stand. ›Ich bin Gott sei Dank in Ordnung‹, so der Monarch. ›Aber was ist mit diesem da? …‹, er zeigte auf den verletzten Jungen, der immer noch jammernd dalag, doch Ryssakow unterbrach ihn: ›Bedanken Sie sich nicht zu früh!‹ Der Zar ging auf ihn zu und fragte, ob er die Bombe geworfen habe, was dieser bejahte. ›Wie heißt du?‹, so der Zar weiter. Ryssakow: ›Glasow, Handwerker.‹«

Dann wünschte der Imperator, die Stelle der Explosion ganz genau anzuschauen. Er lief den schmalen Bürgersteig entlang, die versammelte Menge wich zur Seite, alle, bis auf den an der Kanalbrüstung stehenden Ignazi Grinewizki. Er wartete, bis der Zar etwa zwei Schritte von ihm entfernt war, und schleuderte die Bombe vor dessen Füße.»Ich stand in meinem Schlitten«, berichtete später der Oberst Dworschizki,»als es einen heftigen Knall gab, der mich auf den Kutscher warf. Die erschreckten Pferde bäumten sich auf. Dann nahm ich noch wahr, wie sich die Soldaten auf einen blutüberströmten Mann stürzten, und wurde bewusstlos.« Als sich der Rauch verzog, breitete sich das Bild eines heillosen Chaos aus: aufgewirbelter Schnee, Blut, Verwundete, Schreie, Beschimpfungen …

»Der Monarch, ohne seine Schirmmütze, halb liegend, mit dem Rücken an die Brüstung gelehnt, hielt sich an deren Gitter fest und atmete schwer. Über sein Gesicht rann Blut, seine beiden Beine waren gebrochen, und die blutgetränkten Fetzen seiner Uniform waren überall zerstreut. Mit schwacher Stimme rief er: ›Hilfe‹ und danach: ›Kalt, kalt …‹.

Einige Soldaten brachten ihn zum Polizeischlitten. Sein Bruder beugte
sich über ihn: ›Kannst du mich hören?‹ ›Ja‹, antwortete der Zar. ›Wie
fühlst du dich?‹ ›Schwach. Bringt mich nach Hause.‹ Ein Offizier schlug
vor, man sollte den Imperator zum nächsten Haus transportieren, wo
ihm am schnellsten die erste Hilfe geleistet werden könne, aber der
Herrscher befahl, ins Schloss zu fahren.«

Der vierte Bombenwerfer, Iwan Jemeljanow, sagte später vor Gericht
aus:»Als es zur zweiten Explosion kam, befand ich mich etwa zwanzig
Meter vom Zaren entfernt. Als er zu Boden fiel, schloss ich mich ganz instinktiv, mit der Granate in der Hand, den Soldaten an und half mit, den
Herrscher zum Schlitten zu tragen.«

Unterwegs öffnete der Imperator einmal die Augen und sah, dass »der
Arm eines neben ihm sitzenden Gardisten blutete. ›Sind Sie verletzt?‹,
fragte er. ›Nicht der Rede wert. Wir sorgen uns um Sie.‹« Als die Eskorte
den Winterpalast erreichte, war »der Zar schon ganz blass und atmete
noch kaum. Zu ihm kam die Fürstin Jurewskaja: ›Ich bin's. Erkennst du
mich?‹ Aber er verlor bereits das Bewusstsein und lag da mit wachsblei-
chem Gesicht sowie einer kleinen Schnittwunde über der Augenbraue.
Seine beiden Unterschenkel waren zertrümmert und hingen als form-
lose Masse nur noch an den Fleischfäden.« Um 15.35 Uhr war Zar Alexander II. tot.

So endete das Leben des Monarchen,»der in einer Welt herrschte …,
in einer Welt, wo weder er in der Lage war, sein Volk zu verstehen, noch
das Volk seinen Herrscher«.

Später sagte die Fürstin Jurewskaja:»Hätte Gott ihn nur bei mir bleiben lassen, sogar als einen Krüppel, sogar ohne Beine, egal, dann wäre er
noch am Leben, wäre immer noch er selbst. Und er hätte mir gehört, das
weiß ich, allein mir, mehr als je zuvor, weil er dann zum Abdanken gezwungen wäre.«

»›Ein großer Fehler! Ein politischer Fehler‹, rief der Ideologe Petr Lawrow aus dem Exil und beteuerte, die Anarchisten hätten abwarten müssen, bis das Volk die Hoffnungen in die Versprechungen Loris-Melikows
verloren habe. ›Jetzt‹, sagte er, ›werden die Revolutionäre für alles, was
schiefläuft, verantwortlich gemacht.‹«

Der ideologische Prophet hatte diesmal ausnahmsweise recht:»Als, anstatt einer Verfassung, Alexander III. das Manifest veröffentlichte, in dem er das Fundament des Absolutismus noch fester untermauerte, begannen viele, sogar diejenigen, die noch gestern mit den Terroristen sympathisierten, sie wegen des 1. März zu kritisieren. ... Die zukünftigen Ereignisse zerschlugen auf eine drastische Art und Weise alle Erwartungen, welche der ›Volkswille‹ in den Anschlag legte. Denn das Attentat trug nicht zur Reformierung des Landes bei, wie man es vermutete, sondern umgekehrt kündigte es die Ära der brutalsten Reaktion an, die danach ein Vierteljahrhundert anhielt.«

Der kleine Fleischergehilfe Nikolaj Maximow erlag noch vor Ort seinen Verletzungen. Etwa acht Stunden nach dem Anschlag starb auch der schwer verwundete Ignazi Grinewizki im Krankenhaus, ohne seine Identität preiszugeben.

In der Nacht vor der Zarenermordung schrieb er sein Vermächtnis: »Alexander II. muss sterben. Seine Tage sind gezählt. ... Er wird sterben und mit ihm auch wir, seine Feinde, seine Mörder. ... Die Geschichte zeigt, dass der üppige Baum der Freiheit Opfer erfordert. ... Das Schicksal hat mich zum frühen Tod verurteilt, und ich werde den Sieg nicht erleben. Ich werde nicht einmal einem Tag, nicht einmal einer Stunde der herrlichen Zeit des Triumphes beiwohnen. ... Aber ich glaube, dass ich mit meinem Tod alles getan habe, was zu tun ist, und mehr kann kein Mensch auf dieser Welt von mir verlangen.«

Grinewizki stellte keine Ausnahme dar. Alle Revolutionäre waren nicht nur entschlossen, Morde zu verüben, sondern nahmen willentlich den eigenen Tod in Kauf, setzten das eigene Leben als eine Waffe ein. Gerade diese Taktik ermöglichte es einer Handvoll Putschisten, den ihnen weit überlegenen Staatsapparat jahrelang in Schach zu halten. »Denn nichts ist auszurichten gegen die Täter, die nicht bloß entschlossen sind zu töten, sondern die selbst dabei sterben wollen. Alle Logik der Macht setzen sie außer Kraft, denn wer nicht überleben will, ist auch durch nichts zu bedrohen. ... Die Bedrohung durch das Tötungsmonopol (oder gemindert, lebenslange Gefängnisstrafen) hält die Macht des Staates aufrecht. ... Wenden sich nun aber Menschen gegen den Staat und setzen dabei sein Drohpotenzial außer Kraft, ist er, aller Stärke zum Trotz, machtlos.«

Er nahm den eigenen Tod
willentlich in Kauf:
Ignazi Grinewizki, einer
der Attentäter, der beim
Anschlag selbst ums
Leben kam.

Etwa zwei Stunden nach dem Attentat, um vier Uhr, war Sofja mit
dem Beschatter des Zaren, Arkadi Tyrkow, in einer Konditorei in der
Wladimir-Straße verabredet:»Ich ging hinein und nahm Platz in dem
kleinen Hinterzimmer. ... Bald erschien die Perowskaja mit leichten,
kaum hörbaren Schritten. Ihrem Gesicht merkte man keine Aufregung
an, obwohl sie gerade von dem Ort der Katastrophe kam. Wie immer
war sie ernst und konzentriert, mit einem Schatten von Trauer. Wir saßen an einem Tisch und waren die einzigen Gäste, dennoch wahrten wir
Vorsicht. Perowskajas erste Worte waren: ›Es scheint, diesmal hat es ge-
klappt. Wenn er nicht getötet worden ist, dann ist er schwer verletzt.‹
Auf meine Fragen: ›Wie? Wer hat das gemacht?‹ antwortete sie: ›Man hat
die Bomben geworfen. Zuerst Nikolaj und danach das ‚Katerchen‘.
Nikolaj wurde verhaftet, und das ‚Katerchen‘, so sieht es zumindest aus,
ist dabei gestorben.‹«

Spätabends traf Sofja dann in der Wohnung am Wosnessenski-Prospekt ein. »Der Tag ging zur Neige in einer Stimmung von Euphorie und Hoffnung«, so Wera Figner. »Plötzlich öffnete sich die Tür, und die Perowskaja, abgespannt, blass, trat herein. Ihre Augen waren voller Tränen. Gratulierend umkreisten wir sie, aber sie hörte nicht zu und wiederholte gebetsmühlenartig ein und dasselbe, die Partei müsse alle verfügbaren Mittel einsetzen, um Scheljabow zu befreien.« Die Chancen dafür aber schrumpften von Minute zu Minute. Schon in der Nacht vom 2. auf den 3. März suchte die Polizei Hesja Helfman und Nikolaj Sablin in der Teleschnaja-Straße auf. Da die beiden sich trotz mehrmaliger Aufforderung nicht meldeten, begann der Hausmeister, die Tür aufzubrechen, worauf von der anderen Seite das Feuer eröffnet wurde. Für eine Weile kehrte Stille ein, dann aber fiel plötzlich ein Schuss. In derselben Sekunde erschien an der Tür die verstörte Hesja Helfman. Schreiend und weinend gleichzeitig bat sie um Hilfe. In der Wohnung fanden die Beamten Sablin auf dem Boden liegend. »Sein rotes Kattunhemd und die graue Trikothose waren mit Blut getränkt«: Die letzte Kugel hatte er für sich behalten.

Am 3. März tappte dann der Bombenwerfer Timofej Michailow, der sich vor dem Attentat davongemacht hatte, in die in der Teleschnaja-Straße gestellte Falle. »Morgens gegen zehn Uhr ging ein sehr gut angezogener Mann im schwarzen Mantel mit Kragen aus Biberpelz, ebensolchen Schuhen und mit einer blauen Stoffmütze die Treppe hoch«, liest man im polizeilichen Protokoll. »Er war groß, stämmig, blond, zwischen fünfundzwanzig und sechsundzwanzig Jahre alt und trug einen kleinen Oberlippenbart.« Auf die Frage des Hausmeisters, wohin er möchte, antwortete der junge Mann, er wolle zur Wohnung Nummer zwölf, da aber ausgerechnet diese leer stand, brachte er Michailow vorsichtshalber dorthin, wo die Polizei schon wartete. Als man ihn durchsuchen wollte, zog Michailow eine Pistole aus der Tasche, feuerte sechs Mal und verwundete dabei zwei Gendarmen schwer, jedoch wurde er rasch überwältigt.

Die Aushebung der konspirativen Wohnung, vor allem aber die umfangreiche Aussage Ryssakows, dem man als Kronzeugen Strafmilderung versprach, lieferten eine Menge zusätzlicher Informationen, und diese veranlassten die Regierung dazu, ihre ursprüngliche Absicht, die zügige

Durchführung von Ermittlungen, die Übergabe Ryssakows an das Militärgericht sowie auch sofortige Verhängung der Todesstrafe hinauszuschieben beziehungsweise die Staatsanwaltschaft, gegen die sozialrevolutionäre Partei Anklage erheben zu lassen. Der Innenminister Loris-Melikow schrieb an Alexander III., der am 2. März den Thron bestiegen hatte: »Im Zuge der laufenden Ermittlungen sowie der daraus resultierenden neuen Indizien ist es meines Erachtens notwendig, den Gerichtsprozess auf einen späteren Zeitpunkt zu verlegen, dies umso mehr, da am 6. März die Beisetzung des Zaren in der Peter-und-Paul-Kathedrale stattfindet. Die Urteilsverkündung an demselben Tag wäre daher vollkommen unangebracht und die Urteilsvollstreckung kaum durchführbar, da sich das Gros der Soldaten an der Trauermesse beteiligen wird. Allem Anschein nach können wir mit der Exekution frühestens am 9. März rechnen.«

Das Urteil über die verhafteten Revolutionäre war also schon gefallen. Die letzte, wenn auch nur theoretische Möglichkeit, seine Haut zu retten, verspielte Scheljabow schon einen Tag nach der Zarenermordung. In einer an die Anklagevertretung adressierten Proklamation erklärte er sich zum Organisator des Attentats und übernahm vollkommen die Verantwortung dafür, indem er behauptete, der reine Zufall habe seine physische Beteiligung an der Zarenermordung verhindert. Ryssakow sei sein Schüler und habe demzufolge ausschließlich nach seinen Direktiven gehandelt.

Von der Erklärung des Geliebten erfuhr Sofja aus der Presse: »Nach dem 1. März traf ich mich oft mit der Perowskaja. In diesen Tagen fühlte sie sich, wie sie selber sagte, sehr krank, sodass sie kaum noch laufen konnte. Sie erlebte eine ganze Reihe von Schlägen sowohl persönlicher als auch die Partei betreffender Natur. Aber sie blieb still, gefasst und nach außen hin sehr ruhig. Ihre Gefühle vergrub sie tief in sich«, erzählt Arkadi Tyrkow. »Ich glaube, es müsste am 3. März gewesen sein. Wir gingen den Newski-Prospekt hinunter. Die Zeitungsjungen rannten herum und riefen die neuesten Informationen, die letzte Meldung über das Attentat der Verbrecher etc., etc. Wir drängten uns durch die um den Verkäufer versammelten Menschen und kauften uns eine Zeitung. Darin gab es auch einen Artikel über Scheljabows Äußerung. Bis dahin bestand noch die Hoffnung, dass man ihm den Anschlag nicht zur Last legen würde, obwohl die Regierung von seiner Schlüsselrolle in der Partei schon Bescheid wusste, aber er konnte wegen des 1. März nicht angeklagt werden. Zu diesem Zeitpunkt saß er schon im Gefängnis. Dem Bericht nach war aber sein Schicksal schon so gut wie besiegelt. Sogar in diesem – für die Perowskaja vollkommen unerwarteten – schrecklichen Moment ließ sie sich nichts anmerken. Sie beugte nachdenklich das Haupt, beschleunigte die Schritte, verstummte und ließ das Blatt nicht aus der Hand, als hätte sie sich nie mehr davon trennen wollen. Ich schwieg auch, hatte Angst, etwas zu sagen, weil mir ihre Liebe zu Scheljabow bekannt war. Sie unterbrach das Schweigen als Erste. Auf meine Frage: ›Warum hat er das getan?‹ sagte sie: ›Offensichtlich betrachtete er das als unentbehrlich.‹

Ich bin mir nicht sicher, ob sie just an diesem Tag oder vielleicht schon früher den Entschluss fasste, Scheljabow zu befreien. Natürlich war das nicht machbar, aber aus der Perowskaja sprach die Leidenschaft, und da sie zu den Menschen gehörte, die niemals aufgaben, wollte sie alle Möglichkeiten erschöpfen. Sie suchte Schlupflöcher, Hintertüren am Gebäude des Bezirksgerichts, wo der Prozess abgehalten werden sollte. Wir schauten uns nach freien Wohnungen in der Nähe des Polizeidepartements um, wo sie einen Beobachtungspunkt einzurichten beabsichtigte. Bei der Überführung Scheljabows zum Gericht würde sie von dort aus einen Überfall organisieren. Ich kann mich nicht mehr erinnern, was sie sich alles vornahm, jedoch vergebens. Alles, was sie plante, war schlicht und einfach nicht realisierbar. Ihr davon abzuraten war natürlich sinnlos, sie machte auf eigene Faust sowieso weiter. Auf der fieberhaften Suche nach einer Befreiungsmethode begann sie, sich in der Hektik nach und nach zu verlieren. Ich sorgte mich um sie, deshalb machte ich alles, was sie von mir verlangte, begleitete sie überall, wohin sie mich mitnahm.«

Sofja traf sich mit den Offizieren, welche die Partei für ihre im Entstehen begriffene Kampforganisation zu gewinnen versuchte, und schmiedete mit ihnen die Befreiungspläne, aber auch dieses Unterfangen verlief im Sand. Als sich der »Volkswille« dann mit einem offenen Brief an Alexander III. wandte und mit einer Wiederholung »der blutigen Tragödie am Katharinen-Kanal« drohte, würde er nicht auf dem

schnellsten Weg eine Generalamnestie für alle politischen Gefangenen
verkünden sowie unverzüglich freie Wahlen für eine Nationalversammlung ansetzen, fällte Sofja augenblicklich die Entscheidung, ein Attentat
nun auf den neuen Zaren zu organisieren, und zwar mit den übrig
gebliebenen »Volkswille«-Mitgliedern, die man inzwischen an den Fingern einer Hand abzählen konnte, von den fehlenden finanziellen Mitteln ganz zu schweigen.

»Man sagte damals: ›Sonja hat den Kopf verloren.‹ In der Tat war sie
von Sinnen. Man schlug ihr vor, Petersburg zu verlassen, vorläufig abzu-
tauchen. Aber sie hörte auf niemanden.« Auf alle Mahnungen reagierte
sie irritiert: »›Was?! Ich soll mich ausgerechnet jetzt verstecken? Ausgerechnet jetzt?! Ach, was soll das? Es ist sowieso egal!‹«

Am 8. März besuchte Sofja dann ihre ehemalige Zimmergenossin
Anna Epstejn, mit der die junge Frau gewohnt hatte, bevor sie mit Scheljabow zusammenzog. Die Epstejn war kein Parteimitglied, lebte legal,
aber sie sympathisierte mit den Anarchisten und zeigte sich ihnen gegenüber immer hilfsbereit. Da sie einen General gut kannte, der im Polizeidepartement einen hohen Posten bekleidete, bat Sofja die junge Frau, sich
bei diesem über den Fall Scheljabow näher zu erkundigen. Zuerst versuchte die Epstejn, Sofja zu überreden, sie müsse schnellstmöglich das
Land verlassen, aber diese winkte nur genervt ab.»Nachdem wir den Termin zum nächsten Treffen vereinbart hatten, sagte sie zu meiner Überraschung, sie werde erst gegen sechs Uhr abends zu mir kommen, da sie
sieben Leute aufsuchen müsse, und zwar in ganz verschiedenen, weit voneinander liegenden Stadtteilen«, so die Epstejn.»Schon am kommenden
Tag ging ich zu meinem Bekannten, denn Sonja war äußerst ungeduldig,
und erfuhr von dem General weit mehr Details, als ich es mir erhoffte. …
Das Schicksal Scheljabows sowie aller anderen stehe schon fest, meinte er.
Der Prozess werde nur pro forma, wegen der Öffentlichkeit, inszeniert.

Mit dieser Nachricht erwartete ich Sofja um sechs Uhr, aber sie erschien
erst mit drei Stunden Verspätung. So wie ich es gesagt bekommen hatte,
leitete ich es an Sonja weiter. Während ich redete, konnte ich sie nicht
sehen, weil ich meinen Blick zu Boden richtete. Als ich es wagte, sie doch
anzuschauen, sah ich sie am ganzen Leib zittern. Plötzlich fasste sie mich
an den Händen, und mit dem Gesicht nach unten sank sie immer tiefer

und tiefer, bis sie es schließlich gegen meine Knie presste. So blieb sie einige Minuten regungslos. Sie heulte nicht, sondern schlotterte. Dann erhob sie sich und setzte sich hin, bemüht, die Fassung wiederzugewinnen. Plötzlich ergriff sie krampfhaft abermals meine Hände und drückte sie so heftig, dass es mir wehtat. ›Der General wundert sich darüber, dass Scheljabow gestanden hatte, Organisator des Attentats zu sein‹, fing ich an. ›Ihm blieb nichts anderes übrig. Der Prozess allein gegen Ryssakow hätte nicht dieselbe Wirkung.‹ Ich schlug ihr vor, die Verwandten Scheljabows zu benachrichtigen, aber Sonja erwiderte, sie unterhalte keinen Kontakt zu seiner Familie, deshalb kenne sie auch ihre Adresse nicht.

Während ich der Perowskaja erzählte, dass mein Bekannter viel über die mutige und stolze Haltung Scheljabows berichtet hatte, merkte ich, wie ihre Augen glänzten und die Farbe in ihr Gesicht zurückkehrte. Offensichtlich bereiteten ihr solche Mitteilungen ein großes Vergnügen. Ich fügte hinzu, dass laut den Worten des Generals alle Angeklagten sich dessen bewusst seien, was auf sie zukomme, trotzdem nähmen sie es stoisch hin. Sonja seufzte dabei schwer, litt Qualen, ihr war nach Weinen zumute, aber sie überwand sich. Trotzdem füllten sich ihre Augen in manchen Minuten mit Tränen. Obwohl sie viel früher gehen wollte, blieb Sonja bei mir bis Mitternacht, weil sie dermaßen erschöpft war, dass sie sich kaum noch auf den Beinen hielt. Sie redete wenig, immer in kurzen Sätzen, wobei sie stets die Rede unterbrach.«

Binnen etwa einer Woche war Sofja »nicht mehr wiederzuerkennen: Sie war abgemagert, blass und hatte ein eingefallenes Gesicht. In manchen Momenten wurde sie nachdenklich, geistesabwesend, als würde sie gedanklich in weiter Ferne verweilen. Dann aber kam sie wieder abrupt zu sich, rüttelte sich wach, lebte wieder auf, getrieben von einer hemmungslosen Energie und Ungestüm. ... Sie verlor allmählich den Mut. Das Einzige, was ihr noch Kraft gab, war der Gedanke an Scheljabow. ... Die Revolutionärin war gestorben, ihren Platz nahm die Frau ein.«

Zwei Tage nach dem Besuch bei Anna Epstejn, am 10. März, wurde Sofja am Newski-Prospekt verhaftet.

12. KAPITEL
Wieder auf der Anklagebank – der »Prozess der sechs«

Die Verhörkammern des Polizeidepartements, der ehemaligen Dritten Abteilung, erreichte man, indem man durch ein massives Gittertor ging, dann weiter über einen gepflasterten Weg geradeaus bis zu einem engen Arkadengang. Dort, auf dessen linker Seite, befanden sich die Vernehmungsräume, und hierhin brachten die Gendarmen auch Sofja am 10. März spätnachmittags. Bei ihrer Durchsuchung fanden sie das Parteiprogramm des »Volkswillens« sowie verschiedene Proklamationen, unter ihnen auch eine über das Attentat. Verhört wurde sie von dem Direktor des Polizeidepartements, Wjatscheslaw von Plewe, einem stämmigen Mann mit grauem, kräftigem Schnauzbart, der seine Hand, so wie Napoleon, zwischen zwei Knopflöcher seines schwarzen Gehrocks steckte, und Oberstleutnant Nikolski.

Die junge Frau hüllte sich zuerst in Schweigen, sagte kein Wort, gab ihre Identität erst dann preis, als sowohl die zwei Hausmeister des Hauses in der Perwaja-Rota-Ismailowskowo-Polka-Straße – wo sie zuletzt wohnte – als auch die Milchhändlerin, die dort ein Geschäft betrieb, bei der Gegenüberstellung in ihr die »Schwester« von Andrej Scheljabow wiedererkannten. Sofja wusste nicht, dass die Polizei dank dem umfassenden Geständnis des ersten Bombenwerfers Nikolaj Ryssakow ihre Rolle im Zarenmord mittlerweile lückenlos rekonstruieren konnte. Mit den Fakten konfrontiert, sagte sie aus: »Ich gestehe, dass ich Mitglied des ›Volkswillen‹ bin. Ich gestehe ebenfalls, dass ich mich am Attentat auf den Zaren am 19. November 1879 in Moskau ... beteiligt habe, genauso wie am Attentat vom 1. März, bei dem der Imperator getötet wurde. Zugleich bitte ich, die weitere Vernehmung auf morgen zu verschieben. Dann werde ich die zwei erwähnten Ereignisse ausführlich schildern. Darüber hinaus bitte ich, dass man diesen Behauptungen Glauben

Elf Tage nach der Festnahme
ihres Geliebten wurde auch
Sofja verhaftet: Foto aus dem
polizeilichen Archiv, 1881

schenkt. Tochter des Staatsrates Sofja Perowskaja.« Das war um
23.15 Uhr. Verließ man die Verhörabteilung und lief den Arkadengang weiter, so
gelangte man in den Hof. Auf seiner linken Seite lag das dreistöckige Gebäude des Untersuchungsgefängnisses, vor dem die Gendarmen rund
um die Uhr wachten. Die Aufnahmeabteilung befand sich im Erdgeschoss. Dort tauschte Sofja am 11. März um vier Uhr früh ihre Kleidung
gegen eine Häftlingsuniform und gab alle persönlichen Sachen ab. In
dem »Buch«, wie im damaligen Gefängnisjargon das Anmeldeheft hieß,
befindet sich aufgelistet:»ein Mantel, ein Goldring, Manschettenhaken,
ein Zwicker, Geld im Wert von zwanzig Rubel und fünf Kopeken, ein
kleiner Schal«. Diese Gegenstände wurden später von Sofjas Mutter abgeholt. In der Rubrik»Äußere Merkmale« trug der Beamte ein:»Blondine, kleinwüchsig, etwa zweiundzwanzig Jahre alt, passend angezogen,
das Gesicht klar, hübsch, die Augenbrauen dunkel, wenn sie redet, benutzt sie öfters das Wort ›doch‹, spricht mit kleinrussischem Akzent.«
Unter der Eintragung sollte Sofjas Unterschrift stehen, aber sie fehlt.

Zugang zu den Zellen, jeweils vier in der zweiten und dritten Etage, verschaffte man sich nur durch die schwere Gittertür, die zwei Gendarmen beaufsichtigten. Sie lagen auf der rechten Seite der Flure, ihnen gegenüber befand sich eine fensterlose Wand. Der obere Teil der Türen bestand aus Glas, was der patrouillierenden Aufsicht jederzeit Einblick in die Kammern gewährte. Wenn man die Verhafteten vorbeiführte, wurden die dunkelgrünen, über den Scheiben befestigten Vorhänge heruntergelassen. Sofja bekam die Zelle Nummer 1 zugeteilt, in der Nummer 4 saß Andrej Scheljabow.

Am gleichen Tag, am 11. März, gegen 18 Uhr fuhren die Gendarmen mit Sofja in einer mit Zellstoff bedeckten Kutsche in die »Petropawlowka« zu einer Gegenüberstellung. Etwa um 20.45 Uhr kehrte sie wieder in das Untersuchungsgefängnis zurück, wo sie bis zum Prozessbeginn blieb.

Frühmorgens und abends bekam sie zwei Tassen Tee mit Zucker sowie ein Brötchen, zum Mittagessen drei Gerichte. Nach dem Frühstück brachten ihr die Gendarmen alle zum Waschen notwendigen Utensilien. Spaziergänge sowie die Nutzung des Bades waren ihr nicht gestattet.

Kontakt zu den fünf Gefangenen – zu Sofja, Hesja Helfman, Andrej Scheljabow, Nikolaj Ryssakow und Timofej Michailow – hatten lediglich der Offizier vom Dienst und der Polizeichef, sonst niemand. Jeder Versuch der Parteimitglieder, irgendeine Verbindung zu den Häftlingen herzustellen, scheiterte schon im Voraus, denn »die Wächter hatten einfach Angst um ihr Leben. Obendrein hegten sowohl der Staatsanwalt als auch das Gefängnispersonal einen blinden Hass besonders auf die Perowskaja und Scheljabow«.

Unmittelbar nach Sofjas Festnahme erfolgte die Verhaftung ihres Bruders Wassili. »Wenn ich mich richtig entsinne, es müsste am 13. oder 14. März gewesen sein, als ich pflügen wollte. Es regnete und schneite zugleich, so nahm ich den Regenmantel mit und ging zum Stall die Ochsen einspannen. Aber kaum machte ich die Tür auf, schon packten mich die Gendarmen und legten mir die Fesseln an. Hinter jedem Anbau, jedem Heuhaufen erschienen Soldaten mit entblößten Säbeln und Revolvern. Kurz danach kam Kapitän Hangardt in Begleitung des Simferopoler Polizeichefs. ›Herr Kapitän, wie soll ich das verstehen?‹, fragte ich empört. Sichtbar verlegen, befahl er hastig, mir die Handschellen abzunehmen. Während zwei Gendarmen im Flur wachten, unterhielt ich mich weiter mit Hangardt in der Küche. Der Beamte erklärte mir, er habe den Befehl bekommen, mich zu verhaften und unter strenger Bewachung nach Petersburg zu transportieren. Dabei teilte er uns mit, die Schwester sei bereits festgenommen worden. Die entsetzte Mutter schrie mit Tränen in den Augen: ›Wird sie gefoltert?‹ Darauf Hangardt: ›Ach was, Warwara Stepanowna! Heutzutage ist diese Methode verboten.‹ Ich begab mich zu meinem Zimmer und zog mich um. Den Koffer mit meinen persönlichen Sachen schickte mir die Mutter nach.«

Obwohl sich der mittlerweile verheiratete Wassili Perowski von jeglichem politischen Engagement schon längst losgesagt hatte, wurde er nach Sibirien verbannt, wo er vier Jahre verbrachte. »Später sagte von Plewe, der Direktor des Polizeidepartements, zu einem unserer Bekannten«, so Perowski, »er habe mich zwecks ›Desinfektion‹ hingeschickt.«

Zwei Tage nach Wassilis Festnahme erschien der Kapitän Hangardt wieder bei der Gräfin und übergab ihr diesmal die Vorladung des Polizeidepartements samt 150 Rubel für die Reisekosten. Begleitet von Nikolaj reiste sie auf der Stelle in den Norden. Ob der Graf über die Geschehnisse in Kenntnis gesetzt wurde oder nicht, konnte nicht ermittelt werden, jedenfalls hielt er sich zu der Zeit in Nizza auf.

In Petersburg angekommen, suchte die Gräfin sofort Loris-Melikow auf, wo sie eine Ewigkeit ausharren musste, bis sie endlich von diesem empfangen wurde. Der Innenminister bot ihr den Platz an seinem Schreibtisch an und »sprach sie weder beim Vornamen noch beim Vatersnamen an, sondern sagte in einem kalten, offiziellen Ton:
›Ich bin verpflichtet, Frau Perowskaja, Ihnen die Bitte Seiner Majestät oder genauer gesagt seine Aufforderung mitzuteilen. Sie möchten Ihren Einfluss auf Ihre Tochter ausnutzen und sie zu einer umfangreichen Aussage bewegen, damit das Blutvergießen endlich einmal beendet wird.‹
›Meine Tochter zeigte schon seit ihrer frühesten Kindheit einen selten ausgeprägten Eigenwillen, sodass es unmöglich war, sie zu etwas zu zwingen. Wollte man etwas bei ihr erreichen, dann musste man mit ihr reden, nett zu ihr sein. Sie ist jetzt ein erwachsener Mensch und hat eigene Ansichten und Überzeugungen. So wusste sie sehr wohl, was sie tat.

Deswegen ist jeder Versuch, sie umzustimmen, zwecklos‹, so die Mutter
darauf. (…)

›Möchten Sie Ihre Tochter sehen?‹

›Sicher möchte ich das.‹

›Dann werde ich dafür sorgen, dass Ihnen eine Genehmigung er-
teilt wird.‹ Der Minister erhob sich, womit er das Ende des Gesprächs
andeutete.

Eine weitere bittere Enttäuschung erlebte die Mutter unmittelbar
nach der Audienz bei Loris-Melikow. Sie besuchte ihren Bruder Konstantin Wesselowski, den Sekretär der Akademie der Wissenschaften,
und als dessen Tochter die Mutter erblickte, eilte sie zu ihr und umarmte
sie herzlich. Dem Mädchen folgten die Schwägerin, die das Kind an sich
riss, sowie der Bruder, der mit der Hand abwinkte: ›Sei mir nicht böse,
aber ich habe einfach Angst. Geh bitte sofort weg!‹«

Am Tag darauf bekam die Mutter die Erlaubnis, Sonja zu sehen.
Sie wartete schon im Besucherraum, als zwei Gendarmen die Tochter
hereinbrachten. Kaum hatten sich die beiden umarmt, trennte man sie
schon voneinander und ordnete an, Platz zu nehmen. Das Gespräch
fand in Anwesenheit eines Staatsanwalts und eines Offiziers statt. Einer
saß neben der Mutter, der andere auf der gegenüberliegenden Tischseite
neben Sonja. Die Mutter erzählte später, sie hätten so dicht beieinander-
gesessen, dass das Knie des neben ihr sitzenden Beamten gegen das ihre
gestoßen habe.

Sonja weinte und flehte die Mutter an, sich zu beruhigen. Nachdem
Mama einigermaßen wieder zur Ruhe gekommen war, bat die Tochter
sie um Verzeihung für den Schmerz und Kummer, die sie ihretwegen
leide. Ständig wiederholte sie dabei, sie habe anders nicht handeln können. Nach dem Verlust ihrer liebsten Freunde begegne sie mit Freude
dem Tod und allein der Gedanke an eine mögliche Begnadigung sei für
sie furchtbar. Das Treffen dauerte aber nicht lange, da die allzu enge
Nähe der Männer für die beiden unerträglich war.

Zeitgleich mit Wassili wurde auch der Zarenbeschatter Arkadi Tyrkow in Gewahrsam genommen:»In der Nacht vom 13. auf den 14. März
wurde ich in meiner Wohnung verhaftet. Schon morgens brachte man
mich zum Verhör … Viel in der Hand hatten sie nicht gegen mich. Alle

Indizien stützten sich auf die Geständnisse Ryssakows. Der wiederum kannte lediglich meinen Namen, so erwähnte er einen Tyrkow, den Studenten der Petersburger Universität, was dennoch für meine Festnahme völlig ausreichte. Offensichtlich kamen sie mittels der Agenten in den Besitz von zusätzlichen Informationen. Die Vernehmung führte von Plewe, der Direktor des Polizeidepartements, mit dem Staatsanwalt Dobschinski. Ersterer benahm sich ziemlich arrogant, dennoch korrekt und ging mit Worten äußerst sparsam um. In seiner unnahbaren Zurückhaltung steckte ein nicht zu verbergender Ehrgeiz, gepaart mit einem unbeugsamen Aufstiegswillen. Im Unterschied zu Dobschinski, der nicht so sehr auf die Etikette achtete, besaß der Polizeichef weit mehr Takt, dafür aber weniger Wendigkeit. Von Plewe hätte sich zum Beispiel Dobschinskis Unbeherrschtheit niemals erlaubt: Nachdem ich endlich meine Aussage gemacht hatte, sprang der Staatsanwalt auf, lief durch das Zimmer und rieb sich dabei zufrieden die Hände. Nach einer Weile beruhigte er sich und stellte sich neben mich: ›Also, Herr Tyrkow, das war Ihr Schwanengesang.‹

Zwei Stunden nach dem Verhör brachte man mich in eine kleine Kammer mit dem Fenster zum Hof, wodurch ich Ryssakow in Begleitung von vier Gendarmen mit entblößten Säbeln über den Hof laufen sah. Kurze Zeit danach erschien ein Offizier und höflich-boshaft bat er mich darum, ihm zu folgen. Ich betrat einen langen Raum mit einem Tisch in der Mitte, an dem etwa acht bis zehn Männer saßen, mit von Plewe als Vorsitzendem. ... Der Offizier stellte sich vor mich hin und beugte sich dabei ganz nah zu meinem Gesicht. Rätselhaft und neugierig zugleich beobachtete er mich dabei, ohne dass seine Aufmerksamkeit nur für eine Sekunde nachgelassen hätte. Diese Situation fand ich komisch, ja lächerlich, aber schon in der nächsten Sekunde brach mir der kalte Schweiß aus: Zwischen den Polizisten befand sich auch Ryssakow. Als ich ihn vor ein paar Minuten erblickte, konnte ich mir seinen seelischen Zustand gut merken. Er schritt so, als wäre er nicht er selbst. Während seine Augen umherwanderten, haftete in seinem Gesicht die schmerzhafte Gleichgültigkeit eines Menschen, dessen Tage schon gezählt waren. Er sah aus wie diejenigen, die gerade zur Exekution geführt werden. Nun stand ich etwa zwei Meter von ihm entfernt. Als sich unsere Blicke kreuzten, da nahm ich erst die ganze Grausamkeit seiner Lage wahr. Das Gesicht Ryssakows, mit blauroten Flecken bedeckt, war von Trauer um das Leben gezeichnet, um das Leben, das bald zu Ende gehen sollte. Ich hatte den Eindruck, als würde er schon den Strang um den Hals spüren. Schweigend schauten wir uns an. Um diese spannungsgeladene Situation zu beenden, sagte ich: ›Ich kenne ihn nicht‹, woraufhin mich der Offizier in die Zelle zurückbrachte.

Meine zweite Gegenüberstellung war mit der Perowskaja. Ehrlich gesagt begreife ich bis heute nicht, was sie damit bezwecken wollten, da die Frau zwar aussagte, aber niemanden namentlich nannte. Auch ich legte zu diesem Zeitpunkt noch kein Geständnis ab, sondern wies weiterhin die Behauptungen Ryssakows zurück. Der Sinn der Sache konnte nur eines sein, unsere Reaktionen zu betrachten, während wir uns gegenüberstanden.

Ich wurde bereits von Dobschinski und einem Offizier ins Kreuzverhör genommen. Die sachlichen Fragen wechselten sich dabei stets mit lustigen Kommentaren der beiden ab. Es schien, als wollten sie der Vernehmung einen legeren, ja ungezwungenen Charakter verleihen. Da ich schon über Ryssakows Aussagen Bescheid wusste, war ich auf der Hut. Dann sagte einer zu mir: ›Herr Tyrkow, drehen Sie sich bitte um.‹ Ich folgte seiner Aufforderung: Vor mir stand die Perowskaja. Ihre Erscheinung zeugte davon, dass sie in den letzten Tagen sehr viel durchgemacht hatte und aufs Äußerste erschöpft war. Daher sagte ich, um die Gegenüberstellung möglichst kurz zu machen: ›Ich kenne sie nicht.‹ Daraufhin führte man sie ab. Die Tür, durch die sie hereinkam, öffnete sich geräuschlos, und im Flur lag ein dicker Teppich. Ich war bestimmt nicht der Einzige, bei dem man diese Methode verwendete, die darauf beruhte, einen Menschen, dessen Schritte du nicht vernehmen kannst, unbemerkt hinter deinen Rücken zu führen.«

Am 17. März, drei Tage nach der Festnahme Tyrkows, kam die Polizei auch dem Bombenexperten Kibaltschitsch auf die Schliche, einige Stunden nach ihm dem »Kijewer Rebellen« Michail Frolenko. »Man hat mir erzählt, Kibaltschitsch habe auf der Stelle begonnen, an den Wänden seiner Zelle Skizzen und Entwürfe zu zeichnen, bis er das Papier bekam«, so Tyrkow. »Er arbeitete bereits an dem Projekt eines Fliegers.«

Mit der Verhaftung Kibaltschitschs brachte die Polizei den letzten Hauptverdächtigen bezüglich der Ermordung Alexanders II. hinter Gitter. Für den Prozessbeginn wurde der 26. März festgelegt, und am Tag davor wandte sich Andrej Scheljabow abermals an die Staatsanwaltschaft: »Unser Handeln war ausschließlich gegen die Regierung gerichtet, insofern ist der aus deren Mitgliedern bestehende Gerichtssenat nicht kompetent, die Verhandlung zu führen. … Der einzige kompetente Richter in unserem Fall ist das Volk, das entweder durch ein Referendum oder von einer nach freien Wahlen einberufenen Nationalversammlung das Urteil fällen kann. Ich bitte und verlange zugleich, dass unsere Angelegenheit von einem Schwurgericht, der einzig angemessenen Form dafür, abgehandelt wird, wobei ich nicht bezweifle, dass wir freigesprochen werden, so wie es im Fall der Wera Sassulitsch war.«

Aber Scheljabow irrte gewaltig: Denn die Russen trauerten um den getöteten Herrscher. Außer wenigen Jugendlichen, die weiterhin von der großen Revolution träumten, hätte sich kaum jemand den Freispruch für Sofja und ihre Mitkämpfer gewünscht, umso mehr nicht, als die Reaktion augenblicklich im Zarenreich Triumphe feierte. Unter dem Einfluss seines erzkonservativen Erziehers Konstantin Pobedonoszew, des Oberprokurators der Heiligen Synode Russlands, scharte Alexander III. noch zu Lebzeiten seines Vaters eine Gruppe von erbitterten Reformgegnern um sich. Nun schlug ihre Stunde. Der Prozess der Zarenmörder, der als »Prozess der sechs« in die Geschichte eingegangen ist, stellte so etwas wie eine Ouvertüre für den zukünftigen politischen Kurs des neuen Imperators dar. So wurde der Zensur Tür und Tor geöffnet: Akkurat beobachtete man, wer was und wie über die bevorstehende Verhandlung berichtete. Nur mit größter Sorgfalt ausgewählte Personen bekamen Zutritt zum Gerichtsverfahren. Die Richter wies der Imperator an, binnen kürzester Zeit das Urteil zu verkünden und die Angeklagten nicht so oft zu Wort kommen zu lassen.

Auf den Prozessbeginn wartend, schrieb Sofja das letzte Mal an die Mutter: »Meine liebe Mama, meine Teuerste, mich plagt und bedrückt der Gedanke, was mit dir los ist. Liebe Mama, ich flehe dich an, beruhige dich, leide nicht so sehr meinetwegen. Reiß dich zusammen wegen deiner Nächsten und meinetwegen zugleich. Ich hadere über mein Schicksal nicht und begegne ihm ganz ruhig, denn ich lebte schon von Anfang an im Bewusstsein, dass es früher oder später so weit kommen würde. Hand aufs Herz, liebe Mama, mein Los ist doch nicht so schrecklich. Ich habe stets im Einklang mit meinen Überzeugungen gelebt, und mich dagegen zu wehren, war ich nicht imstande. Deswegen gehe ich mit reinem Gewissen dem entgegen, was mich erwartet.

Das Einzige, meine Teuerste, was wie eine schwere Last auf meiner Seele bürdet, ist dein Leid; das ist das Einzige, was mir Kummer bereitet, und ich weiß nicht, was ich alles geben würde, wenn ich dir dadurch diese Qualen erträglicher machen könnte. Mein Täubchen, mein Mamachen, denk immer daran, dass um dich herum eine große Familie ist, sowohl die Kleinen als auch die Großen, welche dich brauchen, deine Unterstützung. Ich habe immer unheimlich bedauert, dass es mir nicht gelungen ist, deine moralische Höhe zu erreichen. Trotzdem hat mir dein Bild in jeder Minute meiner Zweifel neue Kraft verliehen. In meiner tiefen Zuneigung zu dir werde ich nicht versuchen, dich zu überzeugen – denn du weißt das am besten –, dass ich von meiner Kindheit her für dich immer gleichbleibende, bedingungslose Liebe empfunden habe. Die Sorge um dich war immer mein größtes Unglück. Deswegen hoffe ich, meine Liebe, dass du doch zur Ruhe kommst und mir zumindest einen Teil dieses Schmerzes verzeihst, den du meinetwegen erleidest. Und rüge mich nicht zu sehr. Dein Tadel ist das Einzige, was mich traurig macht. Ich küsse in meinen Gedanken fest deine Hände, und flehe dich auf den Knien an: Nimm mir das nicht übel.

Einen herzlichen Gruß an die ganze Familie. Liebe Mama, würdest du mir bitte einen Gefallen tun? Kauf mir bitte einen Kragen und Manschetten mit Knöpfen, weil es hier nicht erlaubt ist, die mit Haken zu tragen. Der Kragen sollte nicht so breit sein. Außerdem müsste auch das Kostüm repariert werden. Es ist sehr ausgeleiert.

Auf Wiedersehen, meine Liebe. Ich wiederhole noch einmal meine Bitte an dich: Leide nicht so sehr und sorge dich nicht um mich. Mein Schicksal ist wirklich nicht zu beweinen, daher brauchst du dich meinetwegen nicht so sehr zu quälen. Deine Sonja.«

»Dem Prozess beiwohnen wollte die Mutter nicht. Sie hat nicht einmal nach der Eintrittserlaubnis gefragt«, so Wassili Perowski. »Sonjas Brief machte sie noch verzweifelter.« Die dreitägige Verhandlung begann am 26. März um elf Uhr. Der Gerichtssenat mit dem Richter Eduard Fuchs als Vorsitzendem bestand aus elf Personen: sechs Senatoren und fünf Standesvertreter. Die Klage übernahm Nikolaj Murawew, Sofjas Spielkamerad aus jener glücklichen, unbeschwerten Zeit, als der Graf Vizegouverneur in Pskow gewesen war. Die jungen Verschwörer beschuldigte man, das Attentat auf Alexander II. am 19. November 1879 bei Moskau sowie das am 1. März, bei dem neben dem Zaren und dem Attentäter Grinewizki auch noch zwei weitere Personen getötet und achtzehn zum Teil schwer verletzt wurden, geplant und durchgeführt zu haben.

Auf der Anklagebank befanden sich Ryssakow, Michailow, die Helfman, Kibaltschitsch, Sofja und Scheljabow. Die Reihenfolge war natürlich nicht zufällig. Zuerst sollten die weniger Belasteten aussagen, um dadurch ihre Beeinflussung durch Scheljabows Rede schon im Vorfeld zu verhindern. Jeder der Angeklagten bekam einen Pflichtverteidiger, außer Scheljabow, der seine Verteidigung selbst übernahm. Sie saßen nun still und gefasst da, von Zeit zu Zeit flüsterte Scheljabow Sofja etwas zu, nur Ryssakow benahm sich so, als würde er auf glühenden Kohlen sitzen.

Die Sitzungen dauerten von zehn oder elf Uhr morgens bis halb drei und, nach einer Pause, von acht Uhr abends bis Mitternacht. In dem unbelüfteten Saal war es stickig und extrem schwül, weshalb nur wenige Zuschauer bis zum Ende der Sitzung aushielten.

Bei der Befragung zeigten sich Sofja, Hesja Helfman und Timofej Michailow sehr kooperativ. Gefragt, ob sie sich im Sinne der Anklage schuldig fühle, antwortete Sofja: »Ich gestehe, dass ich Mitglied der Partei ›Volkswille‹ bin und Agentin des Exekutivkomitees. Deren Programm vertrete ich und möchte zugleich noch eines hinzufügen, um das bereits Gesagte meiner Kameraden zu ergänzen. Die Partei ›Volkswille‹ kann weder dem Volk noch der Gesellschaft irgendwelche sozialen Formen oder Institutionen aufzwingen. Sowohl das Volk als auch die Gesellschaft werden früher oder später diese Formen annehmen und in der Praxis realisieren. Was die Fakten anbelangt, gestehe ich, dass ich als

Agentin des Exekutivkomitees und in seinem Auftrag an den Attentaten am 19. November 1879 in Moskau sowie am 1. März dieses Jahres teilgenommen habe.«

Zu Ryssakow machte der anwesende Verteidigungsminister Dmitri Miljutin eine Notiz: »Er ähnelte einem kleinen Schüler, der von seinen Prüfern geblendet war.« Der Bombenexperte Kibaltschitsch, sonst phlegmatisch und teilnahmslos, reagierte erst auf die Behauptung der zwei Gerichtsgutachter, die Bomben seien im Ausland hergestellt worden. Er beeilte sich mit einer ausführlichen Erklärung, wie er die Sprengkörper fertiggestellt sowie die dazu erforderlichen Kenntnisse erworben hatte. Ebenfalls widersprach er vehement den Angaben der beiden Fachmänner bezüglich der Größe des Zerstörungsradius der unter der Malaja-Sadowaja-Straße gelegten Mine. Scheljabow saß »angelehnt an der Brüstung, halb gedreht zu den Richtern. Nach vorne gebeugt, hörte er aufmerksam zu. In dieser Pose ... steckten die Anspannung, die Ungeduld, das lebendige Interesse, sowohl Angriffs- als auch Verteidigungsbereitschaft«. Er versuchte die Verwendung der Aussagen des Dynamitkuriers Grigori Goldenberg zu unterbinden, mit der Begründung, diese stünden mit dem jetzigen Fall in keinerlei Verbindung. Außerdem verlangte er vom Gericht, dass dieses Goldenbergs Tod nachweise, woraufhin er den Totenschein vorlegt bekam. David gegen Goliath!

Am zweiten Verhandlungstag fand die Beweisaufnahme statt, und der Vorsitzende zeigte Sofja den Briefumschlag, auf dem sie die Stellungen der Bombenwerfer markiert hatte:

»Vorsitzender Fuchs: Angeklagte Perowskaja, dieser auf dem Briefumschlag gezeichnete Plan, ist das der Plan, den Sie in der Teleschnaja-Straße 5 gezeichnet und den Bombenwerfern gezeigt haben?

Perowskaja: Ja, das ist er. Aber diese Markierungen, die Sie darauf sehen, haben keine Bedeutung. Ich habe die Skizze von Hand gezeichnet, und ab und zu ist mir auch ein ungewollter Strich unterlaufen.

Vorsitzender Fuchs: Aber neben diesen ›ungewollten Strichen‹ gibt es auch noch andere Anmerkungen. Möchten Sie ihre Bedeutung erörtern?

Perowskaja: Auch sie sind belanglos.

Vorsitzender Fuchs: Angeklagte Helfman, hat diese Zeichnung in Ihrer Wohnung gelegen?

Andrej Scheljabow habe Sofja zu seinem blinden Werkzeug gemacht, behauptete der Staatsanwalt: die während des »Prozesses der sechs« angefertigte Zeichnung, 1881.

Helfman: Ja.
Vorsitzender Fuchs: Wem hat sie gehört?
Helfman: Ich weiß es nicht mehr ... Irgendjemand hat sie da liegen lassen.
Vorsitzender Fuchs: Wann?
Helfman: Einige Tage vor dem 1. März.
...
Vorsitzender Fuchs: Möchten Sie noch etwas dazu sagen?
Helfman: Nein. Ich habe dieses Papier auf der Fensterbank gesehen, und das ist alles.
Vorsitzender Fuchs: Angeklagter Ryssakow, als Sie in der besagten Wohnung gewesen waren, hatte die Perowskaja Ihnen und den anderen Bombenwerfern erläutert, was diese Markierungen bedeuten?
Ryssakow: Ja, genau nach diesem Plan hatte sie uns die Positionen angewiesen.

...

Scheljabow: Die Markierungen auf dem Plan habe ich gemacht. Zu ihrer Bedeutung möchte ich nichts sagen.«

Der Staatsanwalt Murawew notierte dabei: »Bei der Charakterisierung der Person Scheljabows würde ich sagen, ... das ist der Typ des Agitators, der Typ, dem theatralische Effekte nicht fremd sind, der sich bis zur letzten Minute bemüht, seine konspirative Toga zu drapieren. Seine Intelligenz, Zungenfertigkeit sowie Gewandtheit soll man dem Angeklagten ohnehin lassen. Aber wir wollen keineswegs mit dem verstorbenen Goldenberg einverstanden sein, der Scheljabow als einen den anderen intellektuell überlegenen, ja genialen Menschen schilderte. ... Als Scheljabow sagte, er genieße das vollkommene Vertrauen des Exekutivkomitees, war ich mir sicher, dass wir vor uns einen revolutionären Ehrsüchtigen haben.«

Auf die Beweisaufnahme folgte die Zeugenbefragung. Es erschienen zahlreiche Personen, deren Aussagen den Rest der Sitzung in Beschlag nahmen. Der Polizist Schirokow, der Sofja verhaftet hatte, sagte Folgendes aus: »Am 10. März hat mir der Polizeihauptmann befohlen, die Perowskaja zu suchen. Da ich aber die Beschreibung ihrer äußeren Merkmale nicht hatte, war es für mich natürlich sehr schwer. Dann aber habe ich erfahren, dass es im Haus, wo die Perowskaja zuletzt gewohnt hat, einen Milchladen gibt. Man hat mir auch erzählt, dass sie dort Kundin war, daher dachte ich mir, die Besitzerin muss sie sicherlich kennen. So bin ich zu ihr gegangen, und dann sind wir beide in einer Kutsche durch die Stadt gefahren. Am Newski-Prospekt sind wir zufälligerweise auf die Perowskaja gestoßen. Sie saß bereits in einer Droschke. Ich bin schnell ausgestiegen, dem Wagen hinterhergerannt und schließlich hineingesprungen. Ich packte sie sofort an den Händen, aus Angst, sie könnte die Waffe ziehen, woraufhin sie mir dreißig Rubel angeboten hat, um sie loszulassen. Das Geld konnte sie mir nicht zeigen, da ich sie an den Händen festgehalten habe. Danach habe ich sie zum Revier gebracht.«

Nach dem zweiten Verhandlungstag teilte der Zar dem Vorsitzenden mit, er sei mit seiner Arbeit unzufrieden. Fuchs habe Scheljabow zu oft und zu lange reden lassen. Daher mahnte er den Senator an, den Fehler nicht zu wiederholen. Dem Richter Fuchs war es nicht möglich, Scheljabow, der sich selbst verteidigte, die Rede zu verbieten; so versuchte er einen Spagat, indem er den Angeklagten zwar immer zu Wort kommen ließ, dabei aber ihn ständig unterbrach, mit dem Vorwand, die Tatsachen seien für den Sachverhalt von keiner Relevanz.

Am letzten Tag begann die Sitzung früher als sonst, schon um zehn Uhr. Der Vorsitzende bat den Staatsanwalt um sein Plädoyer: »Meine Herren Senatoren, meine Herren Standesvertreter! Ich fühle mich als Kläger im Prozess um das größte Verbrechen, das im Russischen Reich je geschah, von meinem Auftrag, von der traurigen Größe der mir anvertrauten Aufgabe, vollkommen übermannt. Mit dem Blick auf das noch frische Grab unseres geliebten Monarchen, mit dem Blick auf die Tränen des ganzen Vaterlandes, das so unerwartet, auf eine so grausame Art und Weise seinen Vater und seinen Reformator verloren hat, befürchte ich, bei meinen bescheidenen Kräften nicht genug überzeugende, aussagekräftige Worte finden zu vermögen, damit eine solche Tragödie eine würdige Darstellung bekommt, diese Tragödie, in deren Namen ich heute vor Ihnen stehe und für die Schuldigen eine gerechte Strafe verlange.«

Abgesehen von seinem üppigen, ja barocken, in der damaligen Justiz des Zarenreiches üblichen Redestil »verhielt sich Murawew im Grunde genommen ganz korrekt: Sowohl seine Ermittlungen als auch das Verhalten gingen über den Gesetzesrahmen nicht hinaus. Er versuchte weder die Fakten noch die Zeugen zu manipulieren.«

»Der Zarenmord ist kein bloßes Geschehnis, sondern Geschichte«, fuhr der Staatsanwalt fort. »Aus dem blutgetränkten, das Heiligtum des Katharinen-Kanals umhüllenden Nebel tauchen die finsteren Gestalten der Zarenmörder auf. … Aber hier unterbreche ich kurz meine Rede, weil mich das Lachen Scheljabows daran hindert weiterzusprechen. Dieses fröhliche oder doch ironische Lachen, womit er das grausame Bild des 1. März verspottet, kann er nicht einmal während des Prozesses unterdrücken. Aber ich bemerke bei den hier Anwesenden nicht dieselbe Stimmung, in der sich Scheljabow befindet, sondern eine andere, welche auch immer, aber nicht die seine. Aufgrund dessen möchte ich die allgemeine Trauer seinem Hohn entgegensetzen. Ich weiß, es muss so sein: Wenn Menschen weinen, lachen die Scheljabows! …

Es besteht kein Zweifel darüber, dass alle Beklagten zu einer Gruppe gehören, die sie noch so oft mit dem schönen Namen ›Partei‹ schmücken können. Das Gesetz bezeichnet sie als einen kriminellen Geheimbund, die vernünftigen, anständigen russischen Bürger nennen sie eine Untergrundbande, eine Rotte politischer Mörder. ... Die Perowskaja und Scheljabow malten uns stets ein falsches Bild von ihrer ›Partei‹, indem sie sich anstrengten, diese zu einer mächtigen Organisation aufzublasen. So könnte man sich denken, wenn hier auf der Anklagebank die mächtigen Parteimitglieder sitzen würden, dann stehe bestimmt hinter ihnen eine riesengroße Gruppe, die eine unglaubliche Macht innehabe und das Werk der Angeklagten fortsetzen werde. Diesem Verklärungswunsch folgend, verlassen die beschuldigten Angeklagten aber die Sphäre der Realität und begeben sich zu einem Bereich der wilden Fantasie. Das Bemühen, sich in einem besonders positiven konspirativen Licht zu präsentieren, weisen vor allem die Aussagen von Andrej Scheljabow sowie seinem Alter Ego, der Angeklagten Perowskaja, auf.

Scheljabow behauptet von sich, lediglich ein Agent des dritten Grades zu sein. Er gehört also nicht zur ersten Garnitur des Exekutivkomitees, sondern ist nur ein Befehlsvollstrecker. ... Wenn dieser allmächtige Ausschuss aber so gut organisiert ist, alles unter Kontrolle hat, hätte es dann nach der Verhaftung des Initiators des Verbrechens – Scheljabow – darin keine stärkere Hand, keinen erfahreneren Revolutionär, kein besseres organisatorisches Gehirn als Sofja Perowskaja gegeben? ... Die Überwachungsgruppe hatte dem Zaren nachspioniert, seinen Tagesablauf sowie seine Strecken beobachtet. ... Wenn man sich dabei noch vorstellt, dass diese Observierungen durch eine Frau, und zwar durch die Angeklagte Perowskaja, gesteuert worden sind, dann graut einem noch mehr vor einer solchen Vorstellung, das Herz krampft sich noch schmerzhafter zusammen. ...

Die Perowskaja hat laut ihrer Aussage sowohl die Vorbereitungen zu dem Verbrechen als auch dessen Durchführung geleitet. Demzufolge steht die Beschuldigte, die sich zu Scheljabow in einer intimen Beziehung befindet, auch mit ihm zusammen, Schulter an Schulter, da als Initiatorin und Haupttäterin, genauso wie er. ...

Sie hielt »alle Fäden des Mordes in den eigenen Händen«: (v. l.) Nikolaj Kibaltschitsch, Sofja und Andrej Scheljabow während des »Prozesses der sechs«, 1881.

Aufgrund ihrer Teilnahme an dem letzten Attentat ist sehr wohl an-
zunehmen, dass sich auch die Perowskaja – genauso wie die Bombenwerfer – unter dem Einfluss des Andrej Scheljabow befunden hat. Er
hat die Angeklagte dazu veranlasst, ihm zu folgen, und aus ihr sein blindes Werkzeug gemacht. ... Dabei kann ich nicht widerstehen, noch eine
Tatsache zu erwähnen. Das Verbrechen der Perowskaja beinhaltet noch
einen Aspekt, den man keineswegs vernachlässigen darf. Es ist nicht
schwierig, uns ein politisches Komplott vorzustellen, ebenso, dass dieses
sich grausamer Mittel und Methoden bediene. Genauso sind wir in der
Lage, uns vorzustellen, dass sich eine Frau daran beteilige. Aber dass sich
eine Frau an die Spitze dieser Verschwörung stellt, alle Fäden des Mordes in den eigenen Händen hält, dass sie mit einer solchen zynischen
Kaltblütigkeit die Bombenwerfer platziert, den Plan zeichnet, dass eine
Frau zur treibenden Kraft eines Verbrechens wird und obendrein zu
dessen Ort rennt und sich, ein paar Schritte davon entfernt, an den Folgen der eigenen Bluttat ergötzt, bleibt einem normalen Verstand unbe-
greiflich.«

Das Plädoyer Murawews war außergewöhnlich lang und äußerst emotional:»Er schrie, gestikulierte, bebte, weinte. Der Zar und die Regierung waren von seinem Auftritt begeistert. Der Verteidigungsminister Dmitri Miljutin nannte ihn einen ›Orator im wahrsten Sinne des Wortes‹.« Anschließend kamen die Anwälte der Angeklagten zu Wort. Ihre Reden beeindruckten niemanden. Da es sich hier um eine Pro-forma-Verteidigung handelte, fürchteten die Juristen Folgen für ihre weitere Karriere, sollten sie sich zu weit aus dem Fenster lehnen. Deswegen wagten sie keinen Schritt über die Grenze hinaus, die ihnen indirekt gezogen wurde. Sie baten das Gericht um so viel Gnade für ihre Mandanten, wie dieses zu erweisen bereit war. Kibaltschitschs Verteidiger Wladimir Gerhard forderte vom Richtersenat, man sollte beim Fällen des Urteils die Fakten von Gefühlen trennen und die Verhandlung nicht in ein Rachegericht verwandeln. Der Advokat der Hesja Helfman, August Gerke, machte das Gericht auf deren schwere Kindheit aufmerksam, auf die Tatsache, dass sie als Zweijährige ihre Mutter verloren hätte. Wegen Schikanen seitens der Stiefmutter habe sie dann das Elternhaus verlassen und sich sowohl aus Verzweiflung als auch aus Mangel an elterlicher Sorge den Revolutionären angeschlossen. Der Fürsprecher Michailows, Konstantin Hartulari, griff ebenfalls auf dessen schweres Leben zurück, auf das hart verdiente Brot und das Unrecht, das dem jungen Mann seitens der Fabrikbesitzer widerfahren war. Zu seiner Bereitschaft, sich der Revolution zu verschreiben, so Hartulari, hätten auch Michailows bäuerliche Herkunft sowie die unzureichende Ausbildung gleichermaßen beigetragen. Alexej Unkowski, der Ryssakow verteidigte, sah die Ursache für die Politisierung seines Mandanten in dessen schwachem Willen sowie der Eigenschaft, sich leicht beeinflussen zu lassen.

»Meine Herren Richter, Gesinnungen sind jedem Revolutionär wichtiger als sein Leben«, fing Scheljabow sein Plädoyer an.»Von unserem Werk wurde hier ein verzerrtes Bild gezeichnet. Von unseren Charakteren dagegen weniger. Wir Angeklagten sind aber dazu verpflichtet, das Ziel und die Strategie der Partei im Rahmen unserer Möglichkeiten und wahrheitsgemäß zu schildern. Meiner Meinung nach hat der Staatsanwalt das Wesen unseres Kampfes sowie seine Strategie vollkommen ent-

stellt beschrieben. Dieselben Fakten und Beweise, auf die sich die Anklage des Staatsanwalts stützt, will auch ich benutzen, um Ihnen das
Gegenteil zu beweisen.« Während seiner Rede wurde er, wie erwartet,
öfters durch den Vorsitzenden Fuchs unterbrochen sowie daran erinnert, dass er lediglich über seine persönlichen Ansichten und nicht über
die Parteiideologie sprechen dürfe. Daraufhin erklärte Scheljabow seine
Verwandlung vom friedlichen Propagandisten zum Terroristen.

Sofjas Verteidiger Jewgeni Kedrin betonte deren Engagement während
des Russisch-Türkischen Krieges im Jahre 1877/78, in dem die junge Frau
zwei Baracken des Roten Kreuzes geleitet hatte. »Nachdem das Gericht
sie gegen Kaution auf freien Fuß gesetzt hatte, zog die Perowskaja zur
Mutter nach Simferopol, wo sie dieser Tätigkeit nachging, die sie sehr
wahrscheinlich ihr Leben lang gemacht hätte, wäre sie nicht auf dem administrativen Wege in die Verbannung geschickt worden«, so Kedrin.
»Unterwegs gelang ihr die Flucht. Fortan war sie gezwungen, illegal zu
leben. Zurück zur Familie konnte sie nicht, denn sie hatte sich vorher für
Selbständigkeit entschieden. So geriet sie in die konspirativen Kreise,
was wiederum heißt, ein Dasein führen zu müssen, bei dem jeder
Schritt, jede Stunde, jede Minute mit Vorsicht, mit Zittern um das
eigene Leben erfüllt ist. Ein solcher Zustand wirkt sich negativ auf die
Psyche aus, weckt zwangsläufig die Instinkte, die unter normalen Umständen niemals zum Vorschein kommen würden. Die Praxis zeigt, dass
gerade die illegal lebenden Menschen für die sozialrevolutionären Ideen
sehr anfällig sind. Die Mitglieder des Geheimbundes, zu denen auch
meine Mandantin gehörte, verkehrten ausschließlich unter sich; so hatte
sie keine Gelegenheit, dessen Ideen einer objektiven Kritik zu unterzie-
hen, jene Ideen, die immer stärker von einem Besitz ergreifen und letztendlich in eine destruktive Theorie münden. Auf diese Art und Weise
haben sich auch Perowskajas Ansichten immer weiter radikalisiert und
sie letztendlich zur Politisierung verleitet. ... Der erste Impuls, weswegen die Perowskaja auf die schiefe Bahn geraten ist, war zweifelsohne die
Verbannung. Ihretwegen ist die Angeklagte in diese Situation gelangt, in
der sie sich gegenwärtig befindet. Ihretwegen ist sie in einem Geheimbund gelandet, wo die revolutionäre Ideologie so intensiv propagiert
wurde, doch ohne Chance, sich damit kritisch auseinanderzusetzen. Aus

dieser Perspektive sollte der Tatbestand betrachtet werden, der bis zu einem gewissen Grade das Schicksal der Perowskaja nachvollziehbar macht. Infolgedessen bitte ich den Richtersenat um ein mildes Urteil.« Das Schlusswort bekamen nun die Angeklagten. Scheljabow dazu: »Ich möchte nur eines betonen: Während der Vernehmung habe ich mich kurz gefasst, weil ich wusste, dass alle während des Verhörs erhaltenen Informationen die Staatsanwaltschaft zu ihren Zwecken missbrauchen würde. Nun bereue ich auch meine Aussage vor diesem Gericht. Mehr habe ich nicht zu sagen.«

»Viele, sehr viele Beschuldigungen hagelten seitens des Herrn Staatsanwalts auf uns hernieder«, so Sofja. »Zur faktischen Seite der Anklage will ich nichts sagen. Ich habe bei der Vernehmung schon alles gesagt. Aber da man mich und die anderen Angeklagten der Brutalität, Sittenlosigkeit und Verschmähung der öffentlichen Meinung beschuldigt, nehme ich mir diesbezüglich die Freiheit und behaupte, derjenige, der unser Leben und dessen Umstände kennt, würde uns mit Sicherheit weder für die Sittenlosigkeit noch für die Brutalität rügen.«

Es war Mitternacht, als sich die Richter zur Beratung zurückzogen. Um drei Uhr früh verlas der Vorsitzende Fuchs die vierundzwanzig Anklagepunkte, wovon Sofja, Scheljabow und Kibaltschitsch in allen Punkten für schuldig befunden wurden, Hesja Helfman, Ryssakow und Michailow dagegen in zwanzig. Der Staatsanwalt verlangte sechsmal die Todesstrafe. Der Senat zog sich abermals zurück und verkündete kurze Zeit danach: Alle sechs Beschuldigten wurden zum Tode verurteilt. Zum dritten Mal verließ der Richtersenat den Saal, diesmal, um über die Exekutionsart zu entscheiden.

Nun kam der 29. März, der letzte Verhandlungstag. Um 6.20 Uhr verlas der Senatsvorsitzende Fuchs folgenden Beschluss: »Nach dem Erlass Seiner Majestät ergeht folgendes Urteil: Den Angeklagten werden alle bürgerlichen Rechte entzogen, und sie werden zum Tode durch den Strang verurteilt. Dieses Urteil, nachdem es in Kraft getreten ist und bevor es zu seiner Vollstreckung kommt, wird im Falle der adeligen Sofja Perowskaja (sie wird aller dem Adelsstand zustehenden Rechte entzogen) durch den Justizminister Seiner Majestät zur Ansicht vorgelegt.« Die Vollstreckung wurde für den 3. April bestimmt. Bei der Urteilsverkündung gab es nicht viel Publikum. Auch diejenigen, die sich noch im Saal befanden, schliefen auf ihren Stühlen. Als Angehörige des Adels hatte Sofja das Recht auf ein Sondergnadengesuch, aber sie verzichtete darauf. Hesja Helfman informierte unmittelbar nach der Bekanntgabe des Urteils das Gericht, dass sie ein Kind erwarte. Nach einer ärztlichen Untersuchung stellte man bei ihr die Schwangerschaft im vierten Monat fest. Die Urteilsvollstreckung wurde folglich auf die Zeit nach der Entbindung verschoben. Dazu kam es jedoch nicht, da die junge Frau kurz nach der Geburt ihrer Tochter verstarb. Ryssakow und Michailow stellten Gnadengesuche, die aber abgelehnt wurden. Kibaltschitsch bat um die Erlaubnis, einen Experten wegen seines Fliegerprojekts zu konsultieren sowie von Scheljabow und Sofja Abschied nehmen zu dürfen. Auch diese Bitte wies man zurück.

Am 30. März um 17 Uhr lief die von dem Richtersenat gesetzte Frist zur Revisionseinlegung ab; das Urteil vom 29. März wurde damit rechtskräftig.

Sofjas Mutter äußerte den Wunsch, ein letztes Mal die Tochter zu sehen,»aber sie bekam die Antwort, nachdem das Urteil rechtswirksam geworden sei, gelte Sofja vor dem Gesetz schon als tot. Aus diesem Grunde seien auch keine Besuche erlaubt.«

Am 2. April um 20 Uhr kamen fünf Priester ins Gefängnis. Ryssakow und Michailow beichteten, wobei der Erste das Sakrament erhielt, der Zweite lehnte es ab. Kibaltschitsch diskutierte lange mit dem Popen, weigerte sich jedoch, sowohl die Beichte als auch das Sakrament zu empfangen. Scheljabow und die Perowskaja wollten die Priester überhaupt nicht sehen.

»Zu uns sickerten – wenn auch sehr spärlich – die Nachrichten über die letzten Stunden der Todeskandidaten durch«, berichtet Arkadi Tyrkow, der Beschatter des Zaren.»So erzählte mir ein Gendarm, der am Tag vor der Vollstreckung Wache hielt, Kibaltschitsch sei ganz ruhig gewesen. Er habe sein Testament verfasst und alle Rechte hinsichtlich des Fliegerprojekts seinem Rechtsanwalt übertragen. Scheljabow und Michailow hätten Briefe an die Eltern geschrieben und die ganze Nacht kein Auge zugetan, wobei Scheljabow nervös in der in die Zelle hin und her getigert sei. Ryssakow habe das Evangelium gelesen.«

Sofja war auch gefasst, und ohne jegliche Aufregung ging sie um elf Uhr schlafen. Worüber sie in der letzten Nacht ihres Lebens nachdachte, in ihrer Zelle Nummer 1, zwischen vier ockergelben Wänden, auf dem Eisenbett, vor zwei Fenstern mit durch die weiße Farbe undurchsichtigen Scheiben liegend, wird für immer ein Geheimnis bleiben. Vielleicht verspürte sie Erleichterung, dass sie diese Rolle, unter deren Last sie zusammenbrach, ablegen konnte, da sie die Enttäuschung, den Zweifel, die Bitterkeit der verlorenen Illusionen, die Angst, die Gewissensbisse, den Liebeskummer, kurzum: alles nun hinter sich ließ.

Besonders eine Sache dürfte dabei Sofja die so sehnsüchtig gewünschte seelische Entlastung gebracht haben. Mit dem Zarenmord führte die junge Frau auch ihre persönliche Mission erfolgreich zu Ende. Als der Staatsanwalt Sofja als Scheljabows »blindes Werkzeug« bezeichnete, als sein »Alter Ego«, hatte er damit recht, aber lediglich auf den ersten Blick. Scheljabow wusste nicht und konnte es nicht einmal ahnen, dass er ebenso ein Instrument in den Händen seiner Geliebten war, ein Mittel zum Zweck. Sofja nutzte sein organisatorisches Genie, um in der Person des Zaren sowohl den Vater als auch ihn, Scheljabow, ihren Liebhaber, zu ermorden. Den Zaren, weil er die todkranke Zarin demütigte, betrog und zugrunde richtete, den Vater, weil er die Mutter demütigte, betrog und unglücklich machte, den Liebhaber, weil dieser sie demütigte, betrog und leiden ließ. In den drei Männern zusammen tötete die junge Frau letztendlich den patriarchalischen Russen der absolutistischen Ära, den despotischen Mann, dessen Symbolfigur par excellence Alexander II. verkörperte. Im Namen der Mutter, der Zarin und Millionen ihrer Leidensgenossinnen, ja im Namen der schweigenden, gepeinigten, rechtlosen Russin der absolutistischen Epoche übte sie Vergeltung. Es war also Sofjas Rache.

Das Urteil kam nicht nur einer Erlösung gleich, vielmehr dürfte dieses ein moralischer Ausgleich für Sofja gewesen sein: Tod für Tod. Die Rechnung war damit beglichen.

13. KAPITEL
Der Galgen

Am 3. April um sechs Uhr wurden die fünf Verurteilten geweckt und bekamen Tee. Ihre Häftlingsuniform tauschten sie gegen die schwarzen Exekutionskleider: Die Männer zogen lange Mäntel, schirmlose Mützen sowie Stiefel an, Sofja ein Zwillichkleid mit einer Pelzjacke und Stiefeln, darüber einen Häftlingsmantel und als Kopfbedeckung eine Art Kapuze. Jedem von ihnen hängte man anschließend ein schwarzes Holzschild mit der weißen Inschrift »Zarenmörder« um den Hals.

»Sofja betrat den Hof als Erste. Zwei Schandfuhrwerke standen schon parat. Sie wurde plötzlich blass und strauchelte. Timofej Michailow rief ihr zu: ›Sonja, was soll das? Reiß dich zusammen!‹ und half ihr, sich aufzurichten.« In den ersten Wagen stiegen Scheljabow und Ryssakow ein, in dem zweiten nahm Sofja zwischen Michailow und Kibaltschitsch Platz. Der Henker Frolow, ein zum Tode verurteilter Verbrecher, der sich zu der Vollstreckung von Hinrichtungen bereit erklärte, dafür begnadigt wurde und eine lebenslange Gefängnisstrafe bekam, fesselte den Verurteilten die Hände auf dem Rücken, band sie dann an ein speziell zu diesem Zweck angefertigtes Brett am Wagen und schnallte ihnen anschließend mit einem Riemen die Füße am Boden fest. Um 7.50 Uhr schlugen die Trommeln, das Gefängnistor wurde geöffnet. Die Kolonne, begleitet von jeweils zwei Schwadronen sowie Infanteriekompanien, machte sich auf den Weg zum Semenowski-Platz, zum Exekutionsort.

»Unterwegs blickte Ryssakow einige Male auf die Menschenmasse und senkte sofort den Kopf. Scheljabow war kaum wiederzuerkennen. Während der Fahrt blickte er stets irgendwie seitwärts, mied dabei den Blick Ryssakows. Alle Todeskandidaten waren sehr blass; unter ihnen schien die Perowskaja am muntersten zu sein. Auf ihren Wangen schimmerte sogar eine dezente Röte. Michailow schrie gelegentlich der Men-

schenmenge etwas zu. Was, konnte man wegen des Trommelwirbels
nicht verstehen.«

Die hohen, massiven Zweispänner bewegten sich gemächlich, ihre
Räder ratterten über das Kopfsteinpflaster, und bei jedem Holpern wurden die fünf kräftig durchgeschüttelt. Das sonnige, vollkommen untypische Wetter für diese Jahreszeit lockte unzählige Schaulustige auf die
Straße. Der damals vierzehn Jahre alte Revolutionär Andrej Brejtfus, der
in den um die Jahrhundertwende entstandenen marxistischen Zirkeln
wirkte, befand sich gerade unterwegs zur Schule:»Ich fühlte mich wohl
und irgendwie leicht. ... Der Frühling näherte sich und mit ihm auch
die Osterferien. Wenn ich mich nicht täusche, war der 3. April der Frei-
tag vor dem Palmsonntag.

Auch an diesem Morgen, so gegen acht, wie übrigens immer, gingen mein Bruder und ich mit dem Ranzen auf dem Rücken den Newski-
Prospekt hinunter. Dann sahen wir, wie sich viele Leute um ein Pla-
kat drängten: Polizisten, Hausmeister, Dienstmädchen, Milchmänner,
Schüler. Einer von ihnen erklärte den Herumstehenden, dass an diesem
Tag um neun Uhr die Staatsverbrecher hingerichtet werden sollten. Die
Nachricht ließ das Publikum nicht gleichgültig: Der eine seufzte, der
andere beschimpfte die Attentäter aufs Schlimmste, der dritte über-
legte laut, wie man den Semenowski-Platz am schnellsten erreichen
könne. ...

Wir Kinder wussten über den 1. März schon Bescheid, weil wir beobachteten, wie unsere Eltern beim Lesen von Zeitungsberichten weinten,
und hörten, wie die Erwachsenen über die Zarenmörder fluchten. ... Da
dieses Ereignis fast zum täglichen Gesprächsstoff wurde, packte mich
die Neugier, diese ›hartgesottenen Banditen und Verbrecher‹ zu sehen. ... Der Bruder ging zur Schule, und ich bog in die Nikolajewska-
Straße ein. Sie war von einer schwarzen, dichten Masse, über der die
Köpfe der Kavalleriesoldaten hervorragten, im wahrsten Sinne des Wortes überflutet. Auf jedem Balkon quetschten sich die mit Ferngläsern
ausgestatteten Schaulustigen. An den Fenstern – dasselbe Bild.

Je mehr ich mich dem Exekutionsort näherte, desto unbehaglicher
fühlte ich mich. Als ich dann auch noch den Galgen erblickte, lief mir
der kalte Schauder über den Rücken. Ich wollte sofort zurück, aber ich

befand mich mittendrin in einer rollenden Menschenlawine, die mich einfach forttrug.

Auf dem Semenowski-Platz angekommen, fand ich ebenfalls ein unendliches Menschenmeer vor, welches die mit Gewehren und Bajonetten ausgerüsteten Soldaten vom Galgen trennten. ... Die Zuschauer nahmen überall Platz, wo es möglich war: Sie kletterten auf die Straßenlaternen, die deswegen aussahen, als wären sie mit Menschen beklebt. Sie standen an den Fenstern der benachbarten Kasernen, auf den Dächern, sogar auf dem Turm der Feuerwehrwarte. In allen benachbarten Straßen patrouillierten die Kavalleriesoldaten.«

Der Henker Frolow unternahm bereits samt seinen vier in lange graue Häftlingsmäntel gekleideten Helfern die letzten Vorbereitungen auf dem Hinrichtungsgerüst, auf einem schwarz gestrichenen, etwa zwei Meter hohen, rechteckigen Podest, das mit einer ebenfalls schwarzen Brüstung eingezäunt war. Der Scharfrichter, bekleidet mit einem roten Hemd und einer schwarzen, in die Stiefel gesteckten Pumphose, zog gerade jeweils einen etwa fingerdicken Strang mit einer Schlinge am Ende durch jeden der fünf Eisenringe, befestigt an einem Querbalken, den zwei aufrecht stehende Pfosten trugen. Hinter dem in der Mitte stehenden Galgen befanden sich fünf mit Hobelspänen gefüllte schwarze Särge. Neben sie legten die Henkershelfer die weißen Leichengewänder.

»Das Publikum schwätzte, bis ein Raunen durch die Masse ging: ›Sie kommen.‹ Alle streckten sofort die Hälse, hoben sich auf die Zehenspitzen«, so Brejtfus weiter. »Als die Wagen dann vor der Plattform anhielten, verstummte wie auf ein Kommando jegliches Geräusch. Lediglich jemand hinter mir stieß zynisch heraus: ›Willkommen, liebe Gäste!‹, woraufhin ihn die Nachbarn mit einem ›Pscht‹ zum Schweigen brachten.«

Der Todeskonvoi erreichte den Semenowski-Platz um 8.50 Uhr. Zehn Minuten später erschien der Oberbürgermeister Generalmajor Baranow in Begleitung des Polizeidirektors von Plewe. Sie stiegen auf ein kleines, etwa zwanzig Schritte von dem Galgen entferntes Podium, auf dem schon andere Staatsmänner, Kirchenvertreter, Journalisten und Militärattachés der ausländischen Botschaften standen.

Frolow und seine Helfer banden die Todeskandidaten los und führten sie über sechs schwarze Treppen zum Galgen. Da es aber nur drei links vom Hinrichtungsgerüst stehende Pranger gab, fesselte Frolow Sofja, Scheljabow und Michailow daran, Ryssakow und Kibaltschitsch platzierte er nebenan. Während der Oberstaatssekretär Popow mit unsicherer Stimme das Urteil verlas, zitterte das Blatt Papier in seinen Händen. »Michailows und Ryssakows Gesichter wurden kreideweiß. Die leblose Miene Michailows sah aus wie versteinert, Kibaltschitsch dagegen strahlte eine unbeirrbare Ruhe und Demut aus. Scheljabow war äußerst nervös, seine Arme zuckten ruckartig, er drehte stets den Kopf zu der neben ihm stehenden Perowskaja. ... Auf den Wangen ihres gelblich blassen, in sich ruhenden Antlitzes schimmerte ein Anflug von Röte. Als sie noch soeben auf dem Schandfuhrwerk saß, schweiften ihre Augen fieberhaft umher. Jetzt aber, an dem Schandpfahl angekettet, starrte sie vor sich hin, ohne dass sich ein Muskel in ihrem Gesicht regte.«

Nach der Urteilsverlesung schlugen die Trommeln, alle anwesenden Männer entblößten die Häupter, die um den Galgen zweireihig postierten Soldaten bekamen den Befehl: »Präsentiert das Gewehr!«, fünf Priester betraten das Podest, und jeder von ihnen reichte jeweils einem der Verurteilten ein Kreuz zum Küssen hin. »Kibaltschitsch schüttelte nur den Kopf«, berichtet Brejtfus weiter. »Michailow und die Perowskaja taten das Gleiche. Wie sich Scheljabow und Ryssakow benahmen, konnte ich nicht sehen, weil mich die wogende Masse von meinem etwas erhöhten Standort herunterstieß. Bis es mir gelang, wieder hinaufzuklimmen, dauerte es eine Weile. Als ich wieder hinblickte, stülpte bereits der Henker den fünf die bodenlangen Leichengewänder sowie weiße Kapuzen über, legte daraufhin jedem nacheinander die Schlinge um den Hals.« Im Laufe des Rituals hörte das donnernde Trommeln nicht auf. »Die in die Todestrachten gekleideten Sofja und Scheljabow schüttelten leicht den Kopf.«

Um 9.20 Uhr brachte der Henker, den »die Aura der Magie, des heiligen Schreckens« umgab, jeden der Todeskandidaten vor eine zweistufige schwarze Fußbank. Er wartete ein paar Minuten, dann kam er zu Kibaltschitsch, half ihm auf den Sockel hinauf, zog die Schlinge kräftig zu, band das zweite Strangende an dem linken Pfosten fest und stieß daraufhin den Schemel weg. Dasselbe wiederholte er mit Michailow. »Die Dritte war die Perowskaja«, fährt Brejtfus fort. »Frolow ging langsam auf

sie zu. Sie stand vollkommen regungslos da. Nachdem der Scharfrichter
ihr den Boden unter den Füßen entzogen hatte, blieb sie ohne Konvul-
sionen in der Luft schweben. Sie starb leicht.« Nach Sofja kam Scheljabow, der lange noch in Krämpfen zuckte. ... Der Letzte war Ryssakow,
der eines leichten Todes starb.

Die verstummten Zuschauer schauten den leblosen Körpern zu, wie
sie bei leichtem Wind hin und her schaukelten. Man ließ die Toten noch
etwa zwanzig Minuten hängen. Danach legten sie die Henker einen nach
dem anderen in die Särge. Ein Militärarzt in Uniform untersuchte
schließlich jeden Leichnam.

Um 9.45 Uhr wurde Sofja für tot erklärt.

EPILOG ODER DIE LAUNISCHE GESCHICHTE

Vom Zarenmord 1881 bis zur Oktoberrevolution 1917

Das Jahr 1881:

»Als das Volk aus dem ersten schmerzhaften Augenblick des Schocks und der Trauer aufwachte, als das verblüffte Russland wieder zu sich kam, war natürlich der erste Gedanke: Wer sind die Täter dieser grausamen Tat? Wen sollte der Fluch des Volkes heimsuchen? Wer soll für das vergossene Blut büßen? Wo sind die Zarenmörder, die dem Vaterland Schande angetan haben? Russland will wissen, wer sie sind, und die Stimmen der wahren Söhne des Vaterlandes verlangen nun die angemessene Strafe.«

Das Jahr 1906:

Auf dem Preobraschenski-Friedhof in Sankt Petersburg: »Ein alter Totengräber zeigte mit dem Finger auf einen Müllhaufen in der Ecke an dem Zaun: ›Dort sind sie begraben worden, da, darunter. Ich habe ihnen das Massengrab geschaufelt.‹«

Von der Oktoberrevolution 1917 bis zur Perestroika 1986

Das Jahr 1921:

»Glorreich und unsterblich sind die Verdienste dieser Gruppe, eines winzigen Teils des Volkes, im Kampf für die Freiheit. ... Von unschätzbarem Wert sind ihre Opfer, ihre Selbstlosigkeit, Selbstopfergabe, ihre Großherzigkeit. Beispiellos ist ihr Heroismus, der in einem umso größeren, edleren, heiligeren Licht erscheint, da es sich hier um eine Handvoll Helden handelt.«

Das Jahr 1962:

»Ein paar Heroen wagten einen verzweifelten Kampf gegen die Regierung und für die politische Freiheit. Dank einzig und allein diesem Kampf war es möglich, die Zugeständnisse der Regierung zu erzwingen. ... Sie zeigten die größtmögliche Opferbereitschaft, und ihrem Heroismus sowie ihrer terroristischen Strategie brachte man in der ganzen Welt Bewunderung entgegen.«

In jeder bedeutenden Stadt der ehemaligen Sowjetunion bekam eine Straße Sofjas Namen, unter anderem auch die Malaja Konjuschennaja im Zentrum von Sankt Petersburg im Jahre 1918. Darüber hinaus wurden ebenso zahlreiche Institutionen nach Sofja genannt und ihr über vierhundert Denkmäler gesetzt.

Nach der Perestroika, nach 1986

»Petersburger Wandel. Gegen mörderische Straßennamen

Die der Funktionärspartei ›Einheitliches Russland‹ nahestehende Stiftung ›Woswraschtschenije‹ (Rückführung) will eine Reihe sowjetischer Straßennamen in Petersburg durch vorrevolutionäre Bezeichnungen ersetzen. Die Stiftung, die sich als kirchlich-soziale Initiative versteht, hat sich deshalb an die Petersburger Gouverneurin Walentina Matwijenko mit der Feststellung gewandt, Straßennamen wie Chalturin-Straße oder Sofja-Perowskaja-Straße seien anstößig, weil damit Revolutionäre geehrt würden, die sich vor allem durch Morde hervorgetan hätten. Stepan Chalturin und Sofja Perowskaja hätten vielleicht an die edlen Ziele ihrer Verbrechen geglaubt, doch sie seien schuldig am Tod vieler Unschuldiger, erklärte ein Sprecher von ›Woswraschtschenije‹.«

Im Jahre 1991 erhielt die Sofja-Perowskaja-Straße ihren vorsowjetischen Namen zurück und heißt heute wieder Malaja Konjuschennaja.

ANMERKUNGEN

Alle Übersetzungen aus dem Russischen resp. Englischen stammen von mir, falls nicht anders vermerkt.

Bis Februar 1918 galt in Russland die vom gregorianischen Kalender abweichende Zeitrechnung nach julianischem Kalender (dem sogenannten »alten Stil«), die ich ebenfalls für die Datierung der im Text erwähnten Ereignisse verwendet habe.
Ebenso habe ich die damals geltenden Straßenbezeichnungen beibehalten und auf eine Aktualisierung verzichtet.

Prolog

7 *Heute um 13 Uhr*: zit. bei Wassili Bogutscharski, »1-e marta – 3-e aprelja 1881 goda (Petersburg 25 let tomu nasad)«, S. 1.
7 *ein junge Frau*: Olga Ljubatowitsch-Dzabadari, »Dalekoje i nedawneje«, Teil 1, S. 222.
7 *Angeklagte, nennen Sie*: zit. bei Lew Dejtsch, *Delo 1-owo Marta 1881g.*, S. 4.

Ein Mädchen aus gutem Hause

11 *Als Sonja etwa*: Wassili Perowski, »Moji wospominanija«, Teil 1, S. 85.
11 *Noch an eine Episode:* ebd., S. 86 f.
12 *genoss die Familie*: ebd., S. 87.
12 *Wir fuhren mit*: ebd., S. 87 f.
13 *Der Großvater hatte*: ebd., S. 89.

Unter Nihilistinnen

16 *versammelten sich Tausende*: zit. bei Edith M. Almedingen, *Die Romanows*, S. 340.

18 *Der Vater war übertrieben*: Wassili Perowski,»Moji wospominanija«,
    Teil 1, S. 86 f.
19 *Da der Vater über*: ebd., S. 83.
19 *An diesen Abenden*: ebd., S. 93 f.
20 *Während dieser Tanzabende*: ebd., S. 94.
21 *bei einer moralisch*: ebd., S. 97.
21 *Wir hatten auf*: ebd., S. 98.
23 *In den Algebra-Stunden*: Alexandra Kornilowa-Moros,»Awtobiografija«,
    S. 205 f.
23 *In unserer Kindheit*: Wassili Perowski,»Moji wospominanija«, Teil 1, S. 79.
24 *diejenigen, die nicht*: Alexandra Kornilowa-Moros,»Perowskaja i osno-
    wanije kruschka tschaikowzew«, S. 24.
25 *Ich ging durch*: zit. in *Five sisters: Women against the Tsar*, S. 212 f.
26 *»neuen Menschen«*: Nikolaj Tschernyschewski, *Tschto delat?*, S. 8.
26 *Nihilist ist ein*: Iwan Turgenew, *Otzy i deti*, S. 392 f.
26 *Es reichte lediglich*: Petr Kropotkin, *Is sapissok rewoljuzionera*, S. 72 f.
    (Anführungszeichen: Petr Kropotkin)
28 *Die drei erzählten*: Wassili Perowski,»Moji wospominanija«, Teil 2, S. 9.
29 *Es ist unbestritten*: Alexandra Kornilowa-Moros,»Perowskaja i osnowa-
    nije kruschka tschaikowzew«, S. 22.
30 *Es war fast*: ebd., S. 19.
30 *Eines Abends, berichtet*: ebd., S. 20.
31 *in diesem Zeitraum*: Wassili Perowski,»Moji wospominanija«, Teil 2,
    S. 13.

Leben in der Kommune

33 *Eine Frau muss*: zit. bei Daniela Neumann, *Studentinnen aus dem Rus-
    sischen Reich*, S. 54.
33 *dem Mann in jeder Hinsicht*: ebd., S. 53.
33 *demütiges Dulden und Selbstaufopferung*: ebd.
33 *Sie verachtete den Vater*: zit. bei *Sofja Lwowna Perowskaja*, S. 8.
33 *Wir wurden äußerst*: Vera Figner, *Nacht über Rußland*, S. 16 f. (Deutsch:
    Lilly Hirschfeld)
35 *Als ich in meinem*: Sergej Sinegub:»Wospominanija tschaikowza«, Teil 1,
    S. 56–7.
37 *Während meiner*: Daniela Neumann, *Studentinnen aus dem Russischen
    Reich*, S. 57.
37 *Ich kann mich*: Wassili Perowski:»Moji wospominanija«, Teil 1, S. 94.
40 *Eines Tages tauchte*: *Five sisters: Women against the Tsar*, S. 217.

40 *die Gesellschaft der Frauen*: Sofja Iwanowna, »Wospominanija o S.L. Perowskoj«, S. 87.

41 *blieb der Zirkel*: Petr Kropotikin, *Is zapissok revoljuzionera*, S. 72.

41 *ein vor Gesundheit*: Lew Dejtsch, »S.M. Krawtschinski«, S. 9.

41 *der zweite allgemeine*: Petr Kropotkin, *Is sapissok rewoljuzionera*, S. 11.

41 *als Verkörperung der Jugend*: Sergej Krawtschinski, *Sotschinenija*, Band 2, S. 404f.

42 *auf Freundschaft, Sympathien*: Alexandra Kornilowa-Moros, »Perowskaja i osnowanije kruschka tschaikowzew«, S. 27.

43 *Niemand hätte in*: Petr Kropotkin, *Is sapissok rewoljuzionera*, S. 80f.

43 *in ihrer Freizeit*: Sofja Iwanowna, »Wospominanija o S.L. Perowskoj«, S. 87.

43 *Nach kurzer Zeit*: Sergej Krawtschinski, *Sotschinenija*, Band 2, S. 417f.

44 *in den achtunddreißig*: Petr Kropotikin: *Is zapissok revoljuzionera*, S. 70.

45 *Aus der Schweiz fuhr*: ebd. S. 66. (Anführungszeichen: Petr Kropotkin)

46 *Wir dachten, dass*: Wassili Perowski: »Moji wospominanija«, Teil 2, S. 18.

47 *Der Charakter unserer*: zit. bei Franco Ventura, *Roots of revolution*, S. 471.

»Gang ins Volk«

48 *Verlaßt diese Welt*: zit. bei Wolfgang Geierhos, *Vera Zasulic und die russische revolutionäre Bewegung*, S. 25. (Deutsch: Wolfgang Geierhos)

48 *Nur im Volk gibt*: ebd., S. 25. (Deutsch: Wolfgang Geierhos)

48 *zum Evangelium der russischen*: Nikolaj Ascheschow, *Sofja Perowskaja*, S. 15.

50 *Seit zwei Wochen*: »Neisdannyje pisma S.L. Perowskoj«, S. 246f.

51 *Sofja Lwowna ging*: zit. bei »K biografijam A.I. Scheljabowa i S.L. Perowskoj«, S. 118f.

51 *Die Frau in einer*: Marja Karpowa: »Sofja Perowskaja w Stawropole«, S. 231.

51 *Sofja Perowskaj blieb*: ebd.

52 *Ich befinde mich*: »Neisdannyje pisma S.L. Perowskoj«, S. 249.

52 *Schmutziges, ausgemergeltes Volk*: Walther Schmieding, *Aufstand der Töchter*, S. 173f. (Deutsch: Walther Schmieding)

52 *Von dem Dorfschulzen zusammengeklingelt*: Wera Figner, *Sapetschatlennyj trud*, S. 154f.

53 *Nun musste der Sohn*: Edith M. Almedingen, *Die Romanows*, S. 337.

54 *Zum ersten Mal*: ebd., S. 327f.

55 *in Anwesenheit des ganzen*: Sergej Tatischtschew, *Imperator Alexander II.*, S. 102.

55 *alles bis hinunter*: Edith M. Almedingen, *Die Romanows*, S. 333.

56 *gewissen Halbheit in*: ebd., S. 330.

56 *eine Umwälzung von*: ebd., S. 416.

56 *bäuerlichen Zarenmythos*: Dietrich Beyrau/Manfred Hildermeier,»Von der Leibeigenschaftsordnung zur frühindustriellen Gesellschaft«, S. 19.

56 *Ich lag auf einer*: Leo Deutsch, *Viermal entflohen*, S. 36. (Deutsch: S. Grumbach)

57 *das Leben im Dorf*: Wera Figner, *Sapetschatlennyj trud*, S. 167.

58 *Endlich stand ich*: Jekaterina Breschko-Breschkowskaja, *Skrtytyje korni russkoj revoljuciji*, S. 46 f.

59 *Der schweigsame, gutmütige*: Sergej Sinegub,»Wospominanija tschaikowza«, Teil 2, S. 111.

59 *Die stets laufenden*: ebd., Teil 1, S. 52.

60 *Manchmal schickte man*: *Five sisters*, S. 104 f.

62 *Er trug immer*: Sergej Stepnjak-Krawtschinski, *Sotschinenija*, Band 2, S. 392.

62 *Die Gendarmen stürzten*: Leo Deutsch, *Siebzehn Jahre in Sibirien*, S. 7. (Deutsch: S. Grumbach)

65 *Ich weiß es nicht*: Wassili Perowski,»Moji wospominanija«, Teil 2. S. 20 f.

66 *Sofja Lwowna begegnete*: Wera Figner, *Sapetschatlennyj trud*, S. 273 f.

67 *Der Vater begrüßte*: Wassili Perowski,»Moji wospominanija«, Teil 2, S. 22.

67 *Sofja lebte zurückhaltend*: *K biografijam A.I. Scheljabowa i S.L. Perowskoj*, S. 121.

»Lebendig begraben«

69 *gekrönten Gendarmen*: Edith M., Almedingen, *Die Romanows*, S. 291.

70 *Seit der Dekabristenzeit*: Nikolaj Morosow, *Powesti mojej schisni*, Band 2, S. 355.

70 *Apostel des Terrors*: Olga Ljubatowitsch-Dzabadari,»Dalekoje i nedawneje«, Teil 2, S. 219.

70 *Ich saß eingekerkert*: Sergej Sinegub,»Wospominanija tschaikowzca«, Teil 2, S. 126.

71 *Quer betrug der*: Sergej Sinegub,»Wospominanija tschaikowzca«,Teil 2, S. 120 f.

71 *Der November rückte*: Jekaterina Breschko-Breschkowskaja, *Skrytyje korni russkoj revoljuciji*, S. 86 f.

72 *Täglich gingen wir*: Sergej Sinegub,»Wospominanija tschaikowzca«, Teil 2, S. 120 f.

72 *Hauptsache ist, dachte*: Petr Kropotkin, *Is sapissok rewoljuzionera*: S. 107 f.

73 *steinernen Sarg*: ebd., S. 154.
73 *In der Frauenabteilung befanden*: Jekaterina Breschko-Breschkowskaja, *Skrytyje korni russkoj revoljuciji*, S. 110.
74 *jeder der Häftlinge*: Andrej Iwanowitsch Scheljabow, S. 20.
74 *Von Zeit zu Zeit*: Sergej Stepnjak-Krawtschinski, *Podpoljnaja Rossija*, Band 2, S. 18.
74 *Ungefähr zwei Jahre*: Leo Deutsch, *Sechzehn Jahre in Sibirien*, S. 8f. (Deutsch: S. Grumbach)
76 *Ich benachrichtigte die*: Petr Kropotkin, *Is sapissok rewoljuzionera*, S. 127f.
77 *die Ehre und*: Vera Figner, *Nacht über Rußland*, S. 54. (Deutsch: Lilly Hirschfeld)
77 *entschiedene Gegnerin*: Nikolaj Ascheschow, *Sofja Perowskaja*, S. 46.
77 *ein Messer sowie*: Sergej Stepnjak-Krawtschinski, *Podpoljnaja Rossija*, Band 2, S. 39.
77 *Ich kann mich*: Wassili Perowski, »Moji wospominanija«, Teil 2. S. 21.
78 *Die Polizei und*: Vera Figner, *Nacht über Rußland*, S. 56f. (Deutsch: Lilly Hirschfeld)
79 *Meine treue Bauern*: »Dokumenty po Tschigirinskom delu«, S. 257f.
80 *Zeremonie des heiligen*: ebd., S. 261.
80 *Vor der Ikone*: ebd.
80 *weil dort seit*: Leo Deutsch: *Viermal entflohen*, S. 25. (Deutsch: S. Grumbach)
80 *Außer der öffentlichen*: ebd. S. 25.
81 *Hauptsächlich aber der Umstand*: ebd.
81 *Wilhelm-Tell-Methode*: Nikolaj Morosow, *Powesti mojej schisni*, Bd. 2. S. 30.
82 *Der Revolutionär verachtet*: zit. bei James Joll, *Die Anarchisten*, S. 101. (Deutsch: Alfred Kellner)
82 *in den folgenden*: ebd.
82 *diesen großartigen Fanatiker*: Walter Laqueur, *Terrorismus*, S. 29.
82 *Ohne Rücksicht auf Menschenleben*: zit. bei James Joll, *Die Anarchisten*, S. 101. (Deutsch: Alfred Kellner)
84 *Der Revolutionär ist*: ebd. S. 100.
84 *Als der General in*: Sergej Sinegub, »Wospominanija tschaikowzca«, Teil 3, S. 52f.
86 *alles sprach von Rache*: Vera Figner, *Nacht über Rußland*, S. 59. (Deutsch: Lilly Hirschfeld)

Auf der Anklagebank – der »Prozess der 193«

88 *Am ersten Verhandlungstag*: Jekaterina Breschko-Breschkowskaja: *Skrtytyje korni russkoj revolucii*, S. 147 f.

89 *Totenbleiche und grünlich*: ebd., S. 149.

90 *gestützt auf die Prinzipien*: Wolfgang Geierhos, *Vera Zasulic und die russische revolutionäre Bewegung*, S. 46.

91 *So wussten wir*: Jekaterina Breschko-Breschkowskaja: *Skrtytyje korni russkoj revoluzii*, S. 148 f.

91 *Jeder suchte in*: Nikolaj Ascheschow, *Sofja Perowskaja*, S. 48.

91 *»Verleumdung!« oder »Lüge!«*, ebd.

92 *Das Licht der Wahrheit*: zit. bei Jekaterina Breschko-Breschkowskaja, *Skrtytyje korni russkoj revolucii*, S. 26 f.

93 *In dem Zimmer, voll*: Jelisaweta Kowalskaja, »Moji wstretschi s S.L. Perowskoj«, S. 45 f.

95 *Die Jugend triumphierte*: Vera Figner, *Nacht über Rußland*, S. 61. (Deutsch: Lilly Hirschfeld)

95 *ein unermessliches Mitgefühl*: Lew Dejtsch, *Delo 1-owo Marta 1881g.*, S. 408.

95 *Man sah Sofjas winzige*: Sofja Iwanowna, »Wospominanija o S.L. Perowskoj«, S. 87.

96 *Die Frauen, die uns*: ebd., S. 85.

96 *Hier wurden mir*: Leo Deutsch, *Sechzehn Jahre in Sibirien*, S. 92 f. (Deutsch: S. Grumbach; Anführungszeichen: Leo Deutsch)

97 *seitdem betete sie*: Olga Ljubatowitsch-Dzabadari, »Dalekoje i nedawneje«.Teil 1, S. 225.

97 *der Gedanke, ihn*: Vera Figner, *Nacht über Rußland*, S. 128. (Deutsch: Lilly Hirschfeld)

97 *Haus des Grauens*: Sergej Stepnjak-Krawtschinski, *Podpoljnaja Rossija*, Bd. 2, S. 19.

98 *Ein ganzer Schwarm*: ebd., S. 38.

98 *Man findet keine*: Nikolaj Ascheschow, *Sofja Perowskaja*, S. 52 f.

99 *teilweise aus persönlicher*: David Footman, *Red prelude*, S. 112.

99 *Seid ihr wegen*: Nikolaj Morosow, *Powesti mojej schisni*, Band 2, S. 290 f.

100 *deren Kampagne gegen*: Wolfgang Geierhos, *Vera Zasulic und die russische revolutionäre Bewegung*, S. 41.

102 *Oh, Freundschaft! Groß*: zit. bei Olga Ljubatowitsch-Dzabadari, »Dalekoje i nedawneje«.Teil 2, S. 118.

102 *hat mindestens drei*: James Joll: *Die Anarchisten*, S. 46 f. (Deutsch: Alfred Kellner)

103 *Poltische Ziele sind*: Walter Laqueur, *Terrorismus*, S. 170.

103 *Aposteln einer glücklichen*: ebd.

Im Strudel der Gewalt

105 *einer der glänzendsten Juristen*: Wolfgang Geierhos, *Vera Zasulic und die russische revolutionäre Bewegung*, S. 50.

105 *Die Kleinmütigen haben*: Fürst Wladimir Meschtscherski, *Moji wospominanija*, S. 397f.

106 *unverbesserliche Romantiker*: David Footman, *Red prelude*, S. 72.

107 *Am Kutscherplatz*: Nikolaj Morosow, *Powesti mojej schisni*, Band 2, S. 299f.

108 *Als vor unseren Augen*: ebd., S. 301f. (Anführungszeichen: Nikolaj Morosow)

108 *eine extreme Strenge*: Sofja Lwowna Perowskaja, S. 18.

109 *Um sie zu unterstützen*: Sergej Sinegub, »Wospominanija tschaikowzca«, Teil 3, S. 69f.

110 *Als Batschmanow weg*: ebd., S. 70f.

110 *Seit der Ära*: Petr Kropotkin, *Is sapissok rewoljuzionera*, S. 97f.

110 *Morgen wird Mesenzew*: zit. bei Leo Deutsch, *Viermal entflohen*, S. 19. (Deutsch: S. Grumbach)

111 *Nachdem sie meinen*: Sergej Sinegub, »Wospominanija tschaikowza«, Teil 3, S. 69f.

112 *Ihr könnt uns nicht*: zit. bei E.A. Pawljutschenko, *Sofja Perowskaja*, S. 39.

112 *Es wurde allen klar*: Fürst Wladimir Meschtscherski, *Moji wospominanija*, S. 408.

112 *empfand Mesenzews Ermordung*: David Footman, *Red prelude*, S. 82.

113 *Die Nation antwortete*: Fürst Wladimir Meschtscherski, *Moji wospominanija*, S. 410.

113 *Die burschikose junge*: Five sisters, S. 145.

113 *Etwa gegen Mittagszeit*: Olga Ljubatowitsch-Dzabadari, »Dalekoje i nedawneje«, Teil 1, S. 222.

114 *Aber kaum war*: Wassili Perowski, »Moji wospominanija«, Teil 3, S. 70.

114 *Ungewollt zitterte ich*: Olga Ljubatowitsch-Dzabadari, »Dalekoje i nedawneje«, Teil 1, S. 222f. (Anführungszeichen: Olga Ljubatowitsch-Dzabadari)

115 *Apollo der russischen Revolution*: Walther Schmieding, *Aufstand der Töchter*, S. 159.

115 *Männern alles zu verzeihen*: Piotr Kropotkin, *Is sapissok rewoljuzionera*, S. 80.

115 *Die Nachricht von Sofjas*: Olga Ljubatowitsch-Dzabadari: »Daleko i nedawnee«, Teil 1, S. 223.

115 *Denn das, was sich*: Walther Schmieding, *Aufstand der Töchter*, S. 175.

116 *Krawtschinski reservierte eine*: Olga Ljubatowitsch-Dzabadari, »Dalekoje i nedawneje«, Teil 2, S. 224.

117 *Es ist schwer*: zit. bei Nikolaj Ascheschow, *Sofja Perowskaja*, S. 65.
118 *eine enorme Fähigkeit*: *Sofja Lwowna Perowskaja*, S. 18 f.
118 *Eines Abends besuchte*: Jelisaweta Kowalskaja,»Moji wstretschi s S. L. Perowskoj«, S. 46 f.
119 *halsbrecherischen Mut auszeichnete*: David Footman, *Red prelude*, S. 90.
120 *Er handelte unter*: zit. bei Edward Radzinski, *Alexander II.*, S. 345.
121 *Allein durch sein*: Lew Dejtsch, *Delo 1-owo Marta 1881g.*, S. 408.
122 *war von deren geistigen*: David Footman, *Red prelude*, S. 154.
122 *Freunde, welche der Perowskaja*: Wera Figner:»Sofja Perowskaja«, S. 9.
122 *Ihr ehemals irgendwie*: Jelisaweta Kowalskaja,»Moji wstretschi s S.L. Perowskoj«, S. 46.

Am Scheideweg 1

123 *Ich bin einzig*: zit. bei David Footman, *Red prelude*, S. 90.
123 *Die Gewalt ist*: zit. bei Edward Radzinski, *Aleksandr II*, S. 346.
124 *Ich werde den Verräter*: ebd., S. 350.
125 *früh am Morgen machte*: Fürst Wladimir Meschtscherski, *Moji wospominanija*, S. 421 f.
125 *Ich bin spazieren*: ebd., S. 354.
125 *Ich habe Seine*: zit. bei Edward Radzinski, *Aleksandr II*, S. 360.
126 *Heute bin zum ersten*: ebd., S. 356.
127 *Ich frage mich*: ebd., S. 353.
127 *In Petersburg kursieren*: ebd., S. 357.
128 *Dieser unschätzbare Schutzgeist*: Vera Figner, *Nacht über Rußland*, S. 115. (Deutsch: Lilly Hirschfeld)
128 *das verschlafene Russland*: David Footman, *Red prelude*, S. 94.
129 *sein ganzes Leben*: Nikolaj Morosow, *Powesti mojej schisni*, Band 2, S. 44.
129 *Anfang Juni bekamen*: zit. bei Michail Popow,»Is mojewo revoljuzionnowo proschlowo«, Teil 2, S. 275.
130 *Selbst Alexander Michailow*: Sofja Iwanowa,»Wospominanija o S.L. Perowskoj«, S. 87.
130 *Über die Lipezker Konferenz*: zit. bei Nikolaj Ascheschow, *Sofja Perowskaja*, S. 67.
131 *außergewöhnlichen, mächtigen Charisma*: Petr Semenjuta,»Is wospominani o A.I. Scheljabowe«, S. 216.
131 *elektrisierte er die Zuhörer*: Lew Tichomirow, *A.I. Scheljabow i S.L. Perowskaja*, S. 27.
131 *Sein Wirkungsfeld war*: Arkadi Tyrkow:»K sobitiju 1. marta 1881«, S. 159.
132 *Bevor das Treffen*: David Footman, *Red prelude*, S. 110.

132 *Niemand, der Scheljabows*: I. Belokonski,»Andrej Iwanowitsch Scheljabow«, S. 79.

133 *den Sturz des herrschenden*:»K biografijam A.I. Scheljabowa i S.L. Perowskoj«, S. 112.

133 *Es war eine der fesselndsten*: Nikolaj Morosow, *Powesti mojej schisni*, Band 2, S. 425.

134 *schweigsamer Melancholiker*: Arkadi Tyrkow,»K sobitiju 1. marta 1881 goda«, S. 146.

134 *Unsere Idee kann*: zit. bei W. Twardowskaja:»Woroneschki sjesd semlewolzew (ijun 1879 g.)«, S. 34.

134 *Liebhaber der theatralischen Effekte*: Andrej Iwanowitsch Scheljabow, S. 73.

134 *unter den anwesenden*: W. Twardowskaja:»Woroneschki sjesd semlewolzew (ijun 1879 g.)«, S. 36.

134 *Das ganze Volk wird*: zit. bei David Footman, *Red prelude*, S. 87.

134 *Ich will Ihnen das Bild*: zit. bei Edward Radzinski, *Aleksandr II*, S. 350.

135 *Obwohl Scheljabow sehr schön*: zit. bei *Andrej Iwanowitsch Scheljabow*, S. 129.

136 *Mit diesem Weib lässt*:»K biografijam A.I. Scheljabowa i S.L. Perowskoj«, S. 114.

136 *Nun haben Sie*: zit. bei Nikolaj Morosow;»Wosniknowenije ›Narodnoj woli‹«, S. 17.

136 *Plechanows Gesicht wurde*: ebd.

137 *bat eher, als dass sie*: Nikolaj Ascheschow, *Sofja Perowskaja*, S. 68.

137 *In den heftigen Diskussionen*: W. Twardowskaja:»Woroneschki sjesd semlewolzew (ijun 1879 g.)«, S. 38.

137 *hartnäckigen, kompromisslosen Mann*: Petr Semenjuta,»Is wospominanij o A.I. Scheljabowe«, S. 219.

138 *Gewalt hasste*: Nikolaj Ascheschow, *Sofja Perowskaja*, S. 26.

138 *Sie benutzte niemals*: David Footman: *Red predlude*, S. 112.

139 *Obwohl man sich*: Olga Ljubatowitsch-Dzabadari,»Dalekoje i nedawneje«, Teil 3, S. 25.

139 *Außerdem beschwerte sich*: Nikolaj Morosow, *Powesti mojej schisni*, Band 2, S. 430.

140 *Perowskaja und ich*: Vera Figner, *Nacht über Rußland*, S. 81. (Deutsch: Lilly Hirschfeld)

140 *Als ich im Herbst*: Jelisaweta Kowalskaja,»Moji wstretschi s S.L. Perowskoj«, S. 47f.

Terrortaufe und erste Liebe

142 *Dass sich in einem*: Lew Dejtsch, *Delo 1-ogo Marta 1881g.*, S. 410.
142 *Niemand spricht diesen Generälen*: Fürst Wladimir Meschtscherski, *Moji wospominanija*, S. 423.
143 *Am 26. August*: Edward Radzinski, *Aleksandr II*, S. 379.
143 *brachte sie die 'Schwarzen*: Nikolaj Ascheschow, *Sofja Perowskaja*, S. 69.
143 *Im Herbst 1879 erreichte*: Wassili Perowski, »Moji wospominanija«, Teil 3, S. 71 f.
145 *Sie vergaß nie*: Sergej Krawtschinski, *Sotschinenija*, Band 2, S. 405.
145 *Der Terror zieht Menschen*: Nikolaj Ascheschow, *Sofja Perowskaja*, S. 93.
147 *die ersten, die Dynamit*: Walter Laqueur, *Terrorismus*, S. 91
147 *dunkle Mähne, wie Eiszapfen*: Praskowja Iwanowskaja, »Perwyje tipografii ›Narodnoj woli‹«, S. 37.
147 *die komplette, ihm zugängliche*: Lew Dejtsch: *Delo 1-owo Marta 1881g.*, S. 88.
147 *einer der herausragendesten*: Arkadi Tyrkow, »K sobitiju 1. marta 1881«, S. 157.
147 *Ach, das ist unser*: ebd.
147 *die schwächsten Nerven*: ebd., S. 145.
148 *Du weißt, wie*: Petr Semenjuta, »Is wospominani ob A.I. Scheljabowe«, S. 224 f.
148 *Unsere Wohnung diente*: Vera Figner, *Nacht über Rußland*, S. 93. (Deutsch: Lilly Hirschfeld)
149 *in Samt gekleidet*: ebd., S. 94.
149 *ihre Fähigkeit, in jeder*: Five sisters, S. 3.
150 *schlüpfte sie unheimlich*: Sergej Krawtschinski, *Sotschinenija*, Band 2, S. 414.
151 *allen lauernden Gefahren*: Edward Radzinski, *Aleksandr II*, S. 383.
152 *An der zuerst zu fahrenden*: ebd., S. 386.
153 *Das Attentat vom 19. November*: ebd., S. 388.
153 *Die Gerüchte über den*: ebd., S. 391.
153 *Vielleicht war der Koffer*: ebd., 390.
154 *Jetzt nach der Enthüllung*: Leo Deutsch, *Der Lockvogel Asew und die terroristische Taktik*, S. 32 f. (Deutsch: S. Grumbach)
154 *Während sie sich*: Edward Radzinski, *Aleksandr II*, S. 393.
155 *nach Luft japsend*: Olga Ljubatowitsch-Dzabadari, »Dalekoje i nedawneje«, Teil 3, S. 113.
156 *Philosophie der Bombe*: Walter Laqueur, *Terrorismus*, S. 8.
156 *Wir haben Sofja*: zit. bei Nikolaj Ascheschow, *Sofja Perowskaja*, S. 69 f.
156 *mit strahlender Freude*: David Footman, *Red prelude*, S. 130.
157 *Die Erfüllung, die einem*: ebd., S. 72.

157 *das Leben eines*: Olga Ljubatowitsch-Dzabadari, »Dalekoje i nedawneje«, S. 131.

157 *sehr konservativ und ihre*: »K biografijam A.I. Scheljabowa i S.L.
Perowskoj«, S. 121.

158 *seine Frau Aristokraten*: Petr Semenjuta, »Is wospominani o A.I. Scheljabowe«, S. 221.

159 *Ich lud mehrmals*: ebd., S. 220.

159 *litt der sensible junge*: David Footman, *Red prelude*, S. 20.

160 *niemand in der Organisation*: E. Pawljutschenko, *Sofja Perowskaja*, S. 44.

160 *den begabten und klugen*: Wolfgang Geierhos: *Vera Zasulic und die russische revolutionäre Bewegung*, S. 126.

161 *am frühen Morgen*: Olga Ljubatowitsch-Dzabadari, »Dalekoje i nedawneje«, Teil 3, S. 114.

162 *die ziemliche Geistesbeschränkung*: Lew Tichomirow, *A.I. Scheljabow i
S.L. Perowskaja*, S. 20.

163 *Denken Sie bitte*: ebd., S. 22.

»Lost for Love«

164 *Anfang Januar 1880*: Olga Ljubatowitsch-Dzabadari, »Dalekoje i nedawneje«, Teil 3, S. 123 f.

165 *radikale Feministin*: Lew Tichomirow: *A.I. Scheljabow i S.L. Perowskaja*,
S. 154.

165 *Unser Gespräch war*: zit. bei Nikolaj Ascheschow, *Sofja Perowskaja*, S. 72.

165 *Perowskajas Liebe zu*: zit. bei *Sofja Lwowna Perowskaja*, S. 27.

166 *glühenden Predigers*: W. Twardowskaja, »Organisazionny osnowy ›Narodnoj woli‹«, S. 114.

166 *eine wesentlich größere*: ebd.

166 *schaffte, sich einen*: Nikolaj Ascheschow, *Andrej Iwanowitsch Scheljabow*, S. 121.

166 *allen gegenüber als*: Lew Tichomirow, *A.I. Scheljabow i S.L. Perowskaja*
S. 122.

166 *Das Wesen des Gehorsams*: Stanley Milgram, *Das Milgram-Experiment*,
S. 11.

167 *erst jetzt, nachdem sich*: Lew Dejtsch, *Delo 1-owo Marta 1881g.*, S. 412.

167 *ohne viele Worte*: Vera Figner, *Nacht über Rußland*, S. 89. (Deutsch: Lilly
Hirschfeld)

167 *jedes Komiteemitglied verpflichtet*: ebd., S. 90.

168 *Ja, es ist eine Sünde*: Olga Ljubatowitsch-Dzabadari, »Dalekoje i nedawneje«, Teil 3, S. 131 f.

169 *Einmal, als er sich*: ebd., S. 127.
170 *begrüßte ihn ganz ruhig*: Edward Radzinski, *Aleksandr II*, S. 401.
170 *Wir eilten in den Speisesaal*: ebd., S. 402.
170 *Wir fanden eine Szene*: ebd., S. 403.
170 *Es war wie in der Hölle*: ebd.
171 *Fehlschlag! Wieder Fehlschlag*: Olga Ljubatowitsch-Dzabadari, »Dalekoje i nedawneje«, Teil 3, S. 127.
171 *Wenn ich mit dem Zentrum*: zit. bei W. Twardowskaja, »Organisazionny osnowy ›Narodnoj woli‹«, S. 114.
172 *den man am meisten*: Nikolaj Morosow, *Powesti mojej schisni*, Band 2, S. 367.
172 *Diese wiederum waren*: David Footman, *Red prelude*, S. 151.
172 *sein Alter ego*: ebd., S. VII.
172 *Angesichts der allgemeinen*: Olga Ljubatowitsch-Dzabadari, »Dalekoje i nedawneje«, Teil 3, S. 142.
172 *die Strategie der Provokation*: Walter Laqueur, *Terrorismus*, S. 80.
173 *Das Auge der ganzen Welt*: zit. bei Walther Schmieding, *Aufstand der Töchter*, S. 199. (Deutsch: Walther Schmieding)
173 *Dieser Vorfall ist*: zit. bei Edward Radzinski, *Aleksandr II*, S. 405.
173 *Das Attentat gleicht*: Wolgang Sofsky, *Die Zeiten des Schreckens*, S. 91.
173 *Der Imperator lud mich*: zit. bei Edward Radzinski, *Aleksandr II*, S. 404.
174 *Diktatur des Herzens*: Dietrich Beyrau/Manfred Hildermeier: »Von der Leibeigenschaftsordnung zur frühindustriellen Gesellschaft: 1856 bis 1890«, S. 13.
175 *Während Loris-Melikow in*: Olga Ljubatowitsch-Dzabadari, »Dalekoje i nedawneje«, Teil 3, S. 126.
176 *Loris-Melikow, der als junger*: Walther Schmieding, *Aufstand der Töchter*, S. 198.
176 *der 1879 das Elternhaus*: Lew Dejtsch: *Delo 1-owo Marta 1881g.* S. 24.
177 *Dabei konnten wir*: Vera Figner, *Nacht über Rußland*, S. 100. (Klammer: Wera Figner)
178 *Der Monarch mochte*: N. Firsow: »Aleksandr Wtoroj«, S. 125.
178 *Wespentaille, deren stolz*: Irina Tschischowa, *Dawno samolkschije slowa*, S. 66.
178 *Lieber Engel meiner*: ebd., 58f.
179 *nicht nur Liebende*: Edith M. Almedingen, *Die Romanows*, S. 343.
179 *Zum Vergeben verurteilt*: Irina Tschischowa, *Dawno samolkschije slowa*, S. 71.
179 *Die Kränkungen, die ich*: ebd., S. 64.
180 *Nach den positiven*: Fürst Wladimir Meschtscherski, *Moji wospominanija*, S. 489f.

181 *machte der Zar*: L. Ek.:»Konst. Makowski na prozesse 1 marta 1881 goda«, S. 54.

181 *Er war so zu sagen*: Vera Figner, *Nacht über Rußland*, S. 102. (Deutsch: Lilly Hirschfeld)

182 *kein noch so eisernes*: ebd., S. 119.

182 *setzte sich mit aller*: David Footman, *Red prelude*, S. 167.

182 *Niemand kann uns*: zit. bei Walther Schmieding, *Aufstand der Töchter*, S. 210. (Deutsch: Walther Schmieding)

182 *Sofja fürchtete nicht*: David Footman, *Red prelude*, S. 154.

183 *in der letzten Zeit*: Sofja Iwanowna,»Wospominanija o S.L. Perowskoj«, S. 89.

183 *Unsere Nachbarin Alexandra*: Wassili Perowski,»Moji wospominanija«, Teil 3, S. 72.

183 *schlecht gelaunt und*: David Footman, *Red prelude*, S. 148.

184 *Scheljabow gab sich*: Andrej Iwanowitsch Scheljabow S. 41.

184 *Wegen unaufhörlicher Arbeit*: David Footman, *Red prelude*, S. 154.

184 *Wir besuchten einmal*: zit. bei *Five sisters*, S. 123 f.

185 *Frauenhelden, der in den*: Lew Tichomirow: *A.I. Scheljabow i S.L. Perowskaja*, S. 32.

185 *Andrej Iwanowitsch hatte*: zit. bei Nikolaj Ascheschow, *Andrej Iwanowitsch Scheljabow*, S. 124.

185 *Es war ein außergewöhnlich*: ebd., S. 125.

185 *Es ist natürlich*: Praskowja Iwanowskaja,»Perwyje tipografii Narodnoj woli«, S. 35.

186 *grenzenlos, selbstvergessen*: Lew Tichomirow, *A.I. Scheljabow i S.L. Perowskaja*, S. 33.

186 *seine Frau, im dem Sinne*: ebd., S. 32.

186 *lebte Scheljabow ausschließlich*: David Footman, *Red prelude*, S. 152.

186 *Die Perowskaja hatte es*: Lew Tichomirow, *A.I. Scheljabow i S.L. Perowskaja*, S. 115.

186 *Niemals hörten wir*: Sergej Krawtschinski, *Sotschinenija*, Band 2, S. 421.

187 *Sonst gibt es nicht*: David Footman, *Red prelude*, S. 154 f.

Der Zarenmord

188 *einen Rebellen gemacht*: Nikolaj Ascheschow, *Andrej Iwanowitsch Scheljabow*, S. 122.

188 *Synonym für eine extreme*: Arkadi Tyrkow,»K sobitiju 1. marta 1881«, S. 158.

189 *Gridie, hochgewachsen und*: Juri Trifonow, *Die Zeit der Ungeduld*, S. 25. (Deutsch: Alexander Kaempfe)

189 *Unsere Gruppe hatte*: Arkadi Tyrkow,»K sobitiju 1 marta 1881«, S. 47.

191 *die Vorliebe für verschiedene*: N. N. Firsow, *Aleksandr Wtoroj*, S. 129.

191 *Dies registrierte die Perowskaja*: Arkadi Tyrkow,»K sobitiju 1. marta 1881 goda«,147f.

191 *Der ›Hausmeister‹ schlug mit*: ebd., S. 145f.

192 *Um die Rolle seiner ›Ehefrau‹*: Nikolaj Ascheschow, *Sofja Perowskaja*, S. 92.

193 *wo er für seine Methoden*:»Pokasanija perwomartowzew«, S. 231.

194 *Ach, ich erinnere mich*: zit. bei Wassili Bogutscharski,»1-e marta – 3-e aprelja 1881 goda«, S. 8.

195 *Verwirrung und Angst*: Lew Dejtsch, *Delo 1-owo Marta 1881g.*, S. 201.

195 *Die letzte Sitzung unmittelbar*: Nikolaj Ascheschow, *Sofja Perowskaja*, S. 95.

195 *verlangte mit steinerner*: Walter Schmieding, *Aufstand der Töchter*, S. 214.

196 *Die Mine wurde noch*: David Footman, *Red prelude*, S. 192.

196 *klatschte Sonja mit*: Nikolaj Ascheschow, *Sofja Perowskaja*, S. 87.

197 *Loris-Melikow'sche Verfassung*:»Konstituzija grafa Loris-Melikowa. Materialy dlja istorii«, S. 1.

197 *kleinen, speziell für ihn*: N.N. Firsow, *Aleksandr Wtoroj*, S. 129.

198 *Ich bin so*: zit. bei David Footman, *Red prelude*, S. 189.

198 *Am Abend überedete*: Vera Figner, *Nacht über Rußland*, S. 120. (Hervorhebung: Wera Figner; Deutsch: Lilly Hirschfeld)

199 *Die Kameraden warnten sie*: Nikolaj Ascheschow, *Sofja Perowskaja*, S. 112.

199 *Jeder, der Hesja kannte*: Arkadi Tyrkow,»K sobitiju 1. marta 1881«, S. 152.

199 *vor etwa einer Woche*: Lew Dejtsch, *Delo 1-owo Marta 1881g.*, S. 42.

199 *Es ist alles, was wir*: ebd., S. 258.

203 *Einer der jungen Soldaten*: zit. bei David Footman, *Red prelude*, S. 197.

203 *Ich stand in meinem*: zit. bei Lew Dejtsch: *Delo 1-owo Marta 1881g.*, S. 110.

203 *Der Monarch, ohne seine*: ebd., S. 16.

204 *Als es zur zweiten*: zit. bei David Footman, *Red prelude*, S. 199.

204 *der Arm eines neben*: ebd., S. 197.

204 *der Zar schon ganz*: M. Mursanowa:»Wospominanija A.A. Bobrinskowo«, S. 97.

204 *der in einer Welt*: Fürst Wladimir Meschtscherski, *Moji wospominanija*, S. 514.

204 *Hätte Gott ihn*: zit. bei David, Footman, *Red prelude*, S. 198.

204 *Ein großer Fehler*: zit. bei Lew Dejtsch, *Delo 1-owo Marta 1881g.*, S. 425f.

205 *Als, anstatt einer Verfassung*: ebd., S. 426.

205 *Alexander II. muss sterben*: zit. bei Edward Radzinski, *Aleksandr II*, S. 487.

205 *Denn nichts ist*: Christoph Reuter, *Mein Leben ist eine Waffe*, S. 11. (Klammer: Christoph Reuter)
206 *Ich ging hinein*: Arkadi Tyrkow, »K sobitiju 1. marta 1881 goda«, S. 149.
207 *Der Tag ging zu Neige*: zit. bei David Footman, *Red prelude*, S. 201.
207 *Sein rotes Kattunhemd*: Wassili Bogutscharski, »1-e marta – 3-e aprelja 1881 goda«, S. 5.
207 *Morgens gegen zehn*: ebd., S. 6.
208 *Im Zuge der laufenden*: zit. bei P. Schtsch.: »K delu 1. marta 1881«, S. 26.
208 *Nach dem 1. März*: Arkadi Tyrkow, »K sobitiju 1. marta 1881 goda«, 150 f.
209 *der blutigen Tragödie*: Walther Schmieding, *Aufstand der Töchter*, S. 220.
210 *Man sagte damals*: Arkadi Tyrkow, »K sobitiju 1. marta 1881 goda«, S. 151.
210 *Was?! Ich soll mich*: zit. bei Nikolaj Ascheschow, *Sofja Perowskaja*, S. 112.
210 *Nachdem wir den Termin*: ebd., S. 114.
211 *nicht mehr wiederzuerkennen*: ebd., S. 112 f.

Wieder auf der Anklagebank – der »Prozess der sechs«

212 *Ich gestehe, dass ich*: zit. bei »Pokasanija perwomartowzew«, S. 285.
213 *ein Mantel, ein Goldring*: N. Tjutschew, »Sudba Iwana Okladskowo«, S. 228.
213 *Blondine, kleinwüchsig, etwa*: P. Schtsch., »K delu 1. marta 1881«, S. 31.
214 *die Wächter hatten einfach*: Arkadi Tyrkow, »K sobitiju 1. marta 1881«, S. 156.
214 *Wenn ich mich*: Wassili Perowski, »Moji wospominanija«, Teil 3, S. 75.
215 *Später sagte von Plewe*: ebd., S. 77. (Anführungszeichen: Wassili Perowski)
215 *sprach sie weder*: ebd., S. 77 f.
216 *In der Nacht vom*: Arkadi Tyrkow, »K sobitiju 1. marta 1881«, S. 153 f.
218 *Man hat mir erzählt*: ebd., S. 157.
219 *Unser Handeln war*: zit. bei David Footman, *Red prelude*, S. 218.
219 *Meine liebe Mama*: zit. bei Sergej Krawtschinski, *Sotschinenija*, Band 2. S. 425 f.
221 *Dem Prozess beiwohnen*: Wassili Perowski, »Moji wospominanija«, Teil 3, S. 78 f.
221 *Ich gestehe, dass ich*: zit. bei Lew Dejtsch, *Delo 1-owo Marta 1881g.*, S. 91.
222 *Er ähnelte einem kleinen*: David Footman, *Red prelude*, S. 222.
222 *angelehnt an der Brüstung*: Arkadi Tyrkow, »K sobitiju 1. marta 1881«, S. 159.
222 *Vorsitzender Fuchs: Angeklagte*: zit. bei Lew Dejtsch, *Delo 1-owo Marta 1881g.*, S. 176 f.
224 *Bei der Charakterisierung*: ebd., S. 271.

224 *Am 10. März hat mir*: ebd. S. 184f.
225 *Meine Herren Senatoren*: ebd., S. 208.
225 *verhielt sich Murawew*: David Footman, *Red prelude*, S. 223f.
225 *Der Zarenmord ist kein*: zit. bei Lew Dejtsch, *Delo 1-owo Marta 1881g.*, S. 210f.
228 *Er schrie, gestikulierte*: David Footman, *Red prelude*, S. 223.
228 *Orator im wahrsten Sinne*: ebd., S. 224.
228 *Meine Herren Richter*: ebd., S. 332.
229 *Nachdem das Gericht*: zit. bei Lew Dejtsch, *Delo 1-owo Marta 1881g.*, S. 331.
230 *Ich möchte nur*: ebd., S. 349.
230 *Viele, sehr viele Beschuldigungen*: ebd.
230 *Nach dem Erlass Seiner*: ebd., 362. (Klammer: Lew Dejtsch)
231 *aber sie bekam die Antwort*: Wassili Perowski, »Moji wospominanija«, Teil 3, S. 78f.
231 *Zu uns sickerten*: Arkadi Tyrkow, »K sobitiju 1. marta 1881«, S. 159f.

Der Galgen

233 *Sofja betrat den Hof*: David Footman, *Red prelude*, S. 239.
233 *Unterwegs blickte Ryssakow*: »Sud i kasn perwomartowzew«, S. 314f.
234 *Ich fühlte mich wohl*: Andrej Brejtfus, »Is wspominani o kasni 3-ewo aprelja 1881 goda«, S. 56f. (Anführungszeichen: Andrej Brejtfus)
235 *Das Publikum schwätzte*: ebd., S. 60f.
236 *Michailows und Ryssakows*: »Sud i kasn perwomartowzew«, S. 322.
236 *Kibaltschitsch schüttelte nur*: Andrej Brejtfus, »Is wspominani o kasni 3-ewo aprelja 1881 goda«, S. 62.
236 *die Aura der Magie*: Wolfgang Sofsky, *Traktat über die Gewalt*, S. 134.
236 *Die dritte war*: Andrej Brejtfus, »Is wspominani o kasni 3-ewo aprelja 1881 goda«, S. 63.

Epilog oder Die launische Geschichte

238 *Als das Volk aus dem*: Lew Dejtsch, *Delo 1-owo Marta 1881g.*, S. 217.
238 *Ein alter Totengräber*: Andrej Brejtfus, »Is wspominani o kasni 3-ewo aprelja 1881 goda«, S. 64.
238 *Glorreich und unsterblich*: Nikolaj Ascheschow, *Sofja Perowskaja*, S. 84.
239 *Ein paar Heroen wagten*: Elena Segal, *Sofja Perowskaja*, S. 233f.
239 *Petersburger Wandel*: FAZ 167 (2010), S. 30

LITERATURVERZEICHNIS

o.A., »Aleksandr Dmitrijewitsch Michailow (Materialy dlja biografii)«, hrsg. o.A., in: *Byloje* 2 (1906), S. 156–171.

Almedingen, Edith M., *Die Romanows. Die Geschichte einer Dynastie. Russland 1613–1917.* München 1991.

o.A., *Andrej Iwanowitsch Scheljabow*, hrsg. von Obschtschestwo politkatorschan, Moskwa 1930.

Aptekman, Ossip, »Dwe dorogije teni (Is wospominani o G.W. Plechanowe i M.A. Natansone, kak semidesjatnikach)«, in: *Byloje* 16 (1921), S. 3–15.

Aschenbrenner, Michail, »Wojeno-rewoljuzionnaja organisazija partii ›Narodnoj woli‹«, in: *Katorga i sylka* 7 (1923), S. 58–91.

Ascheschow, Nikolaj, *Andrej Iwanowitsch Scheljabow.* St. Petersburg 1919.

ders., *Sofja Perowskaja.* St. Petersburg 1921.

Barabanowa, A./Jamschtschikowa, E., *Narodowolzy w Petersburge.* Leningrad 1984.

Belokonski, I., »Andrej Iwanowitsch Scheljabow (Otrywki iz wospominanija)«, in: *Byloje* 3 (1906), S. 78–83.

Beyrau, Dietrich/Hildermeier, Manfred, »Von der Leibeigenschaftsordnung zur frühindustriellen Gesellschaft: 1856 bis 1890«, in: *Handbuch der Geschichte Russlands*, hrsg. von G. Schramm u.a., Bd. 3/I, Stuttgart 1983, S. 5–202.

Bienek, Horst, *Bakunin, eine Invention.* München 1973.

Bogutscharski, Wassili, »1-e marta – 3-e aprelja 1881 goda«, in: *Byloje* 3 (1906), S. 1–32.

Braddon, Mary Elisabeth, *Lost for Love.* Leipzig 1874 (Nachdruck, Leipzig 2005).

Breschko-Breschkowskaja, Jekaterina, *Skrytyje korni russkoj revolucii. Otretschenije welikoj revoljuzionerki 1873–1920.* Moskwa 2006.

Brejtfus, Andrej, »Is wospominani o kasni 3-ewo aprelja 1881 goda«, in: *Byloje* 25 (1924), S. 55–64.

Camus, Albert, *Der Mensch in der Revolte.* Hamburg 1958.

Charjakow, A., »Sobitije 1-owo marta i Lew Nikolajewitsch Tolstoj«, in: *Byloje* 3 (1906), S. 56–61.

Debagori-Mokrijewitsch, Wladimir, »Awtobiografija«, in: *Enziklopedit-scheski slowar »Granat«* 40 (1910), S. 86–105.

ders., »K woprossu o peregoworach Ispolnitelnogo komiteta ›Narodnoj woli‹ s ›Dobrowolnoj ochranoj‹ (Is wospominani)«, in: *Byloje* 4 (1907), S. 56–62.

Deutsch, Leo (Dejtsch, Lew), *S.M. Krawtschinski.* Petrograd 1919.

ders., *Delo 1-owo Marta 1881g. Prozes Scheljabowa, Perowskoj i drugich*, hrsg. von Isdatelstwo »Swobodnyj trud«, St. Petersburg 1906.

ders., *Der Lockspitzel Asew und die terroristische Taktik.* Frankfurt a. M. 1909.

ders., *Sechzehn Jahre in Sibirien. Erinnerungen eines russischen Revolutio-närs.* Stuttgart 1921.

ders., *Viermal entflohen.* Stuttgart 1921.

o.A., »Dokumenty po Tschigirinskom delu«, in: *Byloje* 12 (1906), S. 257–264.

Dostojewski, Fedor, *Besy.* St. Petersburg 2005.

ders., *Dnewnik pisatelja.* St. Petersburg 2005.

o.A., »Episod is schizni w Schlisselburgskoj kreposti«, in: *Byloje* 8 (1906), S. 81.

Firsow, N., »Aleksandr Wtoroj. Litschnaja charakteristika«, in: *Byloje* 20 (1922), S. 116–135.

Fieseler, Beate, »›Ein Huhn ist kein Vogel – ein Weib ist kein Mensch.‹ Rus-sische Frauen (1860–1930) im Spiegel historischer Forschung«, in: *Frau-engeschichte: Gesucht – gefunden? Auskünfte zum Stand der historischen Frauenforschung*, hrsg. von B. Fieseler/B. Schulze, Wien 1991, S. 214–225.

Figner, Vera, *Nacht über Rußland. Lebenserinnerungen.* Berlin 1985.

dies., »Pamjati narodowolzew«, in: *Byloje* 7 (1908), S. 139–147.

dies., »Portrety narodowolzew«, in: *Byloje* 4/5 (1918), S. 70–82.

dies., *Sapetschatlennyj trud. Wospominanija w dwuch tomach.* Moskwa 1964.

dies., »Sofja Perowskaja«, in: *Byloje* 4/5 (1918), S. 3–12.

Five sisters. Women against the Tsar, hrsg. von B.A. Engel/C.N. Rosenthal, London 1975.

Footman, David, *Red prelude: the life of the Russian terrorist Zhelyabov.* New Haven 1945.

Frolenko, Michail, »Komentarii k statji N.A. Morosowa ›Wosniknowenije Narodnoj woli‹«, in: *Byloje* 12 (1906), S. 22–34.

ders., »Lipezki i Woroneschki sjesd«, in: *Byloje* 1 (1907), S. 67–88.

ders., »Natschalo narodnowolnitschestwa«, in: *Katorga i sylka* 24 (1926), S. 16–27.

Ganz, Hugo, *Vor der Katastrophe. Ein Blick ins Zarenreich. Skizzen und Inter-views aus den russischen Hauptstädten.* Frankfurt a. M. 1904.

Gerngroß, Marcus, »Die ›Narodnaya wolya‹«, in: *Sozialrevolutionärer Ter-rorismus. Theorie, Ideologie, Fallbeispiele, Zukunftsszenarien*, hrsg. von A. Straßner, Wiesbaden 2008, S. 57–69.

Geierhos, Wolfgang, *Vera Zasulic und die russische revolutionäre Bewegung*. München u.a. 1977 (= Studien zur modernen Geschichte 19).

Golizin, N.W. (Fürst), »Konstituzija Grafa Loris-Melikowa«, in: *Byloje* 4/5 (1918), S. 125–187.

Gossudarstwennye prestuplenija w Rossii w 19. weke, hrsg. von B. Wassilewski, St. Petersburg 1906.

Handbuch der Geschichte Russlands, hrsg. von G. Schramm u.a., Bd. 3/I, Stuttgart 1983.

Iochelson, W., »Dalekoje proschloje. Is wospominani starowo narodowolza«, in: *Byloje* 13 (1918), S. 53–76.

ders., »K sobitiju 4 awgusta 1878 goda«, in: *Byloje* 4 (1907), S. 256–261.

Iwanow, Sergej, »Is wospominani o 1881 godu«, in: *Byloje* 4 (1906), S. 228–243.

Iwanowna-Borejscha, Sofja, »Perwaja tipografija ›Narodnoj woli‹«, in: *Byloje* 9 (1906), S. 1–12.

Iwanowna, Sofja, »Wospominanija o S.L. Perowskoj«, in: *Byloje* 3 (1906), S. 83–90.

Iwanowskaja, Praskowja, »Awtobiografija«, in: *Enziklopeditscheski slowar »Granat«* 40 (1910), S. 151–163.

dies., »L.D. Terentewa«, in: *Katorga i sylka* 3 (1931), S. 145–149.

dies., »Perwyje tipografii ›Narodnoj woli‹«, in: *Katorga i sylka* 24 (1926), S. 32–58.

»Is retschi na sude A.I. Scheljabowa, N.I. Kibaljtschitscha i S.L. Perowskoj«, hrsg. o.A., in: *Byloje* 3 (1906), S. 62–71.

Jakimowa, Anna, »Bolschoj prozess ili prozess 193-ch«, in: *Katorga i sylka* 37 (1926), S. 16–21.

dies., »Gruppa ›Swoboda ili smert‹«, in: *Katorga i sylka* 24 (1927), S. 7–32.

Jelzina-Sak, M., »Is wstretsch s perwomartowzami«, in: *Katorga i sylka* 12 (1924), S. 126–128.

Joll, James, *Die Anarchisten*. Berlin 1966.

Karpowa, M., »Sofja Perowskaja w Stawropole«, in: *Katorga i sylka* 15 (1925), S. 231–235.

o.A., »Kasn N.E. Suchanowa (Archiwnyje dokumenty)«, in: *Byloje* 4/5 (1918), S. 109–113.

»Kladbischtsche pisem«, hrsg. o.A., in: *Byloje* 4/5 (1918), S. 86–109.

o.A., »K biografijam A.I. Scheljabowa i S.L. Perowskoj«, in: *Byloje* 8 (1906), S. 108–130.

»Konstituzija grafa Loris-Melikowa. Materialy dlja istorii«, hrsg. o.A., in: *Byloje* 4/5 (1918), S. 125–194.

Korba-Pribylewa, Anna, »Ispolnitelnyj komitet partii ›Narodnoj woli‹ i utschreditelnoje sobranije. Is wospominani«, in: *Byloje* 4/5 (1918), S. 83–86.

dies., »Ispolnitelnyj komitet 1879–1881 g.«, in: *Katorga i sylka* 24 (1926), S. 28–32.

dies., »Pro protschtenii awtobiografii A.D. Michajlowa«, in: *Byloje* 2 (1906), S. 171–173.

Kornilowa-Moros, Alexandra, »Awtobiografija«, in: *Enziklopeditscheski slowar »Granat«* 40 (1910), S. 199–223.

dies., »Perowskaja i osnowanije kruschka tschaikowzew«, in: *Katorga i sylka* 22 (1926), S. 7–31.

Koroltschuk, E., »Is istorii propagandy sredi rabotschich Petersburga w seredine 70-ch godow«, in: *Katorga i sylka* 38 (1928), S. 7–27.

Kowalskaja, Jelisaweta, »Awtobiografija«, in: *Enziklopeditscheski slowar »Granat«* 40 (1910), S. 189–199.

dies., »Is mojich wospominani«, in: *Katorga i sylka* 22 (1926), S. 31–35.

dies., »Moji wstretschi s S.L. Perowskoj (Otrywki is wospominani)«, in: *Byloje* 16 (1921), S. 62–79.

Krawtschinski, Sergej (Stepnjak), *Podpoljnaja Rossija*, Bd. 1–2, Petrograd 1918 (= Sobranije sotschineni).

ders., *Sotschinenija*, Bd. 1–2, Moskwa 1987.

Kropotkin, Petr, *Is sapissok rewoljuzionera*. Leningrad 1928.

Laqueur, Walter, *Terrorismus*. Kronberg/Ts. 1977.

L. Ek., »Konst. Makowski na prozesse 1 marta 1881 goda«, in: *Byloje* 25 (1924), S. 53–55.

Lemke, Michail, »Bakuninskije zareubicy«, in: *Byloje* 5 (1906), S. 246–248.

Ljubatowitsch-Dzabadari, Olga, »Dalekoje i nedawneje«, in: *Byloje* 5 (1906), S. 206–246.

dies., »Dalekoje i nedawneje«, in: *Byloje* 6 (1906), S. 108–155.

Meschtscherski, Wladimir (Fürst), *Moji wospominanija (1865–1881 gg.)*, Bd. 2, St. Petersburg 1898.

Michailow, Alexander, »Pisma rodnym«, in: *Byloje* 2 (1907), S. 121–123.

Milgram, Stanley, *Das Milgram-Experiment. Zur Gehorsamsbereitschaft gegenüber Autorität*. Hamburg 1992.

Morosow, Nikolaj, »Otgolossok dawnych dnej«, in: *Byloje* 11 (1907), S. 241–246.

ders., *Powesti mojej schisni*, Bd. 1–2, Moskwa 1965.

ders., »Wosnikowenije ›Narodnoj woli‹«, in: *Byloje* 12 (1906), S. 1–22.

Mursanowa, M., »Wospominanija A.A. Bobrinskowo«, in: *Katorga i sylka* 3 (1931), S. 73–130.

»Neisdannyje pisma S.L. Perowskoj«, hrsg. o.A., in: *Krasnyj archiw* 3 (1923), S. 243–251.

Nürnberger, Richard, »Die Zeitalter der Französischen Revolution und Napoleons«, in: *Propyläen der Weltgeschichte. Eine Universalgeschichte*, hrsg. von G. Mann u.a., Bd. 8, Berlin 1960, S. 59–195.

Pawljutschenko, E., *Sofja Perowskaja*. Moskwa 1959.

Perowski, Wassili, »Moji wospominanija«, in: *Katorga i sylka* 15 (1925), S. 79–98.

ders., »Moji wospominanija«, in: *Katorga i sylka* 16 (1925), S. 7–24.

ders., »Moji wospominanija«, in: *Katorga i sylka* 17 (1925), S. 63–80.

»Petersburger Wandel«, in: *FAZ* 167 (2010), S. 30.

Pisnaja, W., »Studentscheskije gody Scheljabowa«, in: *Byloje* 4 (1925), S. 171–196.

»Pokasanija Hessi Helfman«, hrsg. o.A., in: *Byloje* 4/5 (1918), S. 298–301.

»Pokasanija i sajawlenija A.I. Scheljabowa«, hrsg. o.A., in: *Byloje* 4/5 (1918), S. 278–285.

»Pokasanija N.I. Kibaltschitscha«, hrsg. o.A., in: *Byloje* 4/5 (1918), S. 291–298.

»Pokasanija N. Ryssakowa«, hrsg. o.A., in: *Byloje* 4/5 (1918), S. 234–278.

»Pokasanija perwomartowzew«, hrsg. o.A., in: *Byloje* 4/5 (1918), S. 230–234.

»Pokasanija S.L. Perowskoj«, hrsg. o.A., in: *Byloje* 4/5 (1918), S. 285–291.

»Pokasanija Timofeja Michailowa«, hrsg. o.A., in: *Byloje* 4/5 (1918), S. 301–311.

o.A., »Pokuschenije A.K. Solowewa na zareubijstwo 2. aprelja 1879 goda«, in: *Byloje* 2 (1918), S. 88–108.

Popow, Michail, »Is mojego rewoljuzionowo proschlowo«, in: *Byloje* 7 (1907), S. 241–278.

ders., »Is mojego rewoljuzionowo proschlowo (Otscherk perwyj)«, in: *Byloje* 4 (1907), S. 295–306.

ders., »›Semlja i wolja‹ nakanune Woroneschskowo sjesda«, in: *Byloje* 8 (1906), S. 13–35.

»Posledneje prisnanije N. Ryssakowa«, hrsg. o.A., in: *Byloje* 4/5 (1918), S. 305–311.

Prigowor po delu 1. marta 1881 godu i kasn ossuschdennych, hrsg. o.A., Nischni-Nowgorod 1906.

Pribylewa-Korba, Anna, »K biografijam A.I. Scheljabowa i S.L. Perowskoj«, in: *Byloje* 8 (1906), S. 108–130.

dies., »K biografii A.D. Michajlowa«, in: *Byloje* 2 (1907), S. 119–121.

dies., »Legenda o S.L. Perowskoj (W widach bespristrastnoj istiny)«, in: *Byloje* 20 (1922), S. 292–295.

dies., »Po powodu portreta A.I. Scheljabowa«, in: *Byloje* 8 (1906), S. 106–108.

dies., »Po powodu prozessa 17-ti«, in: *Byloje* 12 (1906), S. 249–257.

dies., »Sergej Petrowitsch Degajew (Is wospominani)«, in: *Byloje* 4 (1906), S. 1–18.

Proudhon, Pierre-Joseph, *Die Bekenntnisse eines Revolutionärs*. Reinbek bei Hamburg 2000.

o.A., »Prozess 20-ti narodovolzew w 1882 godu«, in: *Byloje* 1 (1906), S. 233–309.

Prozess 16 terroristow 1880 gg, hrsg. von W. Bursew, St. Petersburg 1906.

P. Schtsch., »K delu 1. marta 1881 goda«, in: *Byloje* 1 (1920), S. 12–69.

Radzinski, Edward, *Aleksandr II. Schisn i smert*. Moskwa 2006.

Reuter, Christoph, *Mein Leben ist eine Waffe. Selbstmordattentäter – Psychogramm eines Phänomens*. München 2002.

Russanow, N., »Idejnyje osnowy ›Narodnoj woli‹ (K istorii narodnowolnitschestwa)«, in: *Byloje* 9 (1907), S. 37–77.

»Sajawlenie, poslanoje Petropawlowskoj kreposti A.I.Scheljabowym na imja prokurora Spb. sudebnoj palaty 2. marta 1881 gg.«, hrsg. o.A., in: *Byloje* 3 (1906), S. 61.

»Saweschtschanije A.D. Michajlowa«, hrsg. o.A., in: *Byloje* 2 (1906), S. 173–175.

Scheljabow, Andrej, »Pismo k M.P. Dragomanowu«, hrsg. o.A., in: *Byloje* 3 (1906), S. 71.

Schischko, Leonid, *Sergej M. Krawtschinski i kruschok tschaikowzew*. St. Petersburg 1906.

Schmieding, Walther, *Aufstand der Töchter. Russische Revolutionärinnen im 19. Jahrhundert*. München 1979.

Schreibert, Peter, *Die russische Agrarreform von 1861. Ihre Probleme und der Stand ihrer Forschung*. Köln u.a. 1973.

Schtschegolew, P., »Is istorii ›konstituzionnych‹ wejani w 1879–1880 gg.«, in: *Byloje* 12 (1906), S. 264–285.

Schtsch., N., »K delu 1. marta 1881 goda«, in: *Byloje* 4/5 (1918), S. 12–70.

Segal, Elena, *Perowskaja*. Moskwa 1962.

Semenjuta, Petr, »Is wospominani o A.I. Scheljabowe«, in: *Byloje* 4 (1906), S. 216–226.

Sinegub, Sergej, »Wospominanija tschaikowza«, in: *Byloje* 8 (1906), S. 39–81.

ders., »Wospominanija tschaikowza (Okontschenije)«, in: *Byloje* 10 (1906), S. 31–78.

ders., »Wospominanija tschaikowza (Prodolschenije)«, in: *Byloje* 9 (1906), S. 90–131.

Sofja Lwowna Perowskaja, hrsg. von F. Degowa u.a., St. Petersburg 1906.

Sofja Perowskaja, hrsg. o.A., Berlin 1903.

Sofja Lwowna Perowskaja, hrsg. o.A., Genève 1899.

Sofsky, Wolfgang, *Traktat über die Gewalt*. Frankfurt a.M. 2005.

ders., *Zeiten des Schreckens. Amok, Terror, Krieg*. Frankfurt a.M. 2002.

Sozialrevolutionärer Terrorismus. Theorie, Ideologie, Fallbeispiele, Zukunftsszenarien, hrsg. von A. Straßner, Wiesbaden 2008.

Starik, »Dwischenije semidesjatich godow po Bolschomu prozessu (193-ch)«, in: *Byloje* 10 (1906), S. 23–31.

ders., »Dwischenije semidesjatich godow po Boljschomu prozessu (193-ch)«, in: *Byloje* 11 (1906), S. 30–72.

ders., »Wospominanija tschaikowza«, in: *Byloje* 10 (1906), S. 1–30.

o.A., »Sudba perwomartowzew«, in: *Byloje* 4/5 (1918), S. 326–330.

o.A., »Sud i kasn perwomartowzew. Risunki otschewidza i ofizialnyj otschet«, in: *Byloje* 4/5 (1918), S. 311–326.

Tatischtschew, Sergej, *Imperator Alexander II. Ego schisn i zarstwowanije,* Bd. 1–2, Moskwa 1996 (Nachdruck der Londoner Ausgabe von 1902).

Tichomirow, Lew, *A.I. Scheljabow i S.L. Perowskaja.* Rostow na Done, 1906 (= Russkaja istoritscheskaja biblioteka 16).

Trifonow, Juri, *Neterpenie.* Moskwa 1988.

ders., *Die Zeit der Ungeduld.* Bern u.a. 1975.

Trigoni, Michail, »Moj arest v 1881 godu«, in: *Byloje* 3 (1906), S. 76–78.

Tjutschew, N., »Sdanije u Zepnowo mosta«, in: *Byloje* 4/5 (1918), S. 194–219.

ders., »Sudba Iwana Okladskowo«, in: *Byloje* 4/5 (1918), S. 219–230.

Tschernyschewski, Nikolaj, *Tschto delat?* Moskwa 2000.

Tschischowa, Irina, *Dawno samolkschije slowa.* Moskwa 2005.

Turgenew, Iwan, »Porog«, in: *Polnoje sobranije sotschineni v tridzati tomach,* hrsg. von M.P. Aleksejew u.a., Bd. 10, Moskwa 1979, S. 272–273.

ders., *Rudin. Dworjanskoje gnesdo. Nakanune. Otzy i deti.* Moskwa 1983.

Twardowskaja, W., »Organisazionny osnowy ›Narodnoj woli‹«, in: *Istoritscheskije sapiski* 62 (1960), S. 103–145.

dies., »Woroneschki sjesd semlewolzew (ijun 1879 g.)«, in: *Istoritscheskije nauki* 2 (1959), S. 27–47.

Tyrkow, Arkadi, »K sobitiju 1. marta 1881 goda«, in: *Byloje* 5 (1906), S. 141–163.

Ukrainzew, Wladimir, »Sofja Perowskaja. Zur Erinnerung an den 15. April«, in: *Sozialistische Monatshefte* 4 (1897), S. 202–212.

o.A., »Ustaw mestnoj zentralnoj gruppy partii ›Narodnoj woli‹«, in: *Byloje* 12 (1906), S. 34–37.

Venturi, Franco, *Roots of revolution. A history of the populist and socialist movements in nineteenth century Russia.* New York 1966.

»Wsepoddaschedschaja sapiska predsedatelja Sledstvennoj komissii po delu sloumyschlenija 4 aprelja 1886 g. grafa M. Murawjewa«, hrsg. o.A., in: *Byloje* 8 (1907), S. 194–200.

W.I., »K sobitiju 4 awgusta 1878«, in: *Byloje* 5 (1906), S. 256–259.

Wilenski-Sibirjakow, Wladimir, »Narodovolzy«, in: *Katorga i sylka* 24 (1926), S. 9–14.

Wolkow, I., »Narodowoltscheskaja propaganda sredi moskowskich rabotschich v 1881 godu«, in: *Byloje* 2 (1906), S. 175–183.

DANKSAGUNGEN

Wie im Falle meines ersten Buches hätte auch das vorliegende ohne kompetente und keineswegs selbstverständliche Hilfe zahlreicher sowohl Institutionen als auch privater Personen nicht realisiert werden können. An erster Stelle geht mein herzlicher Dank an Anna Jakunina, deren Gastfreundschaft ich während meines Aufenthalts in Sankt Petersburg genießen durfte, sowie Elwina Schawel, der Leiterin des Bildarchivs des Staatsmuseums für Geschichte von Sankt Petersburg, deren Engagement die Grenzen der Beschaffung des Bildmaterials weit sprengte und mir dadurch ermöglichte, die Recherche in einem optimalen Zeitrahmen durchzuführen.

Vor dreizehn Jahren wandte ich mich zum ersten Mal mit einer Bitte an Dagmar Klingner, die Bibliothekarin des Slawischen Instituts in Köln, und wie damals so auch heute gebührt ihr mein Dank für ihre nimmermüde Hilfsbereitschaft, genauso wie Rajka Siegel, der Bibliothekarin des Instituts für Osteuropäische Geschichte in Köln, und ihrer Assistentin Sophie Burckardt für die großzügige Unterstützung während der Forschungsphase.

Meiner Agentin Heike Wilhelmi aus Hamburg bin ich zu Dank verpflichtet, und zwar dafür, dass sich ihr Gefühl bezüglich der Verlagssuche auch diesmal unfehlbar zeigte.

Bei Dr. Wolf-Rüdiger Osburg, meinem Verleger und zugleich einem sehr interessanten Gesprächspartner, möchte ich mich ganz herzlich dafür bedanken, dass er das vorliegende Buch in sein Programm aufgenommen hat. Bernd Henninger, in dem ich bei der Manuskriptabfassung stets einen freundlichen und überaus verständnisvollen Begleiter hatte, danke ich für das Lektorat sowie Herrn Michel Kreuz für die Herstellung des vorliegenden Buches.

Alexander Burkatovski aus Wiesbaden sowie Carmen Johann und Clemens Wahlig von der International School for Design in Köln danke ich, dass sie mir bei der Beschaffung des Bildmaterials beziehungsweise bei der Erstellung der im vorliegenden Buch verwendeten Grafik behilflich waren.

Ebenfalls gilt mein Dank den Mitarbeitern der Russischen Nationalbibliothek, des Historischen Zentralarchivs und des Russischen Historischen Staatsarchivs in Sankt Petersburg sowie der Universitätsbibliothek in Köln.

Last, but not least danke ich recht herzlich meiner Familie und meinen Freunden, vor allem aber meinem Mann für seinen unermüdlichen Zuspruch und die nicht abreißende Geduld.

Köln, im November 2012

BILDNACHWEIS

1. Historisches Staatsarchiv für Geschichte von Sankt Petersburg, Sankt Petersburg: S. 28, 42, 63, 132, 146, 155, 183, 190, 198, 201, 206, 213, 223, 227.

2. fineArtimages, Wiesbaden: S. 14, 18, 54, 126.

3. Fotoarchiv der Autorin: S. 202.

4. Die im vorliegenden Buch für den Nachsatz verwendete Grafik wurde aus dem Roman *Die Zeit der Ungeduld* des Juri Trifonow (Scherz Verlag, 1975) übernommen. Der jetzige Inhaber des Urheberrechts der Grafik konnte nicht ermittelt werden.

Sollten trotz intensiver Bemühungen nicht alle Bildrechte Berücksichtigung gefunden haben, bitten wir die entsprechenden Rechteinhaber, sich an den Verlag zu wenden.

PERSONENREGISTER